JINGJIXUE YUANLI
JIANMING JIAOCHENG

经济学原理
简明教程

闫贵壮 李道法 ◎主 编
李华香 刘 奕 ◎副主编

中国财经出版传媒集团
经济科学出版社
Economic Science Press

图书在版编目（CIP）数据

经济学原理简明教程 / 闫贵壮，李道法主编 . -- 北京：经济科学出版社，2022.6
ISBN 978 - 7 - 5218 - 3708 - 7

Ⅰ.①经…　Ⅱ.①闫…②李…　Ⅲ.①经济学 - 教材
Ⅳ.①F0

中国版本图书馆 CIP 数据核字（2022）第 094821 号

责任编辑：侯晓霞　凌　敏
责任校对：刘　娅
责任印制：张佳裕

经济学原理简明教程

主　编　闫贵壮　李道法
副主编　李华香　刘　奕

经济科学出版社出版、发行　新华书店经销
社址：北京市海淀区阜成路甲 28 号　邮编：100142
教材分社电话：010 - 88191345　发行部电话：010 - 88191522
网址：www. esp. com. cn
电子邮件：houxiaoxia@ esp. com. cn
天猫网店：经济科学出版社旗舰店
网址：http：//jjkxcbs. tmall. com
北京密兴印刷有限公司印装
787 × 1092　16 开　16.5 印张　350000 字
2022 年 8 月第 1 版　2022 年 8 月第 1 次印刷
ISBN 978 - 7 - 5218 - 3708 - 7　定价：52.00 元
（图书出现印装问题，本社负责调换。电话：010 - 88191510）
（版权所有　侵权必究　打击盗版　举报热线：010 - 88191661
QQ：2242791300　营销中心电话：010 - 88191537
电子邮箱：dbts@ esp. com. cn）

前　　言

　　本书从学生的实际需求出发，科学地整合了经济学的体系结构和逻辑顺序；充分吸收了国内外相关教材的精髓；紧密追踪国内和西方发达国家在经济理论上的最新研究成果；融入了编写组成员多年的教学经验，本着"学以致用"的原则，联系中国经济运行和经济发展的实际，运用实证方法来分析现象，揭示规律，解决问题。在编写过程中力图突出以下特点：

　　一是注重应用性。本教材的编写定位是适用于应用型本科人才培养的需要，尤其是适用于以培养应用型人才为目标的经管类专业使用。因此，在教材编写过程中，立足于经济学的基本理论，将经济学典型案例全面贯穿于基础理论内容中，按照基础理论教学要以应用为目的，以必须、够用为度的原则，科学合理地处理学科内容与教学时数、基础理论与应用理论、理论与实践等之间的关系。

　　二是注重课程思政。"课程思政"是高校以习近平新时代中国特色社会主义思想为指导，以习近平总书记关于教育工作的重要论述为根本遵循，落实立德树人根本任务的重要举措，是构建德智体美劳全面培养的教育体系和高水平人才培养体系的有效切入，也是完善"三全育人"的重要抓手。而教材是课程思政得以实施的重要载体，在编写教材过程中深入挖掘各知识点的课程思政元素，加强培育和践行社会主义核心价值观、中华传统文化、社会主义先进文化等内容，注重培育学生经世济民、诚信服务、德技兼修的职业理想和职业素养。

　　三是注重兼容性。我国很多院校的经济基础理论教学，只开设经济学基础或经济学原理课程，未开设马克思主义政治经济学课程，而经济学不等于西方经济学，经济学原理应该包括比西方经济学更多的内容，马克思主义经济学应该是经管类专业经济理论教育不可缺少的内容。本教材在坚持经济理论科学性的前提下，试图在改进教学内容上做一些探索和尝试。

本书共十章，第一章为导论，第二章至第六章为微观经济学部分，第七章至第十章为宏观经济学部分。导论部分概括介绍了经济学的研究对象、分析方法和理论渊源；微观经济学部分所研究的内容包括均衡价格、效用论、生产与成本理论、市场结构理论、微观经济政策等，其核心是市场价格决定问题；宏观经济学部分所研究的内容主要包括国民收入核算、国民收入决定理论、失业与通货膨胀、宏观经济政策等，其核心是国民收入的决定理论。

本书的具体分工如下：辽东学院闫贵壮负责编写第一章、第二章、第九章；宁夏理工学院李道法负责编写第三章；宁夏理工学院石茹雪负责编写第十章；朝阳师范高等专科学校李华香负责编写第四章、第五章；辽东学院周静言负责编写第六章；辽东学院黄珺仪负责编写第七章、第八章；辽东学院刘奕负责全书的校对工作。最后由闫贵壮和李道法两位老师总纂。

在此我们向所有关心、支持本书编写、出版、发行工作的各位专家、学者表示深深的谢意。同时，由于编者水平所限，书中难免有疏漏之处，望各位同仁不吝赐教。

编　者

2022 年 3 月

目 录 Contents

第一章 导论 ·· **1**

第一节 经济学的研究对象／2

第二节 经济学的分析方法／7

复习与思考题／11

第二章 均衡价格 ·· **12**

第一节 需求／13

第二节 供给／17

第三节 均衡价格的形成和变动／21

第四节 弹性理论／26

复习与思考题／34

第三章 效用论 ·· **36**

第一节 基数效用论／37

第二节 序数效用论／42

复习与思考题／53

第四章 生产与成本理论 ·································· **55**

第一节 短期生产理论／56

第二节 长期生产理论／64

第三节 短期成本理论／77

第四节 长期成本理论／87

复习与思考题/91

第五章　市场结构理论 ··· **93**

第一节　市场类型及厂商收益/94
第二节　完全竞争市场/97
第三节　不完全竞争市场/106
复习与思考题/124

第六章　微观经济政策 ··· **126**

第一节　微观经济政策目标/126
第二节　市场失灵的原因及对策/128
复习与思考题/141

第七章　国民收入核算 ··· **143**

第一节　国内生产总值及核算方法/144
第二节　国民收入指标体系/151
第三节　国民收入核算中的恒等式/152
复习与思考题/156

第八章　国民收入决定理论 ··· **159**

第一节　消费、储蓄和投资/160
第二节　简单的国民收入决定理论/169
第三节　$IS-LM$ 模型/180
第四节　$AD-AS$ 模型/196
复习与思考题/210

第九章　失业与通货膨胀 ··· **212**

第一节　失业/213
第二节　通货膨胀/221
复习与思考题/231

第十章　宏观经济政策 ··· **233**

第一节　宏观经济政策的目标与工具/234

第二节　财政政策／237

第三节　货币政策／242

第四节　两种政策的混合使用／248

复习与思考题／250

参考文献 ……………………………………………………………… **253**

第一章 导 论

学习目标与要求

1. 了解经济学的含义、经济学思想产生的原因和发展的简史。
2. 初步了解经济学的思想和分析问题的角度。
3. 了解微观经济学和宏观经济学的内容和区别。
4. 对经济学的分析方法有初步的认识，深刻理解"经济人"假设。

【案例导入】

人们面临权衡取舍

正所谓"天下没有免费的午餐"。人们为了得到一样自己喜爱的东西，通常就不得不放弃另一样自己喜爱的东西。做出决策就是人们要在一个目标与另一个目标之间进行权衡取舍。

个人要面临权衡取舍——

如：一个学生决定如何配置他一天的时间。他可以把所有的时间用于学习，也可以把所有的时间用于娱乐，当然也可以在学习和娱乐间进行分配。但对于他而言，用于学习的每一个小时，都要放弃本来可以用于睡眠、骑车、看电视或打工赚点零花钱的一小时。

家庭要面临权衡取舍——

如：当一个家庭获得收入时，一家之主就要把这些钱在家庭消费和家庭储蓄之间进行分配。用于家庭消费的钱越多，用于家庭储蓄的钱就越少。

当人们组成社会，也要面临各种不同的权衡取舍——

如：在清洁的环境与高收入水平之间的权衡取舍——要企业减少污染，则势必增加生产物品与劳务的成本，由于成本上升，企业的利润少了、支付的工资低了、收取的价格高了，或者是这三种结果的某种组合，因此尽管污染管制带来了更清洁的环境，以及由此带来的健康水平的提高，但其代价是企业所有者、工人和消费者的收入减少和支出增加。

......

资料来源：曼昆．经济学原理［M］．梁小民，译．北京：北京大学出版社，2009.

思考：

1. 人们为什么做各种权衡取舍？
2. 你的生活中面临过哪些选择？你是如何权衡利弊，然后做出决定的？

第一节　经济学的研究对象

一、经济学的含义

"经济"一词，中国古代就有"经国济民"之说，而现代又有"节约"之意，我们现在所学习的经济学中的"经济"源于古希腊文，最初的意思是家庭管理，后来泛指人类一切谋生活动。人们为了谋生需要各种物品，对这些物品的需要我们称为"欲望"。西方经济学家把满足人类欲望的物品分为取得时不需要支付任何代价的"自由品"（如阳光、空气等）和取得时需要支付代价的"经济品"（如食物、衣服等），前者是无限的，后者是有限的，而且在人类生活中后者占有十分重要的地位。在谋生过程中，人们都希望能最有效地利用经济品，以最小的代价取得最大的效益（效率），这是人类一切谋生活动的经济原则，因此，所谓经济就是在一定的社会中，人类有效地取得和利用各种经济品的一切活动。从而，经济学就可以这样定义：研究人和社会对有不同用途的稀缺资源利用加以选择的科学，其目标是有效配置稀缺资源以生产商品和劳务，并在现在或将来把它们合理地分配给社会成员或集团以供消费之用。

由此可以看出，经济是致用之学。经济学为我们提供认识世界的工具与方法，它的作用不是改造世界，而是改善世界，即遵照客观经济规律，让世界、让生活变得更好。经济学不能给你成功，却能给你获得成功的智慧；经济学本身不会使你富有，却能使你找到致富的诀窍。

二、经济学的产生和发展

（一）经济学的产生

每一门科学的产生都有其客观必然性。例如，天文学产生于游牧民族确定季节的需要，几何学产生于农业中丈量土地的需要。经济学产生于什么需要呢？既然经济学是研究人的谋生活动，那么，西方经济学家认为，经济学产生于客观存在的物品的稀缺性及由此所引起的选择的需要。

1. 欲望的无限性。欲望是指人们的需要，是一种缺乏的感觉和想要得到的愿望。欲望是一种心理现象，而且表现出无限性，这种欲望的无限性体现在两个方面：一是当一个人的某种欲望得到满足时，另一种欲望就会出现。美国著名心理学家马斯洛提出的"需求层次论"很好地解释了这一现象，马斯洛理论把需求分成生理需求、安全需求、社交需求、尊重需求和自我价值实现需求五类，依次由较低层次到较高层次排列，当某一层次的需求得到满足后，就会去寻求另一层次的需求。例如，当某人拥有收音机后，就会产生占有电视机的欲望，当他拥有电视机后，又会产生占有录像机的欲望等。二是作为理性人，多多益善的偏好是支配他们日常行为的一个重要因素。一个人在拥有了一套住房之后，还会产生不断扩大住房面积的需要；当他在城市里拥有一套舒适的住宅后，还会产生拥有乡村别墅、在旅游胜地拥有度假住房等的欲望。可见，人类不受价格限制的欲望永远是无止境的。

【拓展阅读 1–1】

鲁滨逊漂流记的经济学启示

英国青年鲁滨逊从小喜欢航海，曾三次离家到南美各地旅行。一日他怀着云游四海的高远志向，告别家人，越过大西洋和太平洋，在惊心动魄的航海中经历无数险情，后来整条船在太平洋上不幸罹难，船上的人都葬身海底，唯有他一人得以奇迹般地活下来，并只身来到一座荒无人烟的岛上。他从绝望的缝隙中得到了生命的启示，性格坚强的鲁滨逊在岛上独立生活了28年。为了生存，他首先想到的是如何填饱肚子、如何不被野兽吃掉（生理需要、安全需要），于是他在孤岛上劳作生息、开拓荒地、圈养牲畜、生产水稻和小麦，并把自己的住所搭在相对安全的树上。当他吃饱住稳后，他又想如何排除孤独感（社交需求），于是他有了个伙伴——"星期五"；28年后，当他回到英国时，他是多么希望他的亲人和朋友为他的归来感到高兴和自豪（尊重需要），可是，他回来时，父母已经双亡，朋友也不知去向，鲁滨逊收回他巴西庄园的全部收益，并把一部分赠给那些帮助过他的人们（自我价值实现）。

资料来源：陈发宝. 经济学家的鲁滨逊漂流记 [J]. 大科技（百科探索），2007 (11)：34–35.

2. 资源的稀缺性。人的每一种欲望都是渴望得到满足的，而满足欲望需要的是物品和劳务，这些物品和劳务的生产势必需要各种生产资源。生产资源是指用于创造产品和劳务的一切自然的、人类的和已加工过的资源，生产资源可以分为四大类，即自然资源、劳动、资本和企业家才能。自然资源包括阳光、河流、土地、矿藏、原始森林等一切天然存在的不含人类劳动的资源；劳动属于人力资源，它指的是生产过程中脑力和体力的支出和技能的运用；资本包括机器设备、厂房等实物资本和货币资本；企业家才能是指在创办企业或生产过程中，组织、协调、指导和经营管理自然资源、资本等生产资源的特殊能力。自然资源、劳动、资本和企业家才能都是有价格的，即人们在使用它们时必须支付代价，因而这些资源属于经济品。相对于人类的无穷欲望而言,"经济品"或者说生产资源总是不足的,这就是资源的稀缺性。资源的稀缺性不是指物品或资源的绝对数量的多少,而是指相对于人类欲望的无限性来说,再多的物品与资源也是不足的。从这种意义上看,稀缺性是相对的。从另一种意义上来说,稀缺性存在于一切时代和一切社会,所以它又是绝对的,可以说,资源稀缺性是产生一切经济问题的根源。

3. 选择的必要性。人类必须面对这样一个冷酷的现实:一方面,人类的欲望具有无限性;另一方面,生产产品和劳务的资源是有限的。所以,在用有限的物品与资源去满足人类的不同欲望时就必须做出选择,人们无时无刻不面临着各种各样的选择,一个人要选择、一个家庭要选择、一个国家也要选择。所谓选择就是如何利用现有资源来更好地满足人类的欲望。美国经济学家里普赛与斯泰纳在他们所编的《经济学》中就认为经济学所研究的选择问题包括:第一,生产什么产品与劳务和生产多少?第二,用什么方法生产这些产品与劳务?第三,产品的供给如何在社会成员中进行分配?第一至第三个问题属于微观经济学。第四,一国的资源是要充分利用,还是有一些被闲置着,从而造成了浪费?第五,货币和储蓄的购买力是尽量不变,还是由于通货膨胀而下降了?第六,一个社会生产物品的能力以何种方式增长,还是保持没变?第四至第六个问题属于宏观经济学。

选择行为的产生也就标志着经济学的诞生,所以,经济学又可以简单地定义为:研究人类选择行为的学科。

(二) 经济学的发展

如果说稀缺性是经济学思想诞生的原因,那么,可以说有了人类就有了经济学。我们最早可以在柏拉图、色诺芬、亚里士多德等先人的文献中找到关于生产、贸易、货币等经济问题的观点。经济学思想是古老的,但经济学作为一门学科却是年轻而充满活力的。下面介绍的是现代经济学简单的发展脉络,有兴趣的读者可参阅相关文献。

1. 经济学的形成时期(古典经济学)。17世纪下半叶至19世纪70年代,资本主义经济进一步发展,生产力进一步提高,威廉·配第、亚当·斯密、大卫·李嘉图、约翰·穆勒等一批英国经济学家把研究重心从流通领域扩展到生产领域,使经济学真正成为一门有独立体系的科学。其中,亚当·斯密在1776年出版的《国民财富的性质和原因的研究》(以下简称《国富论》)被看作现代经济学诞生的标志,书中所提的关于财富表现形式、社会分工、"看不见的手"等理论被看作经济学说史上的一次革命,史称"斯密革命"或"古典革命"。

2. 微观经济学的建立和完善(新古典经济学)。19世纪70年代至20世纪30年代,自由竞争的资本主义向垄断的资本主义过渡,此时英国的马歇尔、杰文斯、罗宾逊和奥地利的门格尔、法国的瓦尔拉斯等相继提出了均衡分析、边际分析等现代经济学的分析方法,从而为微观经济学的发展奠定了坚实的基础,这段时期也经历了经济学说史上的第二次革命——"边际革命"。

3. 宏观经济学的建立与发展（凯恩斯主义）。1929 年爆发空前规模的世界经济危机后，资本主义经济陷入长期萧条状态，失业问题严重。经济学关于资本主义社会可以借助市场自动调节机制，达到充分就业的传统说教彻底破产，垄断资产阶级迫切需要一套"医治"失业和危机，以加强垄断资本统治的新理论和政策措施。正是适应这个需要，凯恩斯于 1936 年出版了《就业、利息和货币通论》（以下简称《通论》）一书。《通论》的出现引起了西方经济学界的震动，把它说成是经济学经历了一场"凯恩斯革命"。凯恩斯抨击"供给创造自己的需求"的萨伊定律和新古典经济学的一些观点，对资本主义经济进行总量分析，提出了有效需求决定就业量的理论。有效需求包括消费需求和投资需求，它主要由三个基本心理因素即消费倾向、收益预期、流动偏好决定的。他认为现代资本主义社会之所以存在失业和萧条，就是由于这些因素交相作用而造成的有效需求不足。据此，他提出加强国家对经济的干预，采取财政金融政策、增加公共开支、降低利率刺激投资和消费，以提高有效需求，实现充分就业。第二次世界大战后，以凯恩斯这一理论为根据而形成的凯恩斯主义，不仅成为当代资产阶级经济学界占统治地位的一个流派，而且对主要资本主义国家的经济政策具有重大的影响。

4. 自由放任思潮回归（新经济自由主义）。第二次世界大战后，国家垄断资本主义的发展和 20 世纪五六十年代相对稳定的经济增长，促成了凯恩斯主义的盛行。但是随着垄断资本主义固有矛盾的激化，国家干预经济不断引起一系列的新问题，特别是 20 世纪 70 年代以来出现了经济停滞和通货膨胀同时并存的"滞胀"局面，使凯恩斯主义的理论和政策陷于困境，受到各式新经济自由主义流派的挑战。各种色彩的新经济自由主义具有各自的论点和论证方法，但是，反对国家干预经济，鼓吹恢复和加强自由市场机制的自动调节作用，是他们的共同立场。随着现代经济的发展，资产阶级经济学家所面临的问题越来越复杂，所研究的范围也越来越广泛。不同的流派出于维护资本主义制度的存在及其有效运行的共同目的，既有一致性，又有差别性，既相互交叉地研究同一课题，又各有侧重地研究不同的经济领域。因而，不仅在理论上彼此有争论，而且出现了门类繁多的经济学流派。

三、微观经济学与宏观经济学

（一）微观经济学

微观经济学以单个经济单位（消费者和生产者）为研究对象，研究单个经济单位的经济行为，以及相应的经济变量的单项数值如何决定。例如，研究单个厂商作为生产者如何把有限的资源分配在各种商品的生产上以取得最大利润；单个居民户作为消费者如何把有限的收入分配在各种商品的消费上以取得最大效用；单个厂商的产量、成本、使用的生产要素数量和利润如何确定；单个商品的效用、供给量、需求量、价格如何确定等。微观经济学的主要内容包括价格理论、消费者行为理论（效用论）、生产理论、成本理论、厂商均衡理论和分配理论。微观经济学要解决生产什么、如何生产和为谁生产的问题。具体来讲，生产什么取决于消费者的货币选票，如何生产取决于不同生产者之间的竞争以及成本与收益的比较，为谁生产取决于生产要素的供求关系所确定的要素价格（由于要素价格的决定和一般商品价格决定相类似，所以本书中不对要素价格决定作展开论述）。这些都涉及资本主义社会的市场经济和价格机制如何运行的问题，因此微观经济学的中心是价格理论。简而言之，微观经济学就是研究两个主体（消费者和生产者）围绕一个中心（价格机制）所展开的一系列追求自身利益最大行为的理论。

（二）宏观经济学

《通论》一书的出版，标志着现代宏观经济思想的产生。宏观经济学以整个国民经济活动中各有关经济总量的决定及其变化为研究对象，研究经济中的商品与劳务总量如何决定，以及引起这些总量的波动的原因，如全社会消费、储蓄、投资数量如何决定和变化，货币流通数量、价格水平、利息率如何决定和变化等。宏观经济学的主要内容包括：国民收入核算和决定理论、经济增长和经济周期理论、通货膨胀与失业理论，以及宏观财政与货币政策等。宏观经济学的特点是把国民收入与就业人数联系起来作为中心进行综合分析，因此在宏观经济学中国民收入的决定和宏观经济政策问题占有重要的地位，可以说，一切宏观理论的研究都是为最后政府制定政策提供理论参考的。

（三）微观经济学与宏观经济学的关系

1. 微观经济学与宏观经济学的区别。微观经济学与宏观经济学的区别主要体现在研究对象或范围、所要解决的问题、理论的假设前提和核心理论四个方面（见表1–1）。

表1–1　　　　　　　　　　　微观经济学与宏观经济学的区别

方面	微观经济学	宏观经济学
研究对象或范围	单个经济单位（消费者和生产者）	整个国民经济（GDP、消费、投资、就业等）
所要解决的问题	资源的配置问题	资源的利用问题
理论的假设前提	①市场出清，即价格可以自由波动 ②经济主体完全理性，即消费者和厂商都是利己的经济人 ③信息完全	①市场机制存在自身无法弥补的缺陷 ②政府可以调节国民经济的运行
核心理论	均衡价格理论	国民收入的决定理论

2. 微观经济学与宏观经济学的联系。

（1）微观经济学是宏观经济学的基础。宏观经济学的总量分析是建立在微观经济学的个量分析基础上的，某种意义上说，前者研究的是树木，后者研究的是森林。如果想知道这是一片什么森林，那必须得先知道是什么树木。

（2）微观经济学与宏观经济学互为前提条件。微观经济学是在假设总量不变的前提下研究个量；而宏观经济学是在假设个量不变的前提下研究总量。

（3）微观经济学与宏观经济学从解决的问题上互为补充。微观经济学提倡以最小的代价取得最大的收益，即要求节约；而宏观上看，所有的人都去节约，节约到尽量不去消费，那整个社会的生产就会凋敝下去（凯恩斯的"节约悖论"）。所以从微观和宏观两个层面去看待节约这个问题就变得完整和全面了。

（4）微观经济学和宏观经济学的分析方法有相同之处，如均衡分析、边际分析、模型分析等在分析某些微观和宏观问题时都适用。

第二节　经济学的分析方法

一、经济人假定

根据前面的分析我们知道，经济学研究的对象是人而不是物，但由于人的个性与品质千差万别，所以经济学首先必须界定清楚"人"的定义。"经济人"就是经济学家用以解释经济行为而概括出来的一种关于经济生活中一般人的简单抽象，可以说"经济人"不是人，而是所有人共性的抽象，那么抽象出来的人的共性有哪些特点呢？

（1）"经济人"是独立的人。人是经济生活中最基本的因素，他对自己想要达到的目的具有明确的认识，对于经济生活中的任何变动，都能做出独立的选择。

（2）"经济人"是利己的人。他的一切行为的出发点都是为了谋取自身利益的最大化，消费者追求效用最大，生产者追求利润最大。当然，这种利己应该是不以损害他人的利益为先决条件的。

（3）"经济人"是理性的人。利己是做事的目的，理性是做事的手段选择。理性原则要求一个追求自身利益最大的人，在作经济决策时，总是力图用最小的代价获得最大的利益。

当然，不要把"经济人"假定看作一个伦理学问题，它实际上是一个决策方法论的问题，也就是说，按照"经济人"的假定，我们应该往坏处考虑，往好处努力，这样做相对保险。

【思考】

错过一场精彩的球赛是不是经济人的理性选择?

张三在周一时得知本周末在他所在的城市将会有两支 CBA 球队来比赛,而且这两支球队都是他喜欢的,他很想看这场比赛。于是他面临着两个选择:一是马上去买票,买到票的可能性很大,但他面临着周末有其他事情看不了比赛的风险;二是到周五时确定自己没有其他事情的情况下再去买票,但买到票的可能性很小。在做了片刻思考后,他马上去买了票,然后祈祷周末别有其他的事情,可事与愿违,周五单位领导告知他,有个重要的业务必须由他去谈,他只好出差到了外地,错过了这场精彩的比赛。

试想一下,回到他得知比赛消息的周一,是否他会做第二个选择呢?

二、均衡分析

均衡是物理学的一个概念,指物体受到大小相等、方向相反的两种外力的作用,处于静止匀速直线运动的一种状态。19 世纪末,英国经济学家马歇尔把这一概念引入经济学领域,是指经济体系中的各种力量相互作用从而相互抵消,使整个经济处于相对静止的状态。例如,在市场上,价格的上升或下跌,会使供求发生变动,供求的变动又会影响价格的变动。当需求、供给和价格相互制约、相互作用而造成供求一致时,就会实现经济均衡。

均衡的特点可能概括成两个字:一是"静",即相对静止的状态;二是"最",即当实现均衡时,市场或市场中的主体达到了一种最佳。均衡分析的目的也有两个:一是要揭示经济处于均衡状态时所要具备的前提条件,以及满足这些条件需要采取什么样的手段;二是通过揭示经济失衡的原因,寻找促使经济失衡向均衡转化的条件,并预测经济发展的趋势。均衡分析包括短期均衡分析与长期均衡分析、局部均衡分析与一般均衡分析、静态均衡分析与动态均衡分析等。

三、模型分析

经济学不像物理、化学那样,可以通过实验对其研究对象加以控制,并得出结论,从一定意义上说,经济学是一门经验的科学,对于经验的学科,理论模型是用抽象的方法把复杂现实简化为一个有力的工具,经济模型是指用来描述所研究的经济事物的有关经济变量之间相互关系的理论结构。一个经济模型应该包括以下内容。

(一) 变量

变量是理论模型的基本要素,它是指互相有关系的因素,通常采取不同计量单位的数值。经济分析中的变量可以分为内生变量，即由经济力量所决定的变量；外生变量，指由非经济学因素（如自然、政治等）决定或模型内不显示的变量；流量，指一定时期内发生的变量变动的数值；存量，指一定时点上存在的变量的数值。

（二）假设

假设是经济模型用来说明事实的限定条件。经济学经常使用的术语就是"假设其他情况不变"。许多假设条件是不现实的，如"假定不存在政府""假定技术、资本、偏好、人口等不变"等。假设的作用在于，使理论经济学在理念上形成一个封闭的系统，以排除"偶然"及"次要"因素的干扰，使变量之间的因果关系清晰地显示出来。

（三）假说

假说是关于两个或更多经济变量之间如何发生互相联系的判断。如价格理论的一个重要假说是：假设其他情况不变，商品的需求量与商品的价格成反比。假说是未经证明的理论，在经济模型中，假说有着重要作用并处于核心地位。

（四）预测

预测是根据理论假说对事物未来发展趋势和变化做出的预期，它是在理论限定的范围内运用逻辑规则演绎出来的结果。科学的预测是一种有条件性的说明，其形式是"如果……就会……"，例如，如果苹果的价格提高，假设其他条件不变，对梨的需求量就会提高。

在形成一种理论时，首先要对所研究的变量的含义做出明确的规定，然后在一定假设条件下提出假说，并根据这一假说对未来进行预测，最后，用经济事实来验证预测，如果预测是对的，那么这种假说就是正确的理论；反之，如果预测是错的，那么这种假说就要被否定，或要进行修改，以形成正确的理论。

四、边际分析

边际分析是经济学的基本分析方法之一，它是一种决策方法，通过增量的对比来决定是否采取或取消一种经济行为。"边际"一词的最一般含义是指事物在时间或空间上的边缘或界限，它是反映事物数量的一个概念。在经济上，边际量是指生产、交换、分配和消费在一定条件下的最后增加量，研究这个增量的性质和作用，构成了边际分析的基本内容。边际量指自变量发生变动时，因变量的变动比率，即 $\Delta Y/\Delta X$。从初级经济学的角度，边际量的性质可以概括为以下三点：边际量是总量的增量；边际量是总量函数中因变量对自变量的一阶导数；边际量是总量函数曲线的斜率。事实上，一切经济主体的经济行为都决定于边际量，消费者的行为决定于商品的边际效用，厂商的行为决定于投入的生产要素的边际收益与边际成本。资源拥有者的行为决定于生产要素的边际生产力等。因此，经济学对一切经济主体的经济行为的研究都离不开边际分析。

【拓展阅读 1 – 2】

为什么要懂经济学

经济"学"是一个完整体系，有假设、概念和分析工具。1776 年，英国人亚当·斯密以《国富论》为经济学奠基。算来经济学的历史不过 200 余年。《国富论》说的不是如何令国家富强，而是让人民富裕。

1776 年，瓦特发明了蒸汽机，引爆了后来的第一次工业革命，同一年，美国发表《独立宣言》，主张人人平等，限制政府权力，而亚当·斯密在《国富论》中提出，个人在"看不见的手"的指引下，不必依靠政府，就能达到最好的结果。

新中国成立以来，特别是改革开放 40 多年来，中国社会实现了大转型，经济主导了国家的社会生活。经济学的作用开始显现，因为经济学要说的，正好是怎么做，才能利益最大化。

经济学是社会科学，不是自然科学，有自己特殊的思维方式，这些方式跟直觉不同，甚或完全相反。比如，"比较优势原理"告诉人们，即使一个人（或者一个国家），样样都不如别人，可是别人会像他有求于人那样，有求于他，他可以过得和别人一样好。

经济学又是所有社会科学中的另类，它大量借用自然科学工具，特别是数学。微积分、概率论是大学学习经济学的基础。在研究生阶段，学习经济学，要用到几乎所有高深的数学方法。正是这种借鉴，让经济学的分析更有力、更精准。

但是，经济学在本质上，绝不是数学，而是经济学的思维方式。经济学和工程技术不同，后者，如果不是进入大学专门学习，是不会掌握的。经济学是社会科学，其形式可能是复杂的，但是其道理、内核，则是人人皆可以理解、体会和运用的，经济学的原理，既可以用复杂的模型表示，也可以通俗描述，而且这是更重要的形式。

所以，理解经济学的道理，并不难，搞懂经济学，你对世界的理解层次就会提升，这就是经济学的智慧。经济学能不能让人发财呢？老实说，没有必然联系。你看《福布斯》排行榜上的富豪，有几个是学经济学出身的呢？不过，以后随着经济运行规范化，这可能是个趋势。经济学的道理，一定有助于科学合理地投资，避免损失。

经济学还有更大的作用，亚当·斯密的经济学吹响了自由市场经济的号角，为大英帝国的崛起提供了思想力量；凯恩斯经济学的理论和政策主张力挽狂澜，拯救了资本主义世界；中国基于经济学基本原理的对外开放，极大地改变了社会面貌，提升了中国的综合国力。

资料来源：王福重. 写给中国人的经济学 [M]. 北京：机械工业出版社，2009.

复习与思考题

一、单项选择题

1. 微观经济学的核心理论是（ ）。

A. 价值理论　　　　B. 价格理论　　　　C. 生产理论　　　　D. 分配理论

2. "资源稀缺性"是指（ ）。

A. 世界上大多数人生活在贫困中

B. 相对于资源的需要而言，资源总是不足的

C. 资源必须保留给下一代

D. 世界上的资源将由于生产更多的物品和劳务而消耗光

3. 宏观经济学的核心理论是（ ）。

A. 价格决定理论　　　　　　　　B. 经济增长理论

C. 国民收入决定理论　　　　　　D. 失业与通货膨胀理论

4. （ ）不是宏观经济学的内容。

A. 国民收入决定　　B. 物价水平　　　C. 经济增长　　　D. 厂商均衡

5. 微观经济学的一个基本假设前提是（ ）。

A. 完全信息的假设　　　　　　　B. 完全竞争的假设

C. 合乎理性的人的假设　　　　　D. 边际效用递减的假设

二、简答题

1. 经济学产生的原因是什么？

2. 微观经济学的研究内容有哪些？

3. 宏观经济学的研究内容有哪些？

4. 微观经济学与宏观经济学的关系是什么？

5. 怎样理解经济学中的"经济人"假设？

第二章　均衡价格

学习目标与要求

1. 理解和掌握需求和供给的含义、需求与供给的影响因素、需求曲线与供给曲线、需求定理与供给定理。

2. 理解和掌握均衡价格的决定及其变动。

3. 重点掌握需求价格弹性及其计算、需求价格弹性与总收益的关系。

4. 了解最高限价和最低限价。

【案例导入】

洛阳纸贵

《晋书·左思传》中记载：左思是西晋时期著名的文学家，家族世代学习儒学。左思小时候并不出众，曾学习书法、琴艺，都没有学成。而且他其貌不扬、身材矮小，也不善言辞，连左思的父亲都说他："左思根本没法儿和我小时候相比。"左思听到父亲的话非常难过，于是发奋读书，就算有时间也不出去玩，只是在家里专心学习。

左思长大后，他们全家搬到了都城洛阳，他耗费了十年时间，写出了著名的《三都赋》。文章写好后，左思将文章送给当时的文学家张华品评。张华越读越喜欢，并拿去给当时的学者皇甫谧看。皇甫谧读后大为赞赏，亲自为文章写了序言。《三都赋》很快就传遍了整个洛阳城，每个人读了都赞不绝口。人们争相传抄，一时间竟让洛阳的纸张昂贵了几倍，甚至好多人买不到纸，只好到外地买纸来抄写这篇千古名赋。

资料来源：黄典波. 趣味经济学100问 [M]. 北京：机械工业出版社，2009.

思考：

1. 洛阳的纸为什么贵了？

2. 文章与纸两种"商品"是什么关系？为什么文章好导致纸贵了？

经济学是关于资源配置的科学，而资源配置是通过市场价格来进行的。价格信号引导着资源的流向。价格机制解决了经济社会生产什么，怎样生产和为谁生产的问题。如某种商品的价格上涨，便说明该产品在市场上供不应求，企业为了赚取尽可能多的利润，就会主动、自觉地运用一定的资源来生产或增加生产这种产品。而市场上的产品价格是由需求和供给这两方面的相互作用决定的。因此，需求、供给和价格的决定理论便成为经济学理论的出发点。

第一节 需 求

一、需求与影响需求的因素

一种商品的需求是指消费者一定时期内在各种可能的价格水平愿意并且能够购买的该商品的数量。如商品的价格是 5 元时，需求为 10 单位；价格是 10 元时，需求为 8 单位。根据定义，如果消费者对某种商品只有购买的欲望而没有购买的能力，这种缺乏客观的货币支付能力的主观性意愿就无法转换为产品的销售和流动。作为需求，要同时具备购买欲望和购买能力这两个条件，才能算作有效需求。

需求既可以指个人需求，也可以指市场需求。个人需求是指某一消费者或家庭对某种商品的需求，所有消费者或家庭对某商品在某一价格下的需求加总便是市场需求。

一种商品的需求数量是由许多因素共同决定的。在一种商品市场上，影响该商品的市场需求的因素，一般主要有以下几种：

（1）该商品的价格（P）。一般来说，一种商品的价格越高或提高，该商品的需求量就会越小或减少；相反，价格越低或降低，需求量就会越大或增加。

（2）消费者的收入（I）。一般来说，在其他条件给定不变的情况下，人们的收入越高，对商品的需求越多。因此，从市场需求来看，一个市场上消费者的人数和国民收入分配情况，显然是影响需求的重要因素。

（3）相关商品价格（P_r）。人们对于一种商品的需求量，除了取决于该商品本身的价格以外，还受到其他相关商品价格的影响。例如，在其他条件不变的情况下，苹果的价格不变，而梨子的价格上涨，消费者就会增加对苹果的购买。

（4）消费者的嗜好或称偏好（T）。所谓嗜好或偏好在一定程度上产生于人类的基本需要，如人们需要粮食充饥，购买衣服遮体等。人类对于某种商品的嗜好或偏好越强烈，购买该种商品的数量就会越多，反之越少。

（5）消费者对商品未来价格的预期（E）。当消费者预期某种商品的价格在下一期会上升时，就会增加该商品的现期需求量；当消费者预期某商品的价格在下一期会下降时，就会减少对该商品的现期需求量。例如，人们预期房价还会继续上涨时，就会增加现期对商品房的购买量。

【思考】除了上述提到的五种因素，影响你对某种商品（或劳务）的需求数量的因素还有哪些？这些因素是怎么影响的？

二、需求的表示方式

（一）需求函数

所谓需求函数是表示一种商品的需求数量和影响该商品需求数量的各种因素之间的相互关系。也就是说，在以上的分析中，影响需求数量的各个因素是自变量，需求数量是因变量。一种商品的需求数量是所有影响这种商品需求数量的因素的函数。影响商品的需求量的因素如此之多，使研究变得十分困难。为了使复杂的经济问题得以解决，经济学的通常做法是，把一个复杂的问题分成几部分，一次研究一部分，同时假设其他因素不变，从而使某些趋势的研究得以在其他条件不变这一假设的基础上进行。因为商品本身的价格是影响需求量变化的最基本的因素，所以，西方经济学首先假定影响商品需求量的其他因素不变，而只考察商品本身的价格变化对其需求量变化的影响。在这种情况下，需求函数可以记作：

$$Q_d = f(P) \qquad\qquad (2.1)$$

其中，P 为商品的价格，Q_d 为商品的需求量。

（二）需求表

需求函数 $Q_d = f(P)$ 表示一种商品的需求量和该商品的价格之间存在着一一对应关系。这种函数关系可以分别用商品的需求表和需求曲线来加以表示。

商品的需求表是表示某种商品的各种价格水平和各种价格水平相对应的该商品的需求数量之间关系的数字序列表。表 2-1 描述了某一市场上一定时期（如一年）对某种商品的个人需求或市场需求。

表 2-1 某商品的需求表

价格—数量组合	A	B	C	D	E	F	G
价格（元）	1	2	3	4	5	6	7
需求量	70	60	50	40	30	20	10

从表 2-1 可以看到商品价格与需求量之间的函数关系。例如，商品价格为 1 元时，商品的需求量为 70 单位；当价格上升为 2 元时，需求量下降到 60 单位；当价格上升为 3 元时，需求量下降到 50 单位，如此等等。

（三）需求曲线

商品的需求曲线是根据需求表中商品不同的价格—需求量的组合在平面坐标图上所绘制的一条曲线。图2-1是根据表2-1绘制的一条需求曲线。

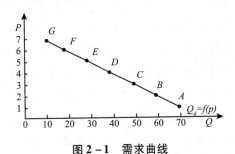

图2-1 需求曲线

初级经济学一般假定需求曲线是线性的，且假定变化率是连续的。这些假设虽然并不实际，但是方便研究。这样，线性的需求曲线可以表述为：

$$Q_d = a - bP \text{ 或 } P = \frac{a}{b} - \frac{1}{b}Q_d \tag{2.2}$$

其中，a、b为常数，且a、$b>0$，a为曲线的截距，$-\frac{1}{b}$为曲线的斜率。

需求曲线的通常形状是由左上方向右下方倾斜，其斜率为负。据此，表2-1和图2-1所蕴含的函数关系就可描述为$Q_d = 80 - 10P$。

一般来说，一种商品价格上升，需求量减少；商品价格下降，需求量增加，商品需求量与价格之间存在着互为反方向变化的依存关系，称为需求定理。绝大多数商品的需求都是符合这一定理的，但也有少数商品例外。

【思考】你见过有哪些需求定理的例外情况吗，即商品（或劳务）的需求量与其本身价格之间不呈反方向变化？请简要加以说明。

【拓展阅读2-1】

新时代 新需求

党的十九大报告明确指出，我国社会主要矛盾已经转化为人民日益增长的美好生活需要和不平衡不充分的发展之间的矛盾。要从以下三点正确认识和把握我国社会主要矛盾发生的变化。

第一，主要矛盾转化标志着经济文化比较落后的国家，建设社会主义出现根本性转折。新时代社会主要矛盾的转化表明社会主义社会基本矛盾在当代中国，表现为新的性质、新的内容、新的水准，实现了人民需要和社会发展的历史性跃升。它表明中国的社会主义出现了一次根本性转折，实现了从站起来、富起来到强起来的历史性飞跃。

第二，主要矛盾转化标志着社会主义初级阶段进入新的发展阶段。从我国社会主要矛盾的转化可以看出，当前，我国已经处于初级阶段与现代化的衔接过渡期，处于走出初级阶段的酝酿加速期，处于初级阶段的质量水平提高期，处于实现新型工业化、信息化、城镇化、农业现代化的跃升期。

第三，主要矛盾转化标志着人民需要层次的拓展提升和经济社会发展的前进上升，我国社会矛盾形成了新的性质和状况。我国社会主要矛盾的变化，从主体需要的方面来看，人民美好生活需要日益广泛，不仅对物质文化生活提出了更高要求，而且在民主、法治、公平、正义、安全、环境等方面的要求也在日益增长。从经济社会的发展状况方面来看，我国社会生产力总体上显著提高，但是更加突出的问题是发展的不平衡不充分，它已经成为我们满足人民日益增长的美好生活需要的主要制约因素。

资料来源：颜晓峰．论新时代我国社会主要矛盾的变化［J］．中共中央党校（国家行政学院）学报，2019，23（2）：5 - 13.

三、需求量变化和需求变化

需求表和需求曲线只是用来描述某商品的需求量与该商品的价格之间的函数关系，其前提条件是，假定除商品本身的价格外，其他影响商品需求量的因素不变。我们知道，除了商品本身的价格外，还有许多因素影响商品的需求量，而且这些因素也并不是不变的。如果商品本身价格不变，其他影响需求量的因素发生变化，需求量会如何变化呢？

为了说明由商品本身价格变化引起的需求量的变化和由其他因素变化引起的需求量的变化，西方经济学强调需求量变化和需求的变化之间的区别。前者是指在其他因素不变的情况下，由商品本身价格变化而引起的需求数量的变动，因为需求函数是既定的，需求量与不同的价格水平，是一一对应的，因此，在几何图形上表现为在原有的同一条需求曲线上点的位置的移动。如图 2 - 2（a）所示，商品价格由 P_1 下降到 P_2，导致需求数量由 Q_1 增加到 Q_2，表现在图形上就是需求曲线上的 A 点移动到了 B 点。后者是指当商品本身的价格保持不变时，影响需求量的诸因素中的一个或几个发生变动对需求量变动的影响，在图形上它表现为整个需求曲线位置的移动。如图 2 - 2（b）所示，如果商品本身的价格不变，消费者的货币收入增加了，或替代品的价格上升了，商品的需求数量都会增加，需求曲线会向右平移。需求曲线的平移表示了在每一价格水平下，消费者愿意而且能够购买的商品数量都在发生变化。

尽管需求量变化和需求变化是有区别的（见表 2 - 2），但在一般的表述中，需求量与需求在许多场合是被混用的，因为商品的需求总是表现为一定的数量。后面的供给量与供给也与此类似。

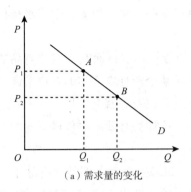
（a）需求量的变化

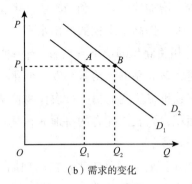
（b）需求的变化

图 2-2　需求量的变化和需求的变化

表 2-2　　　　　　　　　　　　需求量变化与需求变化的区别

项目	需求量的变化	需求的变化
变动的原因	商品本身价格	商品本身价格以外的因素
表现形式	点在需求曲线上滑动	整条需求曲线平移

【思考】政府想减少人们吸烟的数量，现使用两种办法来实现这一目标：一是通过公益广告及禁止在电视上做香烟广告等；二是通过制定相关政策来提高香烟税收。请用需求曲线分别画出这两种政策的效果。

第二节　供　　给

一、供给与影响供给的因素

一种商品的供给是指生产者在一定时期内在各种可能的价格下，愿意并且能够提供出售的该种商品的数量。根据上述定义，供给也要同时具备供给意愿和供给能力，才能够形成有效的供给。在企业的供给中，既包括新生产出来的产品，也包括企业存货。供给既可以指单个生产者对某种商品的供给，也可以指所有生产者对某种商品的市场供给。

一种商品的供给数量取决于多种因素的影响，其中主要的因素有：

（1）商品本身的价格（P）。一般来说，一种商品的价格越高，生产者提供的产量就越高；相反，商品的价格越低，生产者提供的产量就越小。例如，玉米的市场价格提高，农民就会增加玉米的种植面积等。

（2）生产的成本（C）。在商品自身价格不变的条件下，生产成本上升会减少利润，从而使得商品的供给量减少；相反，生产成本下降会增加利润，从而使得商品的供给量增加。

（3）生产的技术水平（T）。在一般的情况下，生产技术水平的提高，可以降低生产成本，增加生产者的利润，生产者会提供更多的产量。例如，杂交水稻种植技术的发明，大大提高了水稻的产出水平。

（4）相关商品的价格（P_r）。当一种商品的价格不变，而其他相关商品的价格发生变化时，该商品的供给量会发生变化。例如对某个两种农作物的农户来说，在其中一种农作物价格不变而另一种农作物价格上升时，该农户就会增加价格上升的农作物的种植面积，因农户拥有的耕地面积是一定的，这样势必要减少价格不变的农作物的种植面积。

（5）生产者对商品未来价格的预期（E）。如果生产者预期某种商品未来价格会上涨，那么生产者往往会扩大生产，增加商品供给。如果生产者对未来预期悲观，那么生产者往往会缩减生产，减少商品供给。例如房地产开发商如果看好房地产业的前景，那么开发商就会增加对房地产的投资，进而提高商品房的供给量。

【思考】除了上述提到的五种因素，假如你是一个能够做出统一生产决策的生产者，影响你对某种商品（或劳务）的供给数量的因素还有哪些？这些因素是怎么影响的？

二、供给的表示方式

（一）供给函数

一种商品的供给量是所有影响这种商品供给量的因素的函数。供给函数是指商品供给量和决定供给量的各种因素之间的关系。假定其他因素均不发生变化，仅考查一种商品的价格变化对其供给量的影响，而把一种商品的供给量只看成这种商品价格的函数，则供给函数可以表示为：

$$Q_S = \Phi(P) \tag{2.3}$$

其中，P为商品的价格，Q_S为商品的供给量。

（二）供给表

供给函数 $Q_s = \Phi(p)$ 表示一种商品的供给量和该商品价格之间存在着一一对应的关系，这种函数关系可以分别用供给表和供给曲线来表示。

商品的供给表是表示某种商品的各种价格与各种价格相对应的该商品的供给量之间关系的数字序列表。表 2 – 3 是某商品的供给表。

表 2 – 3 　　　　　　　　　　　某商品的供给表

价格—数量组合	A	B	C	D	E
价格（元）	2	3	4	5	6
供给量	0	20	40	60	80

表 2 – 3 表示商品的价格和供给量之间的函数关系。例如，当价格是 2 元时，商品的供给量是零；当价格上升为 4 元时，商品的供给量增加到 40 单位；当价格为 6 元时，商品的供给量为 80 单位。

（三）供给曲线

商品的供给曲线是根据供给表 2 – 3 中的商品的价格—供给量组合在平面坐标上所绘制的一条曲线。图 2 – 3 是根据表 2 – 3 所绘制的一条供给曲线。

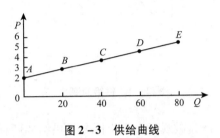

图 2 – 3 供给曲线

同分析需求一样，供给曲线可以是直线型的，也可以是曲线型的。如果供给函数是线型函数，则相应的供给曲线为直线型，如图 2 – 3 中的供给曲线就是直线型的。直线型供给曲线的一般形式可写成：

$$Q_S = -c + dP \quad 或 \quad P = \frac{c}{d} + \frac{1}{d}Q_S \qquad (2.4)$$

其中，c、d 为常数，且 c、$d > 0$，c 为供给曲线的截距，$\frac{1}{d}$ 为供给曲线的斜率。

供给曲线的通常形状是由左下方向右上方倾斜，其斜率为正。据此，表 2 – 3 和图 2 – 3 所蕴含的函数关系就可描述为 $Q_S = -40 + 20P$。

从图 2 – 3 中可以看出，供给曲线是一条由左下方向右上方倾斜的曲线，说明价格与供给量之间同方向变化。根据供给量和价格之间的关系，可以得出供给定理。供给定理指的是，商品价格上升，供给量增加；商品价格下降，供给量减少。

【思考】你见过有哪些供给定理的例外情况吗？即商品（或劳务）的供给量与其本身价格之间呈反方向变化？请简要加以说明。

三、供给量变化和供给变化

供给函数与供给曲线，是除了销售价格以外，影响供给的其他因素（如生产技术、生产成本等）给定不变，因而生产者愿意提供的产品量，随价格同方向变化。即供给量是沿着既定的一条供给曲线自左下方向右上方变动。

如图 2 – 4 所示，现在假设由于生产技术进步，或生产成本下降，对应于同一销售价格，生产者愿意并且能够提供的商品数量增加。这种由于技术进步或生产成本下降引起的供给状况的变化（简称供给变化），表现为供给曲线由 S_0 下移至 S_1。同理，假设由于生产要素价格上升引起了每单位产品的成本增加，则与任一给定产量相对应，生产者要求的卖价会较高，这表现为供给曲线由 S_0 上移至 S_2。

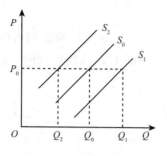

图 2 - 4　供给的变化

同分析需求的变化一样，微观经济学也区分了供给的两种变化：一种是供给量的变化，是在同一条供给曲线上供给量对应不同价格的点的移动；另一种是供给的变化，是整条供给曲线位置的移动（见表 2 - 4）。

表 2 - 4　　　　　　　　　　　供给量变化与供给变化的区别

项目	供给量的变化	供给的变化
变动的原因	商品本身价格	商品本身价格以外的因素
表现形式	点在供给曲线上滑动	整条供给曲线平移

【拓展阅读 2 - 2】

供给侧结构性改革

2015 年 11 月 10 日，中央财经领导小组第十一次会议在研究经济结构性改革和城市工作时提出：推进经济结构性改革，是贯彻落实中国共产党的十八届五中全会精神的一个重要举措。2016 年 1 月 27 日，中央财经领导小组第十二次会议，研究供给侧结构性改革方案，强调供给侧结构性改革的根本目的是提高社会生产力水平，落实好以人民为中心的发展思想。提出推进供给侧结构性改革并将之作为经济工作的主线，是党中央在深刻分析、准确把握我国现阶段经济运行主要矛盾基础上作出的重大决策，是重大理论和实践创新。在新时代，满足人民日益增长的美好生活需要、解决发展不平衡不充分问题、推动经济高质量发展，都要求深化供给侧结构性改革。要坚持以供给侧结构性改革为主线不动摇，在"巩固、增强、提升、畅通"上下功夫。

改革开放四十多年来，中国经济持续高速增长，成功步入中等收入国家行列，已成为名副其实的经济大国。但随着人口红利衰减、"中等收入陷阱"风险累积、国际经济格局深刻调整等一系列内因与外因的作用，经济发展正进入"新常态"。

简言之，中国经济的结构性分化正趋于明显。为适应这种变化，在正视传统的需求管理还有一定优化提升空间的同时，迫切需要改善供给侧环境、优化供给侧机制，通过改革制度供给，大力激发微观经济主体活力，增强我国经济长期稳定发展的新动力。

资料来源：国家行政学院经济学教研部．中国供给侧结构性改革［M］．北京：人民出版社，2016．

第三节　均衡价格的形成和变动

一、均衡价格的形成

所谓均衡，是指有关的变量在两种相反力量相互作用下达到的一种相对静止的状态。西方经济学用"均衡"来说明市场需求和市场供给这两种相反力量变化影响市场价格变动的趋势，以及市场价格变动影响需求和供给变动的趋势。如果市场需求大于市场供给，市场价格将会提高，根据需求定理和供给定理，价格提高，使需求减少，供给增加，一直到市场需求量等于市场供给量为止。相反，如果市场供给大于市场需求，价格下降将会增加需求，减少供给，直到两者相等为止。当需求量等于供给量时，价格不再具有变动的趋势，而处于一种相对静止的均衡状态。马歇尔把这种使市场需求量和市场供给量相等的价格称为均衡价格。均衡价格有时又被称作市场出清价格，因为在这种价格水平下，买者愿意而且能够购买的商品数量正好与卖者愿意而且能够出售的数量相等，既不存在过度需求，也不存在过度供给，市场处于均衡状态。一个市场的均衡只有在其他所有市场都达到均衡的条件下才能实现。

图2-5把需求曲线和供给曲线放在一起说明均衡价格的形成，图中需求曲线 D 自左上方向右下方倾斜，供给曲线 S 自左下方向右上方倾斜，两条曲线在 E 点相交。E 点被称为均衡点，均衡点上的价格 P_e 和数量 Q_e 分别被称为均衡价格和均衡数量。

使用需求函数和供给函数求解均衡价格和均衡数量，如前文所列需求函数为 $Q_d = 80 - 10P$，供给函数为 $Q_s = -40 + 20P$，令 $Q_d = Q_s$，则均衡价格是4，均衡数量是40。

二、均衡价格的变动

一种商品的均衡价格是由该商品的市场需求曲线和供给曲线的交点所决定的。我们

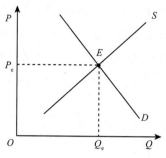

图 2 – 5　均衡价格的形成

知道，商品自身价格以外的其他因素的变化，会使需求曲线和供给曲线产生位移，而两条曲线位置的移动必然会形成新的均衡点，从而引起均衡价格和均衡数量的变化。

（一）需求变动对均衡的影响

如图 2 – 6 所示，假设供给不变，需求增加，导致需求曲线由 D_0 右移到 D_1，均衡点由 E_0 上升到 E_1，均衡价格由 P_0 上升到 P_1，而均衡数量也由 Q_0 增加到 Q_1。如果需求减少，需求曲线 D_0 左移到 D_2，D_2 与供给曲线的交点是 E_2，均衡价格和均衡数量都将下降。若供给不变，需求的变化引起均衡价格和均衡数量同方向变化。

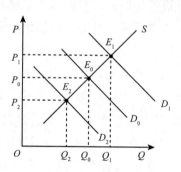

图 2 – 6　需求变动对均衡的影响

（二）供给变动对均衡的影响

如图 2 – 7 所示，假设需求不变，供给增加，导致供给曲线由 S_0 右移到 S_1，新的均衡点 E_1，使均衡价格下降，使均衡数量增加。相反，供给减少，均衡价格提高，均衡数量减少。供给变化引起均衡价格反方向变化，引起均衡数量同方向变化。

（三）需求和供给同时变动对均衡的影响

现实经济社会中，需求和供给的分别变动，会引起均衡价格和均衡数量的变化。如果需求和供给同时发生变化，则会共同对均衡价格和均衡数量产生影响。其影响的结果，有以下两种情况：

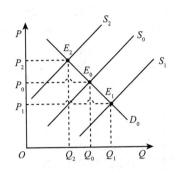

图 2-7 供给变动对均衡的影响

第一，供求同时同方向变动，即同时增加或减少。在这种情况下，均衡数量将同时增加或减少，而均衡价格变动取决于供需变动的相对量，可能提高，可能下降，也可能保持不变。如果需求曲线移动的幅度大于供给曲线移动的幅度，均衡价格就会上升；如果前者移动的幅度小于后者，均衡价格下降；两条曲线移动的幅度相同，均衡价格保持不变。

第二，供求同时反方向变动。这时，均衡价格总是按照需求的变动方向变动，而均衡数量的变动取决于供求双方变动的幅度，可能增加，可能减少，也可能维持不变。如果供给曲线移动的幅度少于需求曲线相反移动的幅度，均衡数量减少，如果供给曲线移动的幅度大于需求曲线移动的幅度，均衡数量增加。只有两者变动的幅度相同时，均衡数量才会维持不变。

三、最高限价和最低限价

供求曲线描述了商品的供求数量和价格之间的关系，运用供求理论解释了诸多经济学现象，借此在实际经济生活中得到了广泛的应用。西方经济学认为，均衡价格是在市场上自发形成的，而价格机制存在着自身的缺陷。因此，当政府认为某一种商品或劳务的市场价格对买者或卖者不公平时，通常会实行价格控制，即通过规定最高限价和最低限价来干预某种商品的价格。

（一）最高限价

最高限价也称为限制价格，它是政府所规定的某种商品的最高价格。最高价格总是低于市场的均衡价格，其主要目的是为了保护消费者利益。如政府为了增加贫民的福利而采取的房租最高限价，规定房租不得超过规定的最高标准。最高限价会造成供给短缺和过度需求。

如图 2-8 所示，某商品由供求所决定的均衡价格为 P_e，均衡数量为 Q_e。通过政府实行最高限价，规定该商品的市场最高价格为 P_0。由此可见，最高限价 P_0 小于均

衡价格 P_e，且在最高限价 P_0 的水平，市场需求量 Q_2 大于市场供给量 Q_1，市场上出现供不应求的情况，短缺量为 Q_1Q_2。

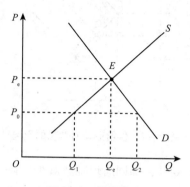

图 2 - 8　最高限价

政府实行最高限价通常是为了抑制某种商品的价格上涨，尤其是为了应对通货膨胀，又如为了抑制垄断行业的暴利现象，比如对电力、通信部门产品的价格干预。但是政府通过采取最高限价的手段，虽然从某方面保护了消费者的利益，然而却会造成一定的不良影响。最高限价下的供不应求会造成消费者的排队抢购和黑市交易盛行。在这种情况下，政府又不得不采取配给的方式来分配产品。另外，供给短缺又会造成产品质量和服务水平的下降。

（二）最低限价

最低限价又称支持价格，它是政府所规定的某种产品的最低价格。最低价格总是高于市场的均衡价格。其主要目的是为了保护生产者的利益。在很多国家，价格下限通常被用在农产品的价格保护上。有时也体现在要素价格的干预方面，例如我国实行的最低工资法。最低限价会出现供大于求的生产过剩问题。

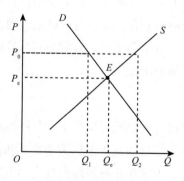

图 2 - 9　最低限价

如图 2 - 9 所示，某商品由供求所决定的均衡价格为 P_e，均衡数量为 Q_e。通过政府实行最低限价，规定该商品的市场最低价格为 P_0。由此可见，最低限价 P_0 高于均

衡价格 P_e，且在最低限价 P_0 的水平，市场需求量 Q_1 小于市场供给量 Q_2，市场上出现供过于求的情况，过剩量为 Q_1Q_2。

最低限价通常是为了扶持某些行业的发展，尤其是农业的发展。各国政府为了扶持农业的发展，除采取最低限价的方法之外，还会采取限制种植的方法来减少农产品的供给量，进而提高农产品价格，但这样会使消费者的利益受到损害。

【拓展阅读 2 - 3】

均衡是一种思想

经济学中"均衡"一词源于物理学的"平衡"，是指两种性质相反的力量，大小相等，势均力敌，从而保持相对静止的一种状态。英国经济学家马歇尔和法国经济学家瓦尔拉斯是均衡概念的较早引入者和均衡分析方法的创立者。

马歇尔运用均衡概念和均衡分析方法研究价格，创立了均衡价格理论。被誉为"宏观经济之父"的凯恩斯从宏观经济总量着手，创立了均衡国民收入理论。无论是微观经济中的均衡价格、消费者均衡、厂商均衡，还是宏观经济中均衡的国民收入等，所有的"均衡"均为一种趋势。另外，均衡是经济参与者追求的目标。无论宏观经济还是微观经济，只要实现均衡，则表明经济运行良性。消费者实现均衡意味着消费者在消费过程中得到了最大的满足，厂商实现均衡则意味着厂商在生产过程中实现了最大利润。微观市场实现了均衡意味着消费者和厂商在商品交换过程中实现了"双赢"。均衡的国民收入一旦实现就意味着社会资源既无闲置又无浪费，实现了最优配置。

均衡还是一种理想状态。经济参量时时刻刻都在变化，这决定了均衡的暂时性，决定了均衡总会被打破，决定了不均衡是经济发展的常态。因此，绝对的均衡状态是不存在的。均衡是经济发展的理想状态。

均衡不仅是一种研究方法，更是一种思想。在经济学中，均衡首先是一种研究方法，与实证研究、规范研究、边际研究一样，均衡也是经济研究的一种方法。在微观经济学中，价格理论、消费者行为理论、厂商行为理论、市场理论以及宏观经济学中的国民收入理论，无一不是运用均衡的方法加以研究的。不仅如此，均衡更是一种时时刻刻闪烁光芒的哲学思想，它就像一条红线贯穿经济学始终。从亚当·斯密的"自由放任"到凯恩斯的"国家干预"无不折射着均衡的思想。古典经济学派代表人物亚当·斯密提出了"自由放任"的思想，而"自由放任"的前提是"市场万能"。那个时期恰是资本主义处于自由竞争时期，资本主义的市场在无须外力干预的情况下，就能实现运转良性、供需平衡的目标。"运转良性、供需平衡"本身就是一种均衡。同样，凯恩斯的"国家干预"也折射着均衡的光芒。1929～1933 年，整个资本主义社会出现了严重经济危机，社会产品相对过剩。随着经济的发展，市场的弊端日益凸显，经济效率低下，但市场本身无法克服，从而出现了市场失灵。市场失灵的本质就是市场自身无法克服经济总量中供需不平衡。"国家干预"就是要通过政府的力量对"供需不平衡"进行纠正，使这种不平衡逐渐趋于平衡。这也恰恰正是"均衡"思想的体现。

资料来源：史玉广.《西方经济学》中的"均衡"思想探究［J］. 产业与科技论坛，2012，11（22）：119，193.

第四节　弹性理论

弹性是物理学的概念，是指某一物体对外力作用的反应程度。马歇尔把弹性概念引入经济学领域，并且在经济学中得到了广泛的应用。一般来说，只要两个经济变量之间存在着函数关系，我们就可以用弹性来表示因变量对自变量变化的反应的敏感程度。例如，在一定时期内（如一个月），当食盐价格上升1%，那么，某个家庭对食盐的需求量变化的百分比是多少呢？

一、需求弹性

需求弹性表示需求量对影响需求因素的变量变化反应的敏感程度。例如，一种商品价格的提高（或降低），在影响该商品的需求的其他因素（如相关商品的价格和消费者的收入等）给定不变的条件下，会引起需求量减少（或增加）。但是，价格的一定程度的变化，不同商品需求量作出的反应（增减变化）的程度，是不尽相同的。需求方面的弹性主要包括需求的价格弹性、需求的交叉价格弹性和需求的收入弹性。

（一）需求的价格弹性

1. 需求的价格弹性的含义及特点。需求的价格弹性，简称需求弹性，它是衡量商品需求量对价格变动的反应程度，或者说，表示在一定时期内，当一种商品价格变化1%时，所引起的该商品需求量变化的百分比。

公式为：

$$需求的价格弹性 = \frac{需求量变化的百分比}{价格变化的百分比} \tag{2.5}$$

如果用 E_d 表示需求的价格弹性系数，用 P 和 Q 表示原来的价格和需求量，ΔP 和 ΔQ 分别表示价格的变化量和需求量的变化量，那么，需求的价格弹性公式的一般形式为：

$$E_d = -\frac{\frac{\Delta Q}{Q}}{\frac{\Delta P}{P}} = -\frac{\Delta Q}{\Delta P} \cdot \frac{P}{Q} \qquad (2.6)$$

根据需求的价格弹性的定义和公式，可以发现需求的价格弹性具有以下特点：

（1）需求价格弹性系数是一个负数，因为价格与需求量呈反方向变动。为了运算方便，一般都取其绝对值。

（2）需求的价格弹性是两个变量变化的百分率之比，与计量单位无关。这是因为，用 ΔP 和 ΔQ 之绝对值来计算 E_d，会因计量单位不同，而使同一事件的 E_d 之值大不相同。但若两个变量的变化都使用百分比，则不管用什么计量单位，E_d 之值都是一样的。

（3）线性的需求曲线斜率越大，其弹性越小；斜率越小，其弹性越大。这是因为，需求弹性是 $\Delta Q/\Delta P$ 和 P/Q 两个因素构成的，假设需求曲线是一条直线，$\Delta Q/\Delta P$ 是需求曲线斜率的倒数；P/Q 是由需求曲线上所测量的点的位置来决定的。由于曲线的斜率是既定的，但各点的需求弹性因位置的不同而不同，点的位置越高，其弹性越大；点的位置越低，其弹性越小。因此，在西方经济学中，习惯用需求曲线的斜率来表示弹性的大小。

式（2.6）只是需求弹性的一般公式，在具体计算弹性系数时，还要根据需求曲线上两点之间的距离情况，对式（2.6）加以修正。在此基础上，西方经济学将需求弹性分为弧弹性和点弹性。

2. 需求的价格弧弹性。需求的价格弧弹性表示某商品需求曲线上两点之间的需求量的变动对于价格的变动的反应程度。简单地说，它表示需求曲线上两点之间的一段弧的弹性。例如，某商品的价格由每单位 9 元下降到 8 元，需求量由 30 单位增加到 40 单位，该商品的需求价格弹性为：

$$E_d = -\frac{\frac{\Delta Q}{Q}}{\frac{\Delta P}{P}} = -\frac{\Delta Q}{\Delta P} \cdot \frac{P}{Q} = -\frac{\frac{40-30}{30}}{\frac{8-9}{9}} = 3$$

那么，同一条需求曲线，如果价格由 8 元上升到 9 元，需求量由 40 单位下降到 30 单位，该商品的需求的价格弹性又是多少呢？

$$E_d = -\frac{\frac{\Delta Q}{Q}}{\frac{\Delta P}{P}} = -\frac{\Delta Q}{\Delta P} \cdot \frac{P}{Q} = -\frac{\frac{30-40}{40}}{\frac{9-8}{8}} = 2$$

同是一条需求曲线上两点间需求的价格弧弹性，而结果为什么不同呢？其原因在于计算基数值的起始点不同。为了避免由于商品涨价或是降价而引起的需求价格弹性结果上的差异，西方经济学家采取按两点的平均数值计算弧弹性，公式为：

$$E_d = -\frac{\Delta Q}{\Delta P} \cdot \frac{\dfrac{P_1 + P_2}{2}}{\dfrac{Q_1 + Q_2}{2}} = -\frac{\Delta Q}{\Delta P} \cdot \frac{P_1 + P_2}{Q_1 + Q_2} \qquad (2.7)$$

式（2.7）也被称为需求的价格弧弹性的中点公式，根据这一公式，计算上述例子，则有：

$$E_d = -\frac{\Delta Q}{\Delta P} \cdot \frac{\dfrac{P_1 + P_2}{2}}{\dfrac{Q_1 + Q_2}{2}} = -\frac{\Delta Q}{\Delta P} \cdot \frac{P_1 + P_2}{Q_1 + Q_2} = -\frac{10}{-1} \cdot \frac{8+9}{30+40} \approx 2.4$$

由此可见，需求的价格弧弹性的计算可以有三种情况，它们分别是涨价时计算的 E_d 和降价时计算的 E_d，以及按中点公式计算的 E_d。至于采取哪一种计算方法，要按具体情况而定。

3. 需求的价格点弹性。需求的价格点弹性是用来表示需求曲线上两点之间的价格变动量趋于无穷小时，或者说在需求曲线上某一点当价格发生无穷小的变化（即 $\Delta P \to 0$）时所导致的需求量变动的程度。这样，在式（2.6）的基础上，点弹性公式可写为：

$$E_d = \lim -\frac{\dfrac{\Delta Q}{Q}}{\dfrac{\Delta P}{P}} = -\frac{\mathrm{d}Q}{\mathrm{d}P} \cdot \frac{P}{Q} \qquad (2.8)$$

根据点弹性的公式，若需求函数为已知，即可求出任一价格的点弹性系数。设某商品的需求函数为 $Q_d = 18 - 2P$，因 $\mathrm{d}Q_d / \mathrm{d}P = -2$，代入式（2.8）：$E_d = 2 \times P/Q = 2P/(18-2P)$，当 $P=4$，则 $E_d = 0.8$；当 $P=6$，则 $E_d = 2$。

4. 需求的价格弹性的分类。根据需求价格弹性的大小，可以把需求价格弹性分为以下五种类型：

（1）$|E_d| = 1$，这表明价格变动的百分比与需求量变动的百分比相同，即价格每提高（或降低）1%，需求量相应减少（或增加）1%，称为需求的单位弹性或单元弹性，此时需求曲线是一条正双曲线，如图2-10（a）所示。

（2）$|E_d| > 1$，这表明 $\Delta Q/Q > \Delta P/P$，或者说价格每变动1%，需求量的变动大于1%，称为需求富有弹性。如果需求是富有弹性的，需求曲线会较为平坦，如图2-10（b）所示。相对于缺乏弹性的生活必需品，奢侈品的需求量对价格变化的反应程度较为敏感，例如，黄金价格的下跌、航空机票的折扣等。

（3）$|E_d| < 1$，这表明需求量变动的幅度小于价格变动幅度，或者说价格变动1%所引起的需求量变动的百分率小于1%，称为需求缺乏弹性。如果需求缺乏弹性，需求曲线的形状比较陡峭，如图2-10（c）所示。在日常生活中，生活必需品通常受价格因素影响较小，如食盐、煤气等。

（4）$|E_d| = 0$，即价格的任何变化都不会引起需求量的变化，称为需求完全无弹性。其需求曲线，表现为垂直于横轴的一条直线，如图2-10（d）所示。这种情况，在日常生活中较为罕见，如殡仪馆的火化费。

（5）$|E_d| = \infty$，即价格微小变化会引起需求量无穷大的变化，称为需求完全弹性或需求弹性无穷大。其需求曲线，表现为平行于横轴的一条直线，如图2-10（e）所示。

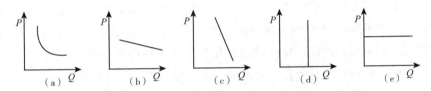

图2-10 需求价格弹性的五种曲线类型

5. 影响需求的价格弹性的因素。各种商品的需求价格弹性是不一样的，有的商品富于弹性，而有的商品需求缺乏弹性。西方经济学认为，影响需求价格弹性的因素主要有以下几点。

（1）商品的可替代性。一般来说，一种商品的可替代品越多，相近程度越高，该商品的需求的价格弹性往往就越大；相反，该商品的需求价格弹性往往就越小。例如，一种特定品牌的牙膏，它的替代品包括许多其他品牌的牙膏，但若所指商品是牙膏，它的替代品就只有各种品牌的牙粉。所以，某种特定品牌的牙膏的需求弹性大于泛指各种品牌的牙膏的需求弹性。

（2）商品用途的广泛性。一般来说，一种商品的用途越广泛，它的需求的价格弹性就可能越大；相反，用途越是狭窄，它的需求的价格弹性就可能越小。这是因为，如果一种商品具有多种用途，当它的价格提高时，消费者只购买较少的数量用于重要的用途；当它的价格逐步下降时，消费者的购买量就会逐步增加，将商品越来越多地用于其他各种用途上。比如，羊皮革的用途要较羊肉更为广泛，因此，羊皮革的需求弹性要大于羊肉的需求弹性。

（3）商品对消费者生活的重要程度。一般来说，生活必需品的需求价格弹性较小，非必需品的需求价格弹性较大。例如，大米的需求价格弹性往往较小，而新款手机的需求价格弹性往往是较大的。

（4）商品在购买者家庭预算中所占比例的大小。消费者在某种商品上的消费支出在预算支出中所占的比重越大，该商品的需求的价格弹性就可能越大；反之，则越小。比如，油盐酱醋等用品的需求价格弹性就是比较小的，而一些奢侈品（如黄金）

的需求价格弹性往往较大。

（5）考察时间的长短。一般来说，考察时间越长，需求越有弹性。因为时间越长，消费和厂商越容易找到替代品。

6. 需求的价格弹性与总收益。不同商品的需求弹性的大小是不一样的，也就是说，同等幅度的价格升降所引起的需求变动的幅度是不一样的。因此，价格提高，总收益不一定增加；价格降低，总收益不一定减少。因此厂商要测定使总收益最大化的价格，可以借助于需求价格弹性来进行分析。

总收益是指生产者在市场上出卖一定商品所获得的货币收入总额，它等于商品的价格乘以商品的销售量，即 $TR = P \cdot Q$。其中，TR 表示总收益，P 表示价格，Q 表示销售量。这里假设生产者的销售量等于市场对该商品的需求量。从公式可以看出：总收益是由价格 P 和需求量 Q 两个因素决定的，需求价格弹性恰恰就是测量 Q 对 P 变化的反应程度的概念。因此，总收益的变化与需求弹性的大小有关。对于正常商品，可以将需求的价格弹性和总收益的之间的关系，分为以下三种情况：

（1）需求富有弹性（$E_d > 1$）。对于需求富有弹性的商品，厂商降价所引起的需求量的增加率要大于价格的下降率。这意味着价格下降所造成的销售收入的减少量必定小于需求量增加所带来的销售收入的增加量，所以降价最终带来销售收入 $P \cdot Q$ 值的增加。相反，厂商提价时，最终带来销售收入 $P \cdot Q$ 值是减少的。即对于 $E_d > 1$ 的需求富有弹性的商品，厂商的销售收入与商品的价格呈反方向变动。

（2）需求缺乏弹性（$E_d < 1$）。对于需求缺乏弹性的商品，厂商降价所引起的需求量的增加率要小于价格的下降率。这意味着价格下降所造成的销售收入的增加量并不能全部抵消需求量增加所造成的销售收入的减少量，所以降价最终带来销售收入 $P \cdot Q$ 值的减少。相反，厂商提价时，最终带来销售收入 $P \cdot Q$ 值是增加的。即对于 $E_d < 1$ 的需求缺乏弹性的商品，厂商的销售收入与商品的价格呈同方向变动。

（3）需求单位弹性（$E_d = 1$）。对于需求单位弹性的商品，厂商变动价格所引起的需求量的变动率和价格的变动率是相等的，所以，由价格变动所造成的销售量收入的增加量或减少量刚好等于由需求量变动带来的销售收入的减少量或增加量。即对于 $E_d = 1$ 的需求单位弹性的商品，厂商无论是降价还是涨价，销售收入 $P \cdot Q$ 值都是固定不变的。这时，企业可以根据其他市场的具体情况决定产品的价格策略。

【拓展阅读 2 - 4】

谷贱伤农

"谷贱伤农"出自《汉书·食货志上》："籴甚贵，伤民；甚贱，伤农。民伤则离散，农伤则国贫。"是指在农业生产活动中，存在着这样一种经济学现象：在丰收的年份，农民的收入却反而减少了，这在我国民间被形象地概括为"谷贱伤农"。

谷贱伤农是经济学的一个经典问题。传统观点认为，农民从出售粮食中获取之利润取决于两个因素：产量（Q）和粮价（P），但这两个变量并不是独立的，而是相互关联的，其关联性由一条向下倾斜的对粮食的需求线来决定，二者呈负相关关系。另外，粮食需求线缺少弹性，也就是说，需求量对价格的变化不是很敏感。当粮价下跌时，对粮食的需求量会增加，但增加得不是很多。其基本的道理在于，粮食是一种必需品，对粮食的需求最主要的是由对粮食的生理需求所决定的。

农民种粮的利润受到粮食供求关系的影响，而粮食需求缺乏弹性，当粮食获得丰收的时候，其供求关系发生较大变化、供给量与需求量（供给价格和需求价格）的相对关系较之前不同，供给量的增幅大于需求量的增幅、粮食出售价格的降幅大于需求量增加（销售量增加）的幅度，因而种粮农民的利润下降。认识到粮食市场的这一特性后，就不难理解下面的现象：当粮食大幅增产后，农民为了卖掉手中的粮食，只能竞相降价。但是由于粮食需求缺少弹性，只有在农民大幅降低粮价后才能将手中的粮食卖出，这就意味着，在粮食丰收时往往粮价要大幅下跌。如果出现粮价下跌的百分比超过粮食增产的百分比，则就出现增产不增收甚至减收的状况，这就是"谷贱伤农"。

资料来源：郑言成. 再谈"谷贱伤农"［J］. 新产经，2016（10）：5.

（二）需求的交叉价格弹性

除了商品自身的价格，相关商品的价格也是决定某种商品需求量的一个重要因素。需求的交叉价格弹性也称为需求的交叉弹性，它是表示在影响某商品（X）需求的各种因素都给定不变的条件下，另一相关商品（Y）的价格（P_Y）变动所引起的 X 的需求（Q_X）的变动程度。公式为：

$$E_{XY} = \frac{\frac{\Delta Q_X}{Q_X}}{\frac{\Delta P_Y}{P_Y}} = \frac{\Delta Q_X}{\Delta P_Y} \cdot \frac{P_Y}{Q_X} \quad 或 \quad E_{XY} = \frac{\partial Q_X}{\partial P_Y} \cdot \frac{P_Y}{Q_X} \tag{2.9}$$

当一种商品本身的价格保持不变，而与它相关的其他商品的价格发生变动时，这种商品本身的需求量也会发生变化。西方经济学把相关商品分为两种：替代品和互补品。一种商品的替代品是指可以替代这种商品消费的另外一种商品，如馒头是花卷的替代品，棉花是羊毛的替代品等。一种商品的互补品是指必须和该商品一起消费，才能实现该商品功能的另外一种商品，如汽油是汽车的互补品，乒乓球是乒乓球拍的互补品等。如果某种商品的替代品价格上升，那么该商品的需求增加；如果某种商品的替代品价格下降，那么该商品的需求减少。也就是说，它们的交叉弹性系数一定是正值，表示某种商品的需求与其替代品的价格呈同方向变化。例如，当馒头的价格上涨时，对花卷的需求会有所增加。如果某种商品的互补品价格上升，那么该商品的需求减少；如果某种商品的互补品价格下降，那么该商品的需求增加。也就是说，它们的交叉弹性系数一定是负值，表示某种商品的需求与其互补品的价格呈反方向变化。例如，汽油的价格上涨会减少对私人轿车的需求。据此，也容易理解，无关商品的需求交叉弹性为零。

（三）需求的收入弹性

在商品价格和影响商品需求的其他因素不变的条件下，消费收入的变化，也会引起商品需求的变动。需求的收入弹性就是用来衡量消费者收入的变化所引起的商品需求的变动程度。以 E_M 代表需求的收入弹性，则公式为：

$$E_M = \frac{\frac{\Delta Q}{Q}}{\frac{\Delta M}{M}} = \frac{\Delta Q}{\Delta M} \cdot \frac{M}{Q} \quad \text{或} \quad E_M = \frac{\partial Q}{\partial M} \cdot \frac{M}{Q} \tag{2.10}$$

消费者的收入水平是影响商品需求量的一个重要因素。对于多数商品来说，如果消费者的收入提高，即使价格不变，消费者也有能力在每一个价格水平上购买更多的商品。因此，收入提高将增加对商品的需求量。然而，对于某些商品来说，情况恰好相反。根据 E_M 是否大于 0，可以将各种商品分为两类。

1. 正常商品。如果一种商品的需求随着收入的增加而增加，随着收入的减少而减少，那么我们就称这种商品为正常品。正常商品的 $E_M > 0$。其中，又可以根据 E_M 是否大于 1，将正常商品进一步分为两种：（1）如果 $E_M > 1$，说明消费者收入变动的比率小于需求量变动的比率，这种商品叫作奢侈品；（2）如果 $E_M < 1$，说明消费者收入提高后，对商品的需求增加的幅度十分有限，这种商品叫作必需品。

随着时代的发展和物质文化水平的提高，必需品和奢侈品的范畴也在不断地演进，例如洗衣机过去是奢侈品，现在可以归于必需品。

2. 低档商品。当消费者收入提高后，对某些商品的需求反而会减少。如果这种商品的需求随着收入的增加而减少，随着收入的减少而增加，那么我们就称这种商品为低档品。这些商品主要是低收入人群赖以为生的食品或低档的生活消费品，如土豆、胶鞋等。收入水平提高后，对这些物品的需求量反而会下降，因为当低收入人群的收入增加时，他们将会更多地消费更有营养的食品或大众化的商品，而相应地减少对价格低廉且营养较差的食品或低档消费品的购买。低档商品的 $E_M < 0$。

在需求的收入弹性的基础上，如果具体地研究消费者用于食物支出量对于消费者收入变动的反应程度，就可以得到食物支出的收入弹性。19 世纪德国统计学家恩格尔根据对统计资料的研究得出恩格尔定律：在一个家庭或在一个国家中，食物支出在收入中所占的比例随着收入的增加而减少。用弹性概念来表述恩格尔定律可以是：对于一个家庭或国家来说，富裕程度越高，则食物支出的收入弹性就越小；反之，则越大。恩格尔系数是根据恩格尔定律而得出的比例数，消费者食物消费占总支出的比重，被称为恩格尔系数。公式表示为：

$$\text{恩格尔系数} = \frac{\text{食物支出}}{\text{总支出}} \tag{2.11}$$

恩格尔系数的取值大于 0，小于 1，该系数越接近于 1，表示该家庭（或国家）越穷；越是接近于 0，表明该家庭（或国家）越富。西方经济学家根据经验统计资料提出，不仅食物支出方面存在着上述递减的情况，衣服等生活必需品也存在类似的情况，因此恩格尔定律在研究人们生活水平及消费结构方面，具有深远的影响。

【思考】有甲、乙两个司机去加油，甲每次都加 200 元钱的油，乙每次都加 20 升的油。试问甲、乙两个司机谁的需求价格弹性系数大？

二、供给的价格弹性

供给的价格弹性简称供给弹性，它是衡量商品供给量对价格变动的反应程度，或者说，表示在一定时期内，当一种商品价格变化 1% 时，所引起的该商品供给量变化的百分比。如果用 E_s 表示供给的价格弹性系数，公式为：

$$E_s = \frac{\frac{\Delta Q}{Q}}{\frac{\Delta P}{P}} = \Delta Q \cdot \frac{P}{Q} \quad \text{或} \quad E_s = \frac{dQ}{dP} \cdot \frac{P}{Q} \tag{2.12}$$

与需求的价格弹性不同的是，这里用 P 和 Q 表示原来的价格和供给量，用 ΔP 和 ΔQ 表示价格的变化量和供给量的变化量。

从式（2.12）可以看出，供给的价格弹性与需求的价格弹性十分相似。但是由于供给量与价格呈同方向变动，因此供给价格弹性系数是正值。供给价格弹性也可分为以下五种类型：

（1）$E_s = 1$，称为供给单位弹性或单元弹性，在这种情况下，价格与供给同比例变动。

（2）$E_s < 1$，即供给量变动的幅度小于价格变动幅度，供给缺乏弹性。在这种情况下，供给曲线的形状比较陡峭。

（3）$E_s > 1$，即 $\Delta Q/Q > \Delta P/P$，或者说价格每变动 1%，需求量的变动大于 1%，供给富有弹性。如果供给是富有弹性的，供给曲线会较为平坦。

（4）$E_s = 0$，即价格的任何变化都不会引起供给量的变化，供给无弹性。其供给曲线，表现为垂直于横轴的一条直线。

（5）$E_s = \infty$，即价格微小变化会引起供给量无穷大的变化，称为供给完全弹性或供给弹性无穷大。其供给曲线，表现为平行于横轴的一条直线。

决定供给弹性大小主要取决于调整产量的难易程度。由于不同的产品生产的周期不同，进而调整产量的难易程度不同，例如，工业产品较农业产品更容易调整产量，因为农业生产受季节周期的影响较大。产量易于调整的产品，供给弹性较大；产量难以调整的产品，供给弹性较小。此外，产量的调整还会受到时间长短的影响，从价格变动到供给变动要经过一定的时间间隔，生产者在短期调整生产能力的余地很有限，所以短期供给曲线弹性不足。而在长期内，生产者可以对价格变化作出充分的反应，供给富有弹性。

复习与思考题

一、单项选择题

1. 当出租车租金上涨后，对公共汽车服务的（　　）。

A. 需求增加　　　　B. 需求量增加　　　C. 需求减少　　　　D. 需求量减少

2. （　　）会导致某种商品需求曲线向左移动。

A. 消费者收入增加　　　　　　　B. 互补品价格上升

C. 替代品价格上升　　　　　　　D. 该商品的价格下降

3. 某月内，X商品的替代品的价格上升和互补品的价格上升，分别引起X商品的需求变动量为50单位和80单位，则在它们共同作用下，该月X商品需求数量（　　）。

A. 增加30单位　　　　　　　　B. 减少30单位

C. 增加130单位　　　　　　　 D. 减少130单位

4. 经测算，汽油的需求价格弹性为0.5，而汽油对汽车价格的需求交叉弹性为−2。若汽油涨价50%，而汽车降价20%，那么，对汽油的需求量将会（　　）。

A. 增加15%　　　B. 减少15%　　　C. 增加25%　　　D. 减少25%

5. （　　）使总收益下降。

A. 价格上升，需求缺乏弹性　　　B. 价格上升，需求富有弹性

C. 价格下降，需求富有弹性　　　D. 价格上升，供给富有弹性

二、简答题

1. 根据需求弹性理论分析"薄利多销"的含义。

2. 运用供求图说明"谷贱伤农"的道理。

3. 降价是市场上常见的促销方式。但为什么餐饮业可以降价促销，而中小学教科书不采用降价促销的方式。用需求弹性理论解释这种现象。

4. 下列事件对商品 X 的需求会产生什么影响?(1)人们对商品 X 变得更加喜爱;(2)商品 X 的替代品 Y 的价格下降了;(3)预计居民收入将会提高;(4)政府权威报告显示,合理使用商品 X 会改善睡眠。

三、计算题

1. 设需求曲线的方程为 $Q = 10 - 2P$,求 $P = 2$ 时的点弹性为多少?怎样调整价格,可以使总收益增加?

2. 已知某商品的需求方程和供给方程分别为:$QD = 14 - 3P$,$QS = 2 + 6P$。试求该商品的均衡价格,以及均衡时的需求价格弹性和供给价格弹性。

3. 假定需求函数为 $Q = MP^{-N}$,其中 M 表示收入,P 表示商品价格,$N(N > 0)$ 为常数。求需求的价格点弹性和需求的收入点弹性。

4. 已知复印纸的需求价格弹性为 0.2,其价格现在为每箱 160 元,求复印纸的每箱价格下降多少才能使销售量增加 5%?

四、讨论题

"驾驶摩托车必须要戴安全帽"的法令出台后,一家安全帽专卖店打出这样一个广告——"旧帽换新帽一律八折"。店家的意思是,如果你买安全帽时交一项旧安全帽的话,当场退二成的价格;如果直接买新帽,只能按原定价格买。

请用弹性理论解释商家的这一行为。

第三章 效 用 论

✏️学习目标与要求

1. 理解和掌握效用的含义、基数效用论与边际效用递减规律，序数效用论、无差异曲线及预算线。

2. 理解和掌握消费者均衡的决定条件及其变动。

3. 重点掌握边际替代率及其计算。

4. 了解序数效用论下需求曲线的推导。

【案例导入】

什么东西最好吃

兔子和猫争论，世界上什么东西最好吃。兔子说，"世界上萝卜最好吃。萝卜又甜又脆又解渴，我一想起萝卜就要流口水。"

猫不同意，说，"世界上最好吃的东西是鱼。鱼的肉非常嫩，嚼起来味道美极了！"

兔子和猫争论不休、相持不下，跑去请猴子评理。

猴子听了，不由得大笑起来："瞧你们这两个傻瓜蛋，连这点儿常识都不懂！世界上最好吃的东西是什么？是桃子！桃子不但美味可口，而且长得漂亮。我每天做梦都梦见吃桃子。"

兔子和猫听了，全都直摇头。那么，世界上到底什么东西最好吃？

资料来源：邢队，欧俊，周成龙.经济学的诡计［M］.北京：中国华侨出版社，2010.

思考：

1. 几个动物的意见为什么不能统一呢？

2. 日常生活中消费者在购买商品时会出现上述现象吗？

在价格理论中，假定消费者对需求量与其价格之间具有反方向的关系，生产者对商品的供给量与价格之间具有同方向的关系，但并没有说明形成这些特征的原因是什么。在微观经济学里，构造需求曲线和供给曲线是分别以消费者行为和生产者行为的分析作为依据的。本章将分别采用两种分析工具或分析方法（边际效用分析与无差异曲线分析）来分析消费者行为。

第一节　基数效用论

一、效用论概述

西方经济学把消费视为欲望满足过程，解释消费者行为的基本理论是效用论。任一种物品的效用，是指消费者从消费该物品所感到的满足。这里所谓的效用，不仅在于物品本身具有的满足人们某种欲望的客观物质属性（如面包可以充饥，衣服可以御寒），而且它有无效用和效用大小，还依存于消费者的主观感受。

既然效用是个主观概念，那么如何对它加以度量呢？在这一问题上，西方经济学家先后提出了基数效用和序数效用的概念，并在此基础上，形成了分析消费者行为的两种方法，分别是基数效用论者的边际效用分析方法和序数效用论者的无差异曲线的分析方法。

所谓基数效用是假定物品的效用可以用某种单位计算其数值和可以加总求和。例如，1、2、3……是基数，基数 5 加 8 等于 13，并且 16 是 8 的 2 倍。表示效用大小的计量单位被称作效用单位。例如，若对某一个人来说，做一次 SPA 和看一场电影的效用分别是 200 效用单位和 100 效用单位，则可以说这两种消费的效用之和为 300 效用单位，且前者的效用是后者的效用的 2 倍。

到 20 世纪 30 年代，序数效用的概念为大多数西方经济学家所使用。序数效用论者认为，每个消费者消费某种商品所获得的满足程度是不同的，效用的大小是无法具体衡量的，应用序数概念分析问题的时候，我们无须说出 X 与 Y 的效用各为若干效用单位，只需说出 X 的效用是大于、小于或等于 Y 的效用就可以了。如上例，第一、第二……是序数，消费者只需回答偏好哪一种消费即可，而无关效用的数值大小，即消费者做 SPA 的效用排第一，看电影的效用排第二。

【思考】判断以下两种情况属于基数效用论还是序数效用论：（1）1 根油条的效用为 10，2 根香蕉的效用为 5。（2）2 个苹果和 1 个梨的水果组合效用大于 1 个苹果和 2 个梨的水果组合效用。

二、边际效用

（一）边际效用的内涵

基数效用论除了提出效用可以用基数衡量的假定外，还提出了边际效用的概念，它是基数效用分析消费者行为的关键,贯穿基数效用分析的始终。边际效用是指消费者在一定时期内增加一单位某商品的消费所能增加的总效用。总效用,即消费者在一定时期内消费一定量某商品而得到的效用总和。假定消费者对一种商品的消费数量为 Q,则总效用函数为:

$$TU = f(Q) \tag{3.1}$$

相应的边际效用的函数为:

$$MU = \frac{\Delta TU}{\Delta Q} \tag{3.2}$$

(二)边际效用递减规律

如表 3 - 1 所示,一个人所消费的某种商品 X 的数量增加时,在一定范围内所获得的总效用也会增加,他消费 1 个单位所获得的效用为 4,消费 2 个单位所获得的总效用为 7,消费 3 个单位获得的总效用为 9……当他的消费量从 1 个单位增加为 2 个单位时,他从增加的这个单位所获得的效用(边际效用)为 3,消费从 2 个单位增为 3 个单位时,最后增加的这个单位(即 3 个单位的最后一个单位,即第三个单位)所获得的效用(边际效用)为 2,当他的消费量从 4 增加为 5 时,他获得的总效用并无变化,这表示消费量为 5 个单位时的边际效用等于 0。第 6 个单位的消费不但不能增加总效用,反而使总效用减少了 2 个单位,即边际效用为 -2。

表 3 -1 　　　　　　　　　　　　　总效用和边际效用

商品 X 的消费量	总效用	边际效用
0	0	—
1	4	4
2	7	3
3	9	2
4	10	1
5	10	0
6	8	-2

所谓边际效用递减规律,是指在一定时期内,在其他商品的消费数量保持不变的条件下,随着消费者对某种商品消费量的增加,消费者从该商品连续增加的每一消费单位中所获得的效用增量即边际效用是递减的。

【思考】古时候,一个人肚子饿了,于是就到集市上找到一家烧饼店,买一个烧饼充饥,之后觉得不行,肚子还是咕咕地叫,于是他又买了一个烧饼充饥。可是还是肚子饿,但是不像开始那样饥饿难耐,于是他又要了一个……一直到第六个烧饼都吃下了肚子，还是没饱，最后他下狠心买了第七个烧饼。吃完之后，饱了！这个人于是后悔莫及地说，早知道这第七个烧饼管用，我当初就只买它好了！请思考：他的这种想法对吗？为什么？

三、消费者均衡

为了使得花费一定量货币获得的总效用达到极大值，消费者将怎样把这些货币分配使用于各种消费品？每种消费品的数量各是多少呢？

为了回答上述问题，我们假定：消费者的嗜好与偏好是给定的，就是说，消费者对各种消费品的效用和边际效用是已知和既定的；消费者决定买进两种消费品 X 和 Y，X 的价格是 P_X 和 Y 的价格是 P_Y 是已知和既定的；消费者的收入 M 是既定的。还假定消费者的全部收入用来购买这两种商品。于是问题归结为：他买进的 X 与 Y 的数量应各为多少，才能使他支出 M 买进的 X 和 Y 提供的效用总和达到最大？

我们知道，由于收入 M 是固定不变的，他买进 X 的数量越多，相应能买进 Y 的数量越少。而随着 X 数量的增加，X 的边际效用递减；与此同时，相应地递减的 Y 的数量使 Y 的边际效用递增。为了使他花费 M 元所换得的 X 的全部效用和 Y 的全部效用之和达到极大值，他将调整其买进的 X 和 Y 的数量，一直到他买进的 X 的一定量中最后一个单位的效用同他相应买进的 Y 的一定数量中最后一个单位的效用之比相等，即因为在这个时候，他花费一定量收入用于购买 X 和 Y 所得到的效用总和已达到极大值，他将不再改变其购入的 X 与 Y 的数量，亦即消费者在这个问题上的决策行为已达到均衡状态。简言之，实现均衡状态的条件是：某个消费者所买进的每种商品的最后一个单位的效用（边际效用）之比，等于它们的价格之比；或者说，某个消费者所花费的每一元钱所买进的每种商品之边际效用都相等。

消费者均衡的这一基本条件可以用不同商品的边际效用和价格表示：

$$\frac{MU_X}{P_X} = \frac{MU_Y}{P_Y} = 单位货币（元）的边际效用 \tag{3.3}$$

【思考】假设你将当月所有收入用于购买大米和油，收入花完时，面对以下情况，$MU_{大米}/P_{大米} > MU_{油}/P_{油}$，为了让固定收入达到最大效用，你下个月应该如何调整大米和油的购买量？

四、边际效用递减规律和需求曲线

基数效用论者以边际效用递减规律为基础推导出消费者的需求曲线。基数效用论者认为，商品的需求价格取决于商品的边际效用。具体地说，某种商品的边际效用越大，消费者购买这一单位的该种商品所愿意支付的最高价格就越高；反之，某一单位的某种商品的边际效用越小，消费者为购买这一单位的该种商品所愿意支付的最高价格就越低。由于边际效用递减规律的作用，随着消费者对某一种商品消费的连续增加，该商品的边际效用是递减的，相应地，消费者为购买这种商品所愿意支付的最高价格也是越来越低的。这意味着，建立在边际效用递减规律基础上的需求曲线是向右下方倾斜的。

五、效用论的应用——消费者剩余

根据基数效用论，消费者对某种商品愿意支付的价格取决于它的边际效用。由于边际效用递减规律，消费者对消费每一单位的同一商品所产生的边际效用的评价是不同的，因而愿意支付的最高价格和实际的市场价格之间就产生了一个差额，这个差额便构成了消费者剩余的基础。

消费者剩余既可以用货币来衡量（假如知道每元货币的效用），也可以用效用单位来衡量。消费者剩余，指的是消费者消费一定数量的某种商品所获得的总效用，与他为此花费的货币总效用的差额。也可以简言之，是消费者对一种商品所愿意支付的最高价格与他实际支付的价格的差额。

例如，某人对胶卷的需求状况如表 3-2 所示。

表 3-2 消费者剩余表

愿意支付的价格（元）	15	14	13
数量（个）	1	2	3
实际市场售价（元）	13	13	13
消费者剩余（元）	2	1	0

图 3-1 中的阴影部分便代表消费者剩余。消费者从消费三枚胶卷中所获得的总效用为 42 元（15 + 14 + 13 = 42）或 42 元所代表的货币效用单位，他实际支付的代价是 39 元（13 × 3 = 39）或 39 元所代表的货币效用单位。其中 3 元所代表的效用单位差额便构成了消费者剩余，为消费者享受。

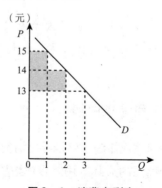

图 3-1 消费者剩余

最后需要指出，消费者剩余是消费者的主观心理评价，它反映消费者通过购买和消费商品所感受到的状态的改善。从分析中可以看出，消费者剩余与市场价格成反比。我们知道，社会越进步，生产效率越高，生产成本越低，市场价格就越低，消费者剩余就越多。因此，消费者剩余通常被用来度量和分析社会福利问题。

【拓展阅读 3 – 1】

那件非买不可的衣服，为何到手后不香了

回忆一下，每次"买买买"时，我们的快乐是不是总是在银货两讫的那一刻就达到了巅峰，真的买回来开始用了之后，好像也就不过如此。事实上，这些现象在心理学上都可以解释得通。

来自神经科学的证据表明，购物时多巴胺的分泌是在准备购买前逐渐累加，到执行支付行为的那一刻达到顶峰，购物完成后多巴胺分泌便一路下降，直至一个较为平稳的低点。美国埃默里大学的神经和行为心理学家格雷戈里·伯恩斯在一篇关于消费行为学的报道中表示："看到一双新鞋可以促使一个人大量分泌多巴胺从而刺激他的购买欲望。而在购买行为完成后，多巴胺的浓度就会下降。"

还有一个比较可靠的解释是，购物前的快乐其实来自你的脑补。人都是向往美好的，同款的美好生活、同款的优雅气质很难实现，但是同款的物品则相对容易拥有，有时候我们会不自觉地把"那件物品"变成一个符号，用脑补的方式催眠自己——拥有了同款商品就能拥有同款的生活方式，很多广告、营销策略、明星同款就是抓住了这种心理。

所以，购物前直至付款那一刻的快乐，很多时候就是自己脑补出来的快乐，而真正开始使用之后，你的人生还是原来的样子，所以这种快乐会随着现实的提醒而逐渐消失。

简单来说，最初可能某个新刺激使人的神经兴奋从而有了很高的满足感，即产生了效用。但随着同样刺激的反复进行，我们的神经兴奋程度就会不断下降，这就是所谓的边际效用递减。

那么边际效用为何会递减呢？因为大多数消费品并不具备附加价值。为什么我们会对游戏机一直兴趣盎然，因为我们可以用它装载各种不同的、不断更新换代的游戏；为什么你对爱看的书不会腻，因为你每次阅读都会产生不同的新感悟——这些事物，它们具备的附加价值是一直在增加的，所以就不容易变成"没用的东西"。

简单来说就是在得到某件物品之前，你的注意力会聚焦在它积极的一面上，会觉得没有了它会有哪些坏处，有了它会发挥哪些作用；而当你将它买回来之后，你的注意力会逐渐集中到它的缺点之上。

资料来源：张昕. 那件非买不可的衣服，为何到手后就不香了 [N]. 科技日报，2020 – 08 – 17 (11).

第二节　序数效用论

序数效用论者用无差异曲线分析方法来考察消费者行为，并在此基础上推导出消费者的需求曲线，深入地阐述需求曲线的经济含义。

一、无差异曲线

（一）无差异曲线的定义

假设消费者仅消费 X 与 Y 两种商品，表 3 – 3 为无差异表，根据所列数据，可以绘制出图 3 – 2 中的无差异曲线 I_1。它表示，三种不同的商品组合给某消费者带来的效用是同等的，即无差异的。无差异曲线是用来表示给消费者带来同等程度的满足水平或效用水平的两种商品的各种不同组合的轨迹。

表 3 – 3　　　　　　　　　　　　　　　　无差异表　　　　　　　　　　　　　　　单位：千克

商品组合	商品 X	商品 Y
A	1	5
B	2	3
C	3	2

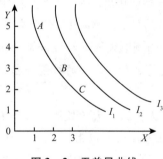

图 3 – 2　无差异曲线

同一条无差异曲线上的任何一点表示的商品组合所提供的效用水平都是同等的。显然，连续、平滑的无差异曲线在理论上是以 X 和 Y 两种商品的数量及组合要以无限细分为假设前提的。无差异曲线只表示消费者的偏好和效用水平，不表示效用的数值或数量，因此，它属于序数效用论的分析工具。

（二）无差异曲线的特点

根据无差异曲线的概念及其形状，可以归纳出无差异曲线的主要特点：

（1）无差异曲线图中，有无数条无差异曲线，离原点越远的无差异曲线代表的满足程度越高（如图 3 – 2 所示，$I_3 > I_2 > I_1$），因为无差异曲线的位置越高，意味着消费者拥有的 X 和 Y 两种商品的数量越多。

（2）无差异曲线图上的任意两条无差异曲线不能相交。假设两条无差异曲线相交，那么交点同时在两条无差异曲线上，由于不同的无差异曲线代表不同的满足程度，这就意味着交点所代表的同一个商品组合对消费者来说具有不同的满足程度，这显然是不可能的。

（3）无差异曲线向右下方倾斜，斜率为负。无差异曲线表明，两种不同数量的商品组合的效用是相等的，为维持相同的效用，增加商品 X 必须减少商品 Y，X 和 Y 两种商品是替代品，但替代程度不完全。

（4）无差异曲线凸向原点，这说明无差异曲线的斜率是递减的。无差异曲线的斜率是两种商品的边际替代率。该曲线凸向原点，是边际替代率递减所致。

二、边际替代率和边际替代率递减规律

边际替代率是某消费者在保持同等程度的满足时，增加一种商品 X 的消费量而必须放弃的另一种商品 Y 的数量之间的比率。用 MRS_{XY} 表示商品 X 对商品 Y 的边际替代率的定义公式为：

$$MRS_{XY} = - \frac{\Delta Y}{\Delta X} \tag{3.4}$$

其中，ΔX 和 ΔY 分别是商品 X 和商品 Y 的变化量。

由于 ΔX 是增加量，ΔY 是减少量，两者的符号肯定是相反的，所以为了使 MRS_{XY} 的计算结果是正值，以便于比较，就在公式中加一个负号。

当商品的数量变化趋于无穷小时，商品的边际替代率公式为：

$$MRS_{XY} = \lim_{\Delta X \to 0} \frac{\Delta Y}{\Delta X} = \frac{\mathrm{d} Y}{\mathrm{d} X} \tag{3.5}$$

显然，无差异曲线上某一点的边际替代率就是无差异曲线在该点斜率的绝对值。

商品的边际替代率还可以表示为两商品的边际效用之比。这是因为边际替代率的概念是建立在无差异曲线的基础上的，所以，对于任意一条给定的无差异曲线而言，当用商品 X 去替代商品 Y 时，在维持既定的总效用水平不变的前提下，由增加商品 X 的消费所带来的总效用的增加量和由减少商品 Y 的消费量所带来的总效用的减少量必定是相等的，即必有：

$$\left| \Delta X \cdot MU_X \right| = \left| \Delta Y \cdot MU_Y \right|$$

整理得：

$$- \frac{\Delta Y}{\Delta X} = \frac{MU_X}{MU_Y}$$

由边际替代率的定义公式得：

$$MRS_{XY} = - \frac{\Delta Y}{\Delta X} = - \frac{MU_X}{MU_Y}$$

或者有：

$$MRS_{XY} = - \frac{\mathrm{d}Y}{\mathrm{d}X} = - \frac{MU_X}{MU_Y} \tag{3.6}$$

可见，边际替代率可以表示为两种商品的边际效用之比。

从无差异曲线的图形中可以直观地发现，边际替代率变动的趋势是逐渐减小的，这就是边际替代率递减规律。边际替代率递减规律表示：在维持效用水平不变的前提下，随着一种商品消费数量的连续增加，消费者为得到每一单位的这种商品所需要放弃的另一种商品的消费量是递减的。之所以会普遍发生商品的边际替代率递减的现象，其原因在于：随着一种商品的消费数量的逐步增加，消费者想要获得更多的这种商品的愿望就会递减，从而，他为了多获得一单位的这种商品而愿意放弃的另一种商品的数量就会越来越少。从几何意义上讲，由于商品的边际替代率就是无差异曲线的斜率的绝对值，所以，边际替代率递减规律决定了无差异曲线的斜率的绝对值是递减的，即无差异曲线是凸向原点的。

三、预算线

无差异曲线描述了消费者对不同的商品组合的偏好，它仅仅表示了消费者的消费意愿。消费者在购买商品时，必然会受到自己的收入水平和市场上商品价格的限制，这就是预算约束。预算约束可以用预算线来说明。

（一）预算线的含义

消费者的预算线，又叫消费可能线，是指在消费者的收入和商品价格给定的条件下，消费者的全部收入所能购买到的两种商品的各种组合。

假定某消费者收入为 120 元，全部用于购买商品 X 和商品 Y，其中商品 X 的价格 $P_X = 20$ 元，商品 Y 的价格 $P_Y = 30$ 元，那么，全部收入都用来购买商品 X 可得 6 单位，全部收入都用来购买商品 Y 可得 4 单位，由此作出预算线为图 3 – 3 中的线段 AB。在预算线与横轴和纵轴所构成的三角形的区域中的任何一点所代表的商品组合，都是消费者有能力购买的，而在预算线外面的任何一点，所代表的商品组合，都是消

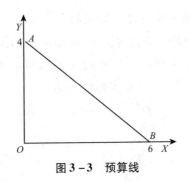

图 3 - 3　预算线

费者所没有能力购买的。

图中预算线的横截距 OB 和纵截距 OA 分别表示全部收入用来购买商品 X 和商品 Y 的数量。预算线的斜率是两商品的价格之比，即 $-P_X/P_Y$。

我们由以上的具体例子转向对预算线的一般分析。假定用 M 表示消费者的既定收入，用 P_X 和 P_Y 分别表示商品 X 和商品 Y 的价格，用 X 和 Y 分别表示商品 X 和商品 Y 的数量，那么，预算线可表示为：

$$M = P_X \cdot X + P_Y \cdot Y \tag{3.7}$$

式（3.7）表示，消费者的全部收入等于他购买的商品 X 和商品 Y 的总支出。而且，要以用 M/P_X 和 M/P_Y 来分别表示全部收入仅购买商品 X 或商品 Y 的数量，它们分别表示预算线的横截距和纵截距，预算线的斜率为 $-P_X/P_Y$。

（二）预算线的变动

首先假定消费者的偏好不变，而消费者的收入或商品价格发生了变动。收入和价格的变动，在图形上表现为预算线的变动。

1. 价格不变，收入变动。如果商品的价格不变，收入提高，则消费者所能购买的商品量增加，表现为预算线向上平行移动。反之，预算线向下平行移动，因为假定 X 和 Y 两种商品的价格不变，所以预算线的斜率没有发生变化。如图 3 - 4 所示，预算线移动幅度的大小取决于收入变动幅度的大小。

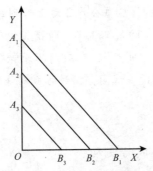

图 3 - 4　价格不变，收入变动

2. 收入不变，一种商品价格变动。如果收入不变，X 商品的价格下降，则消费者可购买的 X 商品的数量增加，表现为图 3-5 中所示的预算线 AB 向外旋转至 AB_1。如果 X 商品的价格上升，则消费者可购买的 X 的数量减少，预算线 AB 向内旋转至 AB_2。由于 Y 商品的价格未变，所以 A 点始终不动。

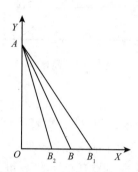

图 3-5　收入不变，一种商品价格变动

3. 收入不变，两种商品价格同时变动。假设 P_X 下降，P_Y 上升，则预算线由图 3-6 中的 A_1B_1，旋转至 A_2B_2，即能够购买的 X 商品的数量增加了，Y 商品的数量减少了。

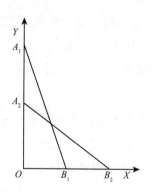

图 3-6　收入不变，两种商品价格同时变动

如果收入和价格都发生了变动，预算线可重新绘制。

【思考】假设市场上大米价格从每公斤 2 元上升到每公斤 3 元时，为了稳定物价，政府面临着两个方案的选择：（1）"暗贴"，即销售价格维持在 2 元，销售部门的损失由政府财政予以补贴；（2）"明贴"，即政府不干预销售价格，每公斤 1 元的差价由政府财政直接补贴给每户居民。试问：哪种方案对居民更加有利？

四、消费者均衡

（一）消费者均衡的形成与变动

消费者在一定的货币收入约束的条件下，怎样使购买和消费的商品所提供的总效用最大化呢？这便是消费者均衡问题。序数效用论借助于无差异曲线和预算线这两个分析工具来分析消费者均衡。

所谓消费者均衡，是指消费者在货币收入和商品价格既定条件下购买商品而获得最大的总效用的消费或购买的状态。消费者均衡就是表示消费者实现这一目的时的心理满足状态。如果消费者已经达到最满意的状况，他不会改变他所购买的各种商品和劳务的数量；如果消费者的消费未能使他的效用最大化，他就会改变消费策略，重新调整购买各种商品和劳务的数量，直到增加的总效用达到最大化为止。

无差异曲线代表消费者的主观偏好，每个消费者都有获得更大满足的愿望，这表现为无差异曲线上想要达到更高的无差异曲线，但是这种愿望受到预算线的限制。就是说，一个消费者只能在收入和价格所限定的范围内购买各种商品的组合，以获得尽可能多的效用。根据消费者均衡的定义，显然它表现为既定的预算线与尽可能高的无差异曲线相切。

把无差异曲线与预算线放在一个图中进行分析。如图 3 - 7 所示，有一条预算线和三条反映不同效用程度的无差异曲线。I_3代表的效用水平最高，但消费者在目前的收入水平上无法达到 I_3 所代表的两种商品的各种组合。预算线（AB 线）与 I_1 在 M 点和 N 点相交，与 I_2 在 E 点相切，这意味着该消费者在目前的收入水平上，既可以选择 I_1 代表的两种商品的两种组合（在 M 点或 N 点上），也可以选择 I_2 所代表的两种商品的组合（在 E 点上）。根据无差异曲线的定义，位置较高的无差异曲线代表的满足程度也较高，因此，M 点和 N 点并不是消费者的均衡点，因为这两个交点没有使消费者的效用最大化。预算线 AB 和 I_2 有一个切点 E，从数学上说，这个切点是最大值，也就是说，E 点是消费者均衡点或效用最大化点。

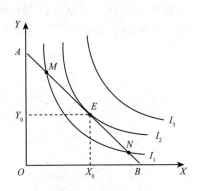

图 3 - 7　消费者的均衡

在切点 E 上，无差异曲线和预算线的斜率是相等的。我们已经知道，无差异曲线的斜率的绝对值就是商品的边际替代率 MRS_{XY}［见式（3.5）］，预算线的斜率的绝对值可以用两种商品的价格之比 P_X/P_Y 来表示，由此均衡点 E 有：

$$MRS_{XY} = \frac{P_X}{P_Y} \quad\quad\quad (3.8)$$

式（3.8）是消费者效用最大化的均衡条件。它表示：在一定的预算约束下，为了实现最大的效用，消费者应该选择最优的商品组合，使得两商品的边际替代率等于两商品的价格之比。

此外，由于商品的边际替代率可以表示为两种商品的边际效用之比［见式（3.6）］，所以，消费者效用最大化的均衡条件式（3.8）也可以写为：

$$\frac{MU_X}{MU_Y} = \frac{P_X}{P_Y} \text{ 或 } \frac{MU_X}{P_X} = \frac{MU_Y}{P_Y} \quad\quad (3.9)$$

式（3.9）是消费者均衡的另一种表达式。它的含义是：消费者应选择最优的商品组合，使得自己花费在某种商品上的最后一元钱所带来的边际效用相等，从而获得最大的效用。

（二）消费者均衡的变动

前面对于消费者均衡的研究是建立在价格和收入既定，消费者偏好不变的假定之上的。在消费者偏好不变的前提下，如果价格和收入发生变动，消费者的均衡点，也就是消费者对商品需求量会怎样变动呢？

1. 替代效应。在图 3-8 中，原来的预算线 A_1B_1 与无差异曲线 I_1 相切于 E_1 点，消费者均衡状态下的商品组合为 $X = OX_1$，$Y = OY_1$。现在由于 P_X 下降，P_Y 上升，使预算线移至 A_2B_2。A_2B_2 与 I_1 相切于 E_2 点，则 $X = OX_2$，$Y = OY_2$。这表示价格下跌的商品 X 的购买量增加了，而涨价的商品 Y 的购买量减少了。这种由于商品的相对价格发生变化，消费者增加降价的商品的购买量以代替或部分代替对价格相对上涨商品的消费，而效用水平未发生变动的现象，称为替代效应。

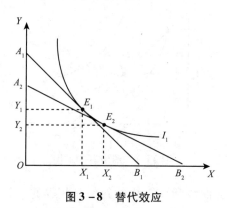

图 3-8 替代效应

当然，商品相对价格的变化，也可以体现为一种商品的价格变动，而另一种商品的价格不变，而且不难理解，上述分析是以消费者的偏好既定不变，即消费者的无差异曲线图既定不变为假定前提的。

2. 收入效应。如果消费者的偏好不变，商品的价格也不变，但消费者的收入水平发生了变化，那么消费者的消费、购买行为也将发生变化。

在图 3–9 中，原来预算线 A_1B_1 与 I_1 相切于 E_1 点，消费者对 X 与 Y 的购买量分别是 $X=OX_1$，$Y=OY_1$。消费者的收入提高后，预算线移至 A_2B_2，A_2B_2 与一条更高的无差异曲线 I_2 相切于 E_2 点，消费者对 X 与 Y 的购买量分别是 $X=OX_2$，$Y=OY_2$。两种商品的购买量都比以前增加了。如果收入降低，则对商品的购买量都会比以前减少。这种由收入变化而导致商品购买量变化的现象，称为收入效应。

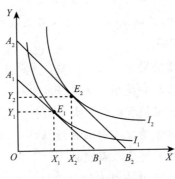

图 3–9 收入效应

【拓展阅读 3–2】

消费券能否"劝"动消费者？

阅读提示：当前，重庆、南京、济南、宁波、深圳、杭州等许多地区都发出了消费券，新冠肺炎疫情期间被抑制的消费需求，最终会得以释放，这就是实实在在的新商机。专家指出，消费券能够发挥"四两拨千斤"的作用，但促进消费仅靠消费券政策显然不够。

随着疫情防控形势逐渐好转，重庆市渝中区向市民狂撒"红包"，约 50 家商业综合体和景区景点、500 家商贸文化旅游企业和 5 万个餐饮、零售、休闲娱乐商户派发千万元微信电子消费券……以吸引消费者旅游观光、进店购物、逛街消费。

记者发现，紧随渝中区，该市的北碚、璧山等市区也推出了各种"花式"促销活动。而在全国，南京、济南、宁波、深圳、杭州等许多地区最近都派发了消费券，包括咖啡券、购物券、美食券、酒店券、图书券等。

重庆工商大学莫远明教授坦言，消费是整个经济循环的起点，也是终点。如果居民消费持续稳定增长、消费潜力充分释放，就能帮助企业将生产转化为效益。由是观之，提振消费成为城市恢复"元气"的一大关键。

有关专家指出，消费券"四两拨千斤"的作用已经被证明。远有 1999 年日本发放"地域振兴券"缓解亚洲金融风暴的影响；近有 2009 年杭州市以 9.1 亿元的消费券换来了 1∶1.3 的拉动效应。

疫情改变了人们的消费理念，也在改变商业形态。疫情期间被抑制的消费需求，最终会得以释放，这就是实实在在的新商机。

有专家指出，政府部门善用"有形之手"，不仅是为了方便大家"买买买"，更多是基于发展需求的现实考量。消费券短期可以带动消费增长，也可以提振消费信心，但其对消费的刺激作用不能夸大，消费券的发放对象、期限、数额决定了其不可能带来长期效果。所以，要真正拉动内需，还需提升居民的消费能力，增加居民收入，减轻国民负担，增强国民消费信心。这意味着促消费、扩内需将是一场"持久战"，仅靠消费券政策显然不够。

莫远明认为，首先，由于消费券是财政买单，而财政是有限的，不可能无限制地进行支付。其次，消费券的发放和使用可能会挤出原本就存在的必需消费，省出的金额则相应地转成储蓄，使得刺激消费的作用大打折扣。所以，消费券不能盲目大规模发放，而要基于不同地区的具体情况有针对性地落实，以防止财政压力进一步增加。政策应向特定地区、特定行业、特定人群倾斜。

目前，消费对于国民经济已具有压舱石的作用。数据显示，2019 年中国最终消费支出对经济增长贡献率达 57.8%。

为此，专家建议，各地应切实帮助商贸企业全面复苏，减少疫情对经济的影响，鼓励引导各大商业地产业主减租减息，落实供电优惠政策，为商家提供便利的经营方式，营造良好的营商环境，凝心聚力发展夜经济，使城市亮起来、人气聚起来、商业火起来、经济旺起来。短期内先为受灾严重的企业纾困，长期完善消费制度、优化消费环境，定能跨过疫情这道坎。

资料来源：李国. 消费券能否"劝"动消费者？［N］. 工人日报，2020-04-01 (5).

3. 区分替代效应和收入效应。根据两种效应的图形分析，我们可以区分需求量变动中哪些部分是由替代效应引起的，哪些部分是由收入效应引起的。因此，我们可以把价格效应分解为两个部分，即价格效应=替代效应+收入效应。

在图 3-10 中，最初的预算线是 MN，消费者在预算线 MN 上的 A 点，选择 X 商品的需求量为 OF_1。X 商品的价格下跌使预算线向外旋转至 MT 线，消费者现在选择无差异曲线 I_2 上的 B 点，对 X 商品的消费增至 OF_2。因此，F_1F_2 线段代表了 X 商品价格下降所引起的总效应。为了区分替代效应和收入效应，先作一条平行于新预算线 MT 并与原来的无差异曲线 I_1 相切于 D 点的补偿预算线，D 点下消费者对 X 商品的消费量为 OE，线段 F_1E 代表了替代效应。这是因为替代效应是假定消费者的效用水平不变（剔除实际收入变化）而仅仅由于两种商品的相对价格变动所引起的消费者选

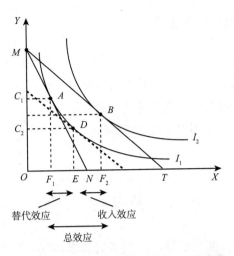

图 3 – 10　替代效应和收入效应——正常品

择的变化，从 A 到 D 恰恰代表了这一点。由 OE 到 OF_2 的增量就是收入效应，它度量了消费者购买力方面的变化所导致的效用水平的变化。

　　替代效应与价格呈反方向变动，价格下降引起需求量增加，因此，替代效应的符号为正。但收入效应的符号要视该商品是正常品还是低档品而定。正常品的收入效应为正，收入提高，需求量也增加；低档品的收入效应为负，收入提高，需求量减少。当一种商品是正常品时，它的需求曲线一定是负斜率的，因为价格下跌，正的替代效应和正的收入效应使对该商品的需求量增加。当一种商品是低档品时，替代效应为正，而收入效应为负。如果负的收入效应大于正的替代效应，该商品的需求曲线就是正斜率的，这是需求曲线的特例。

　　收入效应和替代效应相对科学地解释了"吉芬难题"。1845 年，爱尔兰发生灾荒，英国统计学家罗伯特·吉芬发现，土豆价格上升，但是土豆需求量反而增加了。这一现象在当时被称为"吉芬难题"，也称"土豆效应"。在 19 世纪中叶的爱尔兰，购买土豆的消费支出在大多数的贫困家庭的收入中占一个较大的比例，于是，土豆价格的上升导致贫困家庭实际收入水平大幅度下降。在这种情况下，变得收入更低的人们不得不大量地增加对土豆的购买，这样形成的收入效应是很大的，它超过了替代效应，造成了土豆的需求量随着土豆价格的上升而增加的特殊现象。

　　吉芬物品是一种特殊的低档物品。作为低档物品，吉芬物品的替代效应与价格呈反方向变动；而收入效应与价格呈同方向变动。吉芬物品的特殊性就在于，它的收入效应的作用很大，以至于超过了替代效应的作用，从而使总效应与价格呈同方向变动。这也就是吉芬物品的需求曲线呈现出向右上方倾斜的特殊情况的原因。

五、价格—消费曲线和需求曲线

假定消费者的偏好和收入不变,而 X 和 Y 两种商品的相对价格发生了变化,消费者的预算线的斜率就会发生变化,从而引起预算线与新的无差异曲线相切,即引起消费者均衡点的移动。连接所有消费者效用最大化的均衡点的轨迹,便形成价格消费曲线,以图 3-11(a)来说明价格消费曲线。

假定 Y 商品的价格不变,X 的价格由 P_0 下降到 P_1,再下降至 P_2,预算线将以 A 点为轴心顺序地向右旋转,由 AB_0 到 AB_1,再到 AB_2。AB_0 与无差异曲线 I_0 的切点为 E_0,AB_1 与 I_1 的切点为 E_1,AB_2 与 I_2 的切点为 E_2,将 E_0、E_1 和 E_2 连接起来,便是价格—消费曲线。

可以根据价格—消费曲线推导出消费者的需求曲线。图 3-11(b)说明了推导过程。从图 3-11(a)中可以看出,价格—消费曲线上的三个均衡点 E_0、E_1 和 E_2 上,都存在 X 商品的价格和该商品需求量之间一一对应的关系。如在价格为 P_0、P_1 和 P_2 时,对 X 的需求量分别为 Q_0,Q_1 和 Q_2。把 X 商品的价格与需求量的一一对应点绘制在 X 商品的价格—数量坐标图上,便可以得到单个消费者的需求曲线。从序数效用论对需求曲线的推导可以看出,需求曲线上的每一点都代表在每一价格水平下给消费者带来最大效用水平或满足程度的需求量,它是价格变化所引起的对某一商品消费者均衡点变动的轨迹。

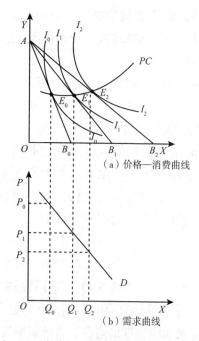

(a)价格—消费曲线

(b)需求曲线

图 3-11 由价格—消费曲线推导出需求曲线

复习与思考题

一、单项选择题

1. 总效用曲线达到顶点时，（ ）。

A. 边际效用曲线达到最大点   B. 边际效用为零

C. 边际效用为正   D. 边际效用为负

2. 若消费者张某只准备买两种商品 X 和 Y，X 的价格为 10，Y 的价格为 2，若张某买了 7 个单位 X 和 3 个单位 Y，所获得的边际效用值分别为 30 个单位和 20 个单位，则（ ）。

A. 张某获得了最大效用

B. 张某应当增加 X 的购买，减少 Y 的购买

C. 张某应当增加 Y 的购买，减少 X 的购买

D. 张某要想获得最大效用，需要借钱

3. 在同一条无差异曲线上，（ ）。

A. 消费 X 获得的总效用等于消费 Y 获得的总效用

B. 消费 X 获得的边际效用等于消费 Y 获得的边际效用

C. 曲线上任两点对应的消费品组合（X，Y）所能带来的边际效用相等

D. 曲线上任两点对应的消费品组合（X，Y）所能带来的总效用相等

4. 无差异曲线上任一点商品 X 和 Y 的边际替代率等于它们的（ ）。

A. 价格之比   B. 数量之比

C. 边际效用之比   D. 边际成本之比

5. 商品 X 和 Y 的价格按相同的比率上升，而收入不变，预算线（ ）。

A. 向左下方平行移动   B. 向右上方平行移动

C. 也不变动   D. 向左下方或右上方平行移动

二、简答题

1. 钻石的用处极小而价格昂贵，生命必不可少的水却非常之便宜。请用边际效用理论加以解释。

2. 免费发给消费者一定量的实物（如食品）与发给消费者与这些实物等值的现金，哪种方式给消费者带来更高的效用？为什么？试用无差异曲线来说明。

3. 用基数效用论的公式和序数效用论的图形说明消费者均衡的条件。

三、计算题

1. 已知某消费者每年用于商品 X 和商品 Y 的收入为 540 元，两商品的价格分别

为20元和30元，该消费者的效用函数为 $U = XY^2$，该消费者每年购买这两种商品的数量各应是多少？每年从中获得的总效用是多少？

2. 某同学即将参加硕士研究生入学考试，现只有 6 天复习时间，每门课程的复习时间与对应的预期成绩如表 3 - 4 所示：

表 3 - 4　　　　　　　　　　课程复习时间与对应预期成绩

课程	0 天	1 天	2 天	3 天	4 天	5 天	6 天
政治分数	30	44	65	75	83	88	90
数学分数	40	52	62	70	77	83	88
英语分数	70	80	88	90	91	92	92

为了使预期成绩最高，应如何安排复习时间？

四、讨论题

美国总统罗斯福连任三届后，曾有记者问他有何感想，总统一言不发，只是拿出一块三明治让记者吃；这位记者不明白总统的用意，又不便问，只好吃了。接着总统拿出第二块，记者还是勉强吃了。紧接着总统拿出第三块，记者为了不撑破肚子，赶紧婉言谢绝。这时罗斯福总统微微一笑："现在你知道我连任三届总统的滋味了吧。"

请分析上述现象涉及本章的什么原理？如何用该原理解释这一现象？

第四章　生产与成本理论

✏️ **学习目标与要求**

1. 理解和掌握生产函数的含义、短期与长期的区别。

2. 理解和掌握短期总产量、平均产量和边际产量相互之间的关系、厂商生产的合理区间。

3. 理解和掌握等产量曲线和等成本线、生产扩展线、边际技术替代率递减规律、两种生产要素的最优组合。

4. 理解规模经济、规模收益的三种情形。

5. 理解和掌握机会成本、显成本、隐成本，经济利润与正常利润的概念及其区别。

6. 重点掌握边际报酬递减规律、短期成本曲线。

【案例导入】

新冠肺炎疫情防控背景下，多条航线机票跌至"白菜价"

2021 年春节过后，机票价格依然保持低位。2～3 月，一些热门航线的机票票价只有 1 折，部分国内热门航线机票跌成"白菜价"，价格与火车硬座票价格相当。

《北京青年报》记者搜索发现，未来 30 天，从北京出发前往国内多个热门城市的机票仅为 1 折起的"白菜价"。其中，北京到杭州经济舱机票 1.2 折 277 元，北京到三亚的经济舱机票 1.4 折 400 元，北京到广州经济舱机票 1.3 折 298 元。

3 月 15 日，北京到杭州的火车票 Z281 硬座票价为 192 元，硬卧票价为 328 元；高铁 G39 的二等座票价为 599.5 元；当日最便宜的飞机票仅为 277 元，相当于是高铁票价的一半。

记者了解到，2～3 月原本是民航传统出行淡季，北京进出港机票价格低位运行，坐飞机甚至比坐高铁还便宜。随着天气转暖，出门踏青的游客逐渐增加，预计到清明假期时，机票价格会小幅度提升。

资料来源：蔺丽爽. 与火车硬座票价相当　节后多条热门航线机票价格"跳水"［N］. 北京青年报，2021－02－25（6）.

思考： 毫无疑问，"白菜价"机票售出再多，无论如何也抵不上一趟航线的运营成本。那么航空公司为什么还要售出"白菜价"机票呢？

生产者，亦称厂商或企业，它是指能够作出统一的生产决策的单个经济单位。在微观经济学中，根据理性人的基本前提，一般总是假定厂商的生产目标是追求自身的利润最大化。利润最大化原则支配着厂商的行为，预期利润量的大小决定着商品的生产量或供给量。利润的大小取决于收益和成本之间的差额。因此，本章将从生产领域分析产品供给状况的决定及其变化等。这种分析从两个方面进行：（1）从实物形态上分析生产要素投入量和产出量之间的物质技术关系，我们称其为生产理论；（2）从货币形态上分析产量变动所消耗的一定数量的生产要素的变动情况，我们称其为成本理论，它们是同一生产者行为的两个方面。

第一节　短期生产理论

一、生产函数

生产者在生产过程中投入生产要素的数量和产品的产出数量之间的关系，通常用生产函数来表示。生产函数表示在一定时期内，在技术水平不变的条件下，厂商生产中所使用的各种生产要素的数量与所能生产的最大产量之间的关系。

假定 $X_1, X_2, \cdots, X_n$ 顺次表示某产品生产过程中所使用的 n 种生产要素的投入数量，Q 表示所能生产的最大产量，则生产函数可以写成：

$$Q = f(X_1, X_2, \cdots, X_n) \tag{4.1}$$

该生产函数表示在既定的生产技术水平下生产要素的组合 $(X_1, X_2, \cdots, X_n)$ 在每一时期所能生产的最大产量为 Q。

为了简化分析，通常假定生产中只使用劳动和资本这两种生产要素。若以 L 表示劳动投入数量，以 K 表示资本投入数量，则生产函数就写为：

$$Q = f(L, K) \tag{4.2}$$

【拓展阅读 4 - 1】

柯布 - 道格拉斯生产函数

柯布 - 道格拉斯生产函数是由数学家柯布和经济学家道格拉斯于 20 世纪 30 年代初一起提出来的。柯布 - 道格拉斯生产函数以其简单的形式描述了经济学家所关心的一些本质问题，它在经济理论的分析和实证研究中都具有一定意义。该生产函数的一般形式为：$Q = AL^\alpha K^\beta$。其中，Q 为产量，L 和 K 分别为劳动和资本投入量；A、α 和 β 为三个参数，$0 < \alpha, \beta < 1$。

柯布 – 道格拉斯生产函数中的参数 α 和 β 的经济含义是：α 和 β 分别表示劳动和资本在生产过程中的相对重要性，α 为劳动所得在总产量中所占的份额，β 为资本所得在总产量中所占的份额。根据柯布和道格拉斯两人对美国 1899~1922 年有关经济资料的分析和估算，α 值约为 0.75，β 值约为 0.25。它说明，在这一期间的总产量中，劳动所得的相对份额为 75%，资本所得的相对份额为 25%。A 是常数，也称效率参数，表示那些能够影响产量，但既不能单独归属于资本也不能单独归属于劳动的因素。

资料来源：董晓花，王欣，陈利. 柯布 – 道格拉斯生产函数理论研究综述 [J]. 生产力研究，2008 (3)：148 – 150.

二、短期生产：一种可变生产要素的生产函数

微观经济学的生产理论可以分为短期生产理论和长期生产理论。如何区分短期生产和长期生产呢？短期指生产者来不及调整全部生产要素的数量，其中至少有一种生产要素的数量是固定不变的时间周期。长期指生产者可以调整全部生产要素的数量的时间周期。相应地，在短期内，生产要素投入可以区分为不变投入和可变投入。生产者在短期内无法进行数量调整的那部分要素投入是不变要素投入。如机器设备、厂房等。生产者在短期内可以进行数量调整的那部分要素投入是可变要素投入。如劳动、原材料、燃料等。在长期，生产者可以调整全部的要素投入。例如，生产者根据企业的经营状况，可以缩小或扩大生产规模，甚至还可以加入或退出一个行业的生产。由于在长期所有的要素投入量都是可变的，因而也就不存在可变要素投入和不变要素投入的区分。显然，短期和长期的划分是以生产者能否变动全部要素投入的数量为标准的。

微观经济学通常以一种可变生产要素的生产函数考察短期生产理论，以两种可变生产要素的生产函数考察长期生产理论。

由生产函数 $Q = f(L, K)$ 出发，假定资本投入量是固定的，用 $\overline{K}$ 表示。劳动投入量是可变的，用 L 表示，则生产函数可以写成：

$$Q = f(L, \overline{K}) \tag{4.3}$$

这就是通常采用的一种可变生产要素的生产函数形式，它也被称为短期生产函数。

【思考】在企业生产过程中，总会面临这样的生产决策：一是雇用更多的劳动力加班加点生产来提高产量；二是投入技术革新的费用，引进更优良的设备，减少劳动成本支出，靠技术增加产量。基于这种情况，思考两种做法的优缺点。

(一) 总产量、平均产量和边际产量的概念

短期生产函数 $Q = f(L, \overline{K})$ 表示：在资本投入量固定时，由劳动投入量变化所带来的最大产量的变化。由此，我们可以得到劳动的总产量（TP_L）、劳动的平均产量（AP_L）和劳动的边际产量（MP_L）这三个概念。

(1) 劳动的总产量（TP_L）指与一定的可变要素劳动的投入量相对应的最大产量。它的定义公式为：

$$TP_L = f(L, \overline{K}) \tag{4.4}$$

(2) 劳动的平均产量（AP_L）指平均每一单位可变要素劳动的投入量所生产的产量。它的定义公式为：

$$AP_L = \frac{TP_L(L, \overline{K})}{L} \tag{4.5}$$

(3) 劳动的边际产量（MP_L）指增加一单位可变要素劳动投入量所增加的产量。它的定义公式为：

$$MP_L = \frac{\Delta TP_L(L, \overline{K})}{\Delta L} \tag{4.6}$$

或：

$$MP_L = \lim_{\Delta L \to 0} \frac{\Delta TP_L(L, \overline{K})}{\Delta L} = \frac{\mathrm{d} TP_L(L, \overline{K})}{\mathrm{d} L} \tag{4.7}$$

根据以上的定义公式，可以看出劳动的总产量、劳动的平均产量和劳动的边际产量都是随着劳动要素投入量的变动而变动。在短期生产函数中，产量与可变要素投入量之间的这种关系，可以用表 4 - 1 来说明（表中的数字是假设的）。

表 4 - 1　　　　　劳动的总产量、劳动的平均产量和劳动的边际产量

劳动投入量 （L）	劳动的总产量 （TP_L）	劳动的平均产量 （AP_L）	劳动的边际产量 （MP_L）
0	0	0	—
1	3	3	3
2	8	4	5
3	12	4	4
4	15	$3\frac{3}{4}$	3
5	17	$3\frac{2}{5}$	2

续表

劳动投入量 （L）	劳动的总产量 （TP_L）	劳动的平均产量 （AP_L）	劳动的边际产量 （MP_L）
6	17	$2\frac{5}{6}$	0
7	16	$2\frac{2}{7}$	-1
8	13	$2\frac{5}{8}$	-3

（二）总产量曲线、平均产量曲线和边际产量曲线

图4-1是根据表4-1绘制的产量曲线图。图中的横轴表示可变要素劳动的投入数量L，纵轴表示产量 Q，TP_L、AP_L和MP_L三条曲线顺次表示劳动的总产量曲线、劳动的平均产量曲线和劳动的边际产量曲线。这三条曲线都是先呈上升趋势，而后达到各自的最高点以后，再呈下降趋势。

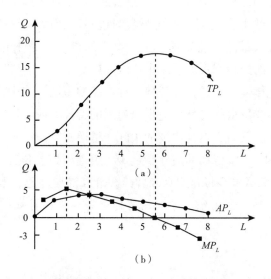

图4-1 一种可变生产要素的生产函数的产量曲线（一）

三、边际收益递减规律

由表4-1和图4-1可以清楚地看到，对一种可变生产要素的生产函数来说，边际产量表现出先上升而最终下降的特征，这一特征被称为边际收益递减规律，有时也被称为边际产量递减规律或边际报酬递减规律。

边际收益递减规律是指在技术水平不变的条件下，在连续等量地把某一种可变生

产要素增加到其他一种或几种数量不变的生产要素上去的过程中，当这种可变生产要素的投入量小于某一特定值时，增加该要素投入所带来的边际产量是递增的；当这种可变要素的投入量连续增加并超过这个特定值时，增加该要素投入所带来的边际产量是递减的。边际收益递减规律是短期生产的一条基本规律。例如，对于给定的 10 公顷麦田来说，在技术水平和其他投入不变的前提下，考虑使用化肥的效果。如果只使用一公斤化肥，那么可想而知，这一公斤化肥所带来的总产量的增加量即边际产量是很小的，或者说是微不足道的。但随着化肥使用量的增加，其边际产量会逐步提高，直至达到最佳的效果即最大的边际产量。但必须看到，若超过化肥的最佳使用量后，还继续增加化肥使用量，那么就会对小麦生长带来不利影响，化肥的边际产量也会下降。过多的化肥甚至会烧坏庄稼，导致负的边际产量。

从理论上讲，边际收益递减规律成立的原因在于：对于任何产品的短期生产来说，可变要素投入和固定要素投入之间都存在着一个最佳的数量组合比例。在开始时，由于不变要素投入量给定，而可变要素投入量为零，因此，生产要素的投入量远远没有达到最佳的组合比例。随着可变要素投入量的逐渐增加，生产要素的投入量逐步接近最佳的组合比例，相应地可变要素的边际产量呈现出递增的趋势。一旦生产要素的投入量达到最佳的组合比例，可变要素的边际产量就达到最大值。在这一点之后，随着可变要素投入量的继续增加，生产要素的投入量越来越偏离最佳的组合比例，相应地可变要素的边际产量便呈现出递减的趋势了。

边际报酬递减规律强调的是：在任何一种产品的短期生产中，随着一种可变要素投入量的增加，边际产量最终必然会呈现出递减的特征。或者说，该规律提醒人们要看到在边际产量递增阶段后必然会出现的边际产量递减阶段。正是边际报酬递减规律决定了表 4 – 1 和图 4 – 1 中劳动的边际产量 MP_L 表现出先上升后下降的特征。

【思考】中国传统寓言和俗语中也经常蕴含着经济学思想，如同学们都熟知"三个和尚没水喝"的故事，试用经济学理论解释这一现象；再如"人多力量大"是一定的吗？

【拓展阅读 4 – 2】

面包坊如何用工？

一个面包坊有两个烤炉为固定不变，作为可变生产要素的工人从 1 个增加到 2 个时，面包的边际产量和总产量都会增加。如果增加到 3 个工人，1 个工人打杂，尽管这个工人增加的产量不如 2 个工人时多（边际产量递减），但总产量仍增加了。如果增加到 4 个工人，面包坊内拥挤，工人之间发生矛盾，总产量反而减少了。

资料来源：梁小民．经济学就这么有趣［M］．北京：北京联合出版公司，2019.

四、总产量、平均产量和边际产量相互之间的关系

西方经济学家通常将总产量曲线、平均产量曲线和边际产量曲线置于同一张坐标图中，来分析这三个产量概念之间的相互关系。图 4 - 2 就是这样一张标准的一种可变生产要素的生产函数的产量曲线图，它反映了短期生产的有关产量曲线相互之间的关系。

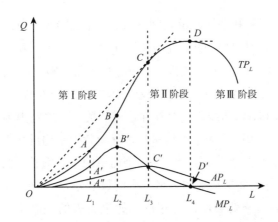

图 4 - 2　一种可变生产要素的生产函数的产量曲线（二）

从图 4 - 2 中可以清楚地看到，由边际收益递减规律决定的劳动的边际产量 MP_L 曲线先是上升的，并在 B' 点达到最高点，然后再下降。由短期生产的这一基本特征出发，我们利用图 4 - 2 从以下三个方面来分析总产量、平均产量和边际产量相互之间的关系。

第一，关于边际产量和总产量之间的关系：根据边际产量的定义公式 $MP_L = \dfrac{\mathrm{d}TP_L(L,\ \overline{K})}{\mathrm{d}L}$ 可以推知，过 TP_L 曲线任何一点的切线的斜率就是相应的 MP_L 值。例如，在图 4 - 2 中，当劳动投入量为 L_1 时，过 TP_L 曲线上 A 点的切线的斜率，就是相应的 MP_L 值，它等于 $A'L_1$ 的高度。正是由于每一个劳动投入量上的边际产量 MP_L 值就是相应的总产量 TP_L 曲线的斜率，所以，MP_L 曲线和 TP_L 曲线之间存在着这样的对应关系：在劳动投入量小于 L_4 的区域，MP_L 均为正值，则相应的 TP_L 曲线的斜率为正，即 TP_L 曲线是上升的；在劳动投入量大于 L_4 的区域，MP_L 均为负值，则相应的 TP_L 曲线的斜率为负，即 TP_L 曲线是下降的。当劳动投入量恰好为 L_4 时，MP_L 为零，则相应的 TP_L 曲线的斜率为零，即 TP_L 曲线达到极大值点。以上这种关系可以简单地表述为：只要边际产量是正的，总产量就总是增加的；只要边际产量是负的，总产量就总是减少的；当边际产量为零时，总产量达到最大值点。

第二，关于平均产量和总产量之间的关系：根据平均产量的定义公式 $AP_L =$

$\dfrac{TP_L(L,\ \overline{K})}{L}$可以推知，连接 TP_L 曲线上任何一点和坐标原点的线段的斜率，就是相应的 AP_L 值。例如，在图 4-2 中，当劳动投入量为 L_1 时，连接 TP_L 曲线上 A 点和坐标原点的线段 OA 的斜率即 $\dfrac{AL_1}{OL_1}$，就是相应的 AP_L 值，它等于 $A''L_1$ 的高度。正是由于这种关系，所以，当 AP_L 曲线在 C' 点达最大值时，TP_L 曲线必然有一条从原点出发的最陡的切线，其切点为 C 点。

第三，关于边际产量和平均产量之间的关系：在图 4-2 中，我们可以看到 MP_L 曲线和 AP_L 曲线相交于 AP_L 曲线的最高点 C'。在 C' 点以前，MP_L 曲线高于 AP_L 曲线，MP_L 曲线将 AP_L 曲线往上拉；在 C' 点以后，MP_L 曲线低于 AP_L 曲线，MP_L 曲线将 AP_L 曲线往下拉。不管是上升还是下降，MP_L 曲线的变动都快于 AP_L 曲线的变动。

为什么 MP_L 曲线和 AP_L 曲线之间会存在这样的关系？这是因为，就任何一对边际量和平均量而言，只要边际量大于平均量，边际量就把平均量往上拉；只要边际量小于平均量，边际量就把平均量往下拉。举一个简单的实际例子：假定一个数学小组有 10 人的平均分为 70 分。如果新来的一名学生的数学分为 90 分（相当于边际量），那么整个数学小组的平均分就会增加。相反，如果新来的一名学生的数学分为 60 分（相当于边际量），那么，整个数学小组的平均分就会下降。因此，就平均产量 AP_L 和边际产量 MP_L 来说，当 $MP_L > AP_L$ 时，AP_L 曲线是上升的；当 $MP_L < AP_L$ 时，AP_L 曲线是下降的；当 $MP_L = AP_L$ 时，AP_L 曲线达到极大值。又由于边际报酬递减规律作用下的 MP_L 曲线是先升后降的，所以，当 MP_L 曲线和 AP_L 曲线相交时，AP_L 曲线必达到最大值。关于这一点，可以用数学方法证明如下。

AP_L 曲线的斜率可以表示为：

$$\frac{\mathrm{d}}{\mathrm{d}L}AP_L = \frac{\mathrm{d}}{\mathrm{d}L}\left(\frac{TP_L}{L}\right) = \frac{\frac{\mathrm{d}TP_L}{\mathrm{d}L}L - TP_L}{L^2} = \frac{1}{L}\left(TP_L' - \frac{TP_L}{L}\right) = \frac{1}{L}(MP_L - AP_L)$$

因为 $L > 0$，所以，当 $MP_L > AP_L$ 时，AP_L 曲线的斜率为正，即 AP_L 曲线是上升的；当 $MP_L < AP_L$ 时，AP_L 曲线的斜率为负，即 AP_L 曲线是下降的；当 $MP_L = AP_L$ 时，AP_L 曲线的斜率为零，即 AP_L 曲线达到极值点（在此为极大值点）。

此外，由于在可变要素劳动投入量的变化过程中，边际产量的变动相对平均产量的变动而言要更敏感一些，所以，不管是增加还是减少，边际产量的变动都快于平均产量的变动。

五、短期生产的三个阶段

根据短期生产的总产量曲线、平均产量曲线和边际产量曲线之间的关系，可将短期生产划分为三个阶段，如图 4 - 2 所示。

在第Ⅰ阶段，产量曲线的特征为：劳动的平均产量始终是上升的，且达到最大值；劳动的边际产量上升达到最大值，然后开始下降，且劳动的边际产量始终大于劳动的平均产量；劳动的总产量始终是增加的。这说明：在这一阶段，不变要素资本的投入量相对过多，生产者增加可变要素劳动的投入量是有利的。或者说，生产者只要增加可变要素劳动的投入量，就可以较大幅度地增加总产量。因此，任何理性的生产者都不会在这一阶段停止生产，而是连续增加可变要素劳动的投入量，以增加总产量，并将生产扩大到第Ⅱ阶段。

在第Ⅲ阶段，产量曲线的特征为：劳动的平均产量继续下降，劳动的边际产量降为负值，劳动的总产量也呈现下降趋势。这说明：在这一阶段，可变要素劳动的投入量相对过多，生产者减少可变要素劳动的投入量是有利的。因此，这时即使劳动要素是免费供给的，理性的生产者也不会增加劳动投入量，而是通过减少劳动投入量来增加总产量，以摆脱劳动的边际产量为负值和总产量下降的局面，并退回到第Ⅱ阶段。

由此可见，任何理性的生产者既不会将生产停留在第Ⅰ阶段，也不会将生产扩张到第Ⅲ阶段，所以，生产只能在第Ⅱ阶段进行。在生产的第Ⅱ阶段，生产者可以得到由第Ⅰ阶段增加可变要素投入所带来的全部好处，还可以避免将可变要素投入增加到第Ⅲ阶段所带来的不利影响。因此，第Ⅱ阶段是生产者进行短期生产的决策区间。在第Ⅱ阶段的起点处，劳动的平均产量曲线和劳动的边际产量曲线相交，即劳动的平均产量达最高点。在第Ⅱ阶段的终点处，劳动的边际产量曲线与水平轴相交，即劳动的边际产量等于零，而总产量最大。至于在生产的第Ⅱ阶段，生产者所应选择的利润最大化的最佳投入数量究竟在哪一点，还有待于以后结合成本、收益和利润进行深入的分析。

【拓展阅读 4 - 3】

三季稻不如两季稻

在农业仍使用传统生产技术的情况下，土地、设备、水利资源、肥料等都是固定生产要素。两季稻改为三季稻并没有改变这些固定生产要素，只是增加了可变生产要素：劳动与种子。两季稻是农民长期生产经验的总结，它行之有效，说明在传统农业技术下，固定生产要素已经得到了充分利用。改为三季稻之后，土地过度利用引起肥力下降，设备、肥料、水利资源等由两次使用改为三次使用，每次使用的数量不足。这样，三季稻时的总产量就低于两季稻了。四川省把三季稻改为两季稻之后，全省粮食产量反而增加了。江苏省邗江县 1980 年的试验结果表明，两季稻每亩总产量达 2014 斤，而三季稻只有 1510 斤。更不用说两季稻还节省了生产成本。群众总结的经验是"三三见九，不如二五一十"。

资料来源：梁小民. 经济学就这么有趣［M］. 北京：北京联合出版公司，2019.

第二节 长期生产理论

一、长期生产函数：两种可变生产要素的生产函数

长期并不是指一段规定的时间，而是指生产者可以调整所有生产要素的数量的时间。不仅资本的数量可以随意增减，而且厂商可以自由进入或退出某一行业。由于在长期所有的要素投入量都是可变的，因而也就不存在可变要素投入和不变要素投入的区分。

在生产理论中，为了简化分析，通常以两种可变生产要素的生产函数来考察长期生产中可变生产要素的投入组合和产量之间的关系。假定生产者使用劳动和资本两种可变生产要素来生产一种产品，则两种可变生产要素的长期生产函数可以写为式（4.2）的形式。

二、等产量曲线

（一）等产量曲线定义

生产理论中的等产量曲线和效用理论中的无差异曲线是很相似的。等产量曲线是表示在技术水平不变的条件下，生产同一产量的两种生产要素投入量的所有不同组合的轨迹。以常数 Q^0 表示既定的产量水平，则与等产量曲线相对应的生产函数为：

$$Q = f(L, K) = Q^0 \qquad (4.8)$$

显然，这是一个两种可变生产要素的生产函数。

设某种产品的生产函数为：$Q = 0.5LK$，则产量 $Q = 10$ 时，可以采用 L 与 K 的组合方式，如表 4 - 2 所示。

表 4 - 2　　　　　　　　　　　　　　　　等产量组合

Q	L	K
10	1	20
10	2	10
10	4	5
10	5	4

据此可画出产量 $Q = 10$ 时的等产量线，以此类推，产量 $Q = 20$ 时的等产量线，如图 4 – 3 所示。

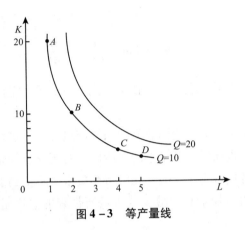

图 4 – 3 等产量线

（二）等产量曲线特点

等产量曲线是客观的纯技术关系的描述，而无差异曲线表达的是人们的主观评价关系。等产量曲线与无差异曲线的特点相似，具体说来有以下特点：（1）等产量曲线是一条向右下方倾斜的曲线，其斜率为负（在生产要素替代的有效范围内）。（2）在同一平面坐标图上有无数条等产量曲线，距离原点越远的等产量曲线所代表的产量越高。反之，越低。（3）同一平面坐标图上的任意两条等产量曲线不会相交。这是由它的性质决定的。（4）等产量曲线是凸向原点的。

（三）边际技术替代率及其递减规律

1. 边际技术替代率。与等产量曲线相联系的一个概念是边际技术替代率（*MRTS*）。一条等产量曲线表示一个既定的产量水平可以由两种可变要素的各种不同数量的组合生产出来。这意味着，生产者可以通过对两要素之间的相互替代，来维持一个既定的产量水平。例如，为了生产 10 单位的某种产品，生产者可以使用较多的劳动和较少的资本，也可以使用较少的劳动和较多的资本。前者可以看成是劳动对资本的替代，后者可以看成是资本对劳动的替代。想象一下，在图 4 – 3 中，为了维持固定的 10 单位的产量，在厂商的产量沿着既定的等产量曲线由 A 点滑动到 C 点的过程中，劳动投入量必然会随着资本投入量的不断减少而增加；相反，由 C 点运动到 A 点的过程中，劳动投入量必然会随着资本投入量的不断增加而减少。由两要素之间这种相互替代的关系，可以得到边际技术替代率的概念。在维持产量水平不变的条件下，增加一单位某种生产要素的投入量时所减少的另一种要素的投入数量，被称为边际技术替代率。劳动对资本的边际技术替代率的定义公式为：

$$MRTS_{LK} = -\frac{\Delta K}{\Delta L} \tag{4.9}$$

其中，ΔK 和 ΔL 分别为资本投入量的变化量和劳动投入量的变化量。式（4.9）中加一个负号是为了使 $MRTS$ 值在一般情况下为正值，以便于比较。

或：

$$MRTS_{LK} = \lim_{\Delta L \to 0} -\frac{\Delta K}{\Delta L} = -\frac{\mathrm{d}K}{\mathrm{d}L} \tag{4.10}$$

显然，等产量曲线上某一点的边际技术替代率就是等产量曲线在该点的斜率的绝对值。

边际技术替代率还可以表示为两要素的边际产量之比。这是因为，边际技术替代率的概念是建立在等产量曲线的基础上的，所以，对于任意一条给定的等产量曲线来说，当用劳动投入去替代资本投入时，在维持产量水平不变的前提下，由增加劳动投入量所带来的总产量的增加量和由减少资本量所带来的总产量的减少量必定是相等的，即必有：

$$\left| \Delta L \cdot MP_L \right| = \left| \Delta K \cdot MP_K \right|$$

整理得：

$$-\frac{\Delta K}{\Delta L} = \frac{MP_L}{MP_K}$$

由边际技术替代率的定义公式得：

$$MRTS_{LK} = -\frac{\Delta K}{\Delta L} = \frac{MP_L}{MP_K} \tag{4.11}$$

或：

$$MRTS_{LK} = -\frac{\mathrm{d}K}{\mathrm{d}L} = \frac{MP_L}{MP_K} \tag{4.12}$$

可见，边际技术替代率可以表示为两要素的边际产量之比。关于这一点，也可以用微分方法证明如下。

假设等产量曲线的生产函数为：$Q = f(L, K) = Q^0$

在等式两边取全微分得：$\frac{\partial f}{\partial L}\mathrm{d}L + \frac{\partial f}{\partial K}\mathrm{d}K = \mathrm{d}Q^0$

整理得：$\frac{\mathrm{d}K}{\mathrm{d}l} = \frac{\partial f}{\partial L} \Big/ \frac{\partial f}{\partial K} = \frac{M_L}{MP_K}$

由边际技术替代率定义的公式可得：$MRTS_{LK} = -\frac{\mathrm{d}K}{\mathrm{d}L} = \frac{MP_L}{MP_K}$

2. 边际技术替代率递减规律。在两种生产要素相互替代的过程中，普遍地存在这么一种现象：在维持产量不变的前提下，当一种生产要素的投入量不断增加时，每一单位的这种生产要素所能替代的另一种生产要素的数量是递减的。这一现象被称为边际技术替代率递减规律。以图 4-4 为例，在两要素的投入组合沿着既定的等产量曲线 Q^0 由点 a 顺次运动到点 b、c 和 d 的过程中，劳动投入量等量地由 L_1 增加到 L_2，再增加到 L_3 和 L_4，即有 $OL_2 - OL_1 = OL_3 - OL_2 = OL_4 - OL_3$，而相应的资本投入量的减少量为 $OK_1 - OK_2 > OK_2 - OK_3 > OK_3 - OK_4$。这表示在产量不变的条件下，在劳动投入量不断增加和资本投入量不断减少的替代过程中，边际技术替代率是递减的。

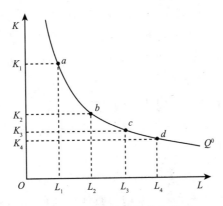

图 4-4 边际技术替代率递减

边际技术替代率递减的主要原因在于：任何一种产品的生产技术都要求各要素投入之间有适当的比例。简单地说，以劳动和资本两种要素投入为例，在劳动投入量很少和资本投入量很多的情况下，减弱一些资本投入量可以很容易地通过增加劳动投入量来弥补，以维持原有的产量水平，即劳动对资本的替代是很容易的。但是，在劳动投入增加到相当多的数量和资本投入量减少到相当少的数量的情况下，再用劳动去替代资本就将是很困难的了。

前面提到，等产量曲线一般具有凸向原点的特征，这一特征是由边际技术替代率递减规律决定的。因为，由边际技术替代率的定义 [公式（4.9）] 可知，等产量曲线上某一点的边际技术替代率就是等产量曲线在该点的斜率的绝对值。又由于边际技术替代率是递减的，所以，等产量曲线的斜率的绝对值是递减的，即等产量曲线是凸向原点的。

【拓展阅读 4-4】

智慧工厂探秘

用 60 台打磨机器人、60 个工人，通过人机交互进行生产，相比原先 600 多人、通过打磨车床手工打磨，工作效率能提高多少？作为广东长盈精密技术有限公司的董事长，陈奇星这些天一直在默默算着这样一笔账。最后的数据让他很欣慰：机器人打磨效率提升了 2 倍，平均产能超过 21000 件/月，而且产品不良率降低了两成。作为广东东莞首个开建"无人工厂"的民营企业，长盈精密这稳健的一小步，事实上正在开启中国制造业转型升级的一大步。

数据显示，仅东莞市，目前的用工缺口就高达 10 万人以上。随着我国人口红利的逐渐下降，企业结构性用工荒加剧，人工成本逐年增加，这些现实压力倒逼制造业必须通过"机器换人"、发展智能制造，来充分释放自动化的效益空间。对中国制造业来说，这种快速调整更意味着机遇：随着"中国制造 2025"的深入实施，"十三五"期间，我国机器人市场将崛起为万亿级产业。更为重要的是，这样的"无人工厂"的大面积普及将对冲我国的"人口红利"。我国劳动力的"头脑红利"或将显现，"中国智造"时代正在来临！

"智能+"：从"用工短缺"到"超级工厂"

精密的机械手、为数不多的操作人员，在长盈精密新近投入使用的机器人打磨车间里，两者正有条不紊地"合作"打磨着一个个零件，整个车间整洁、空旷，机器"沙沙"的转动声时隐时现，让这里显得更加安静。作为一家生产、销售手机系列连接器、屏蔽件和超精密五金端子及模具的高新技术企业，你很难想象，在此之前，长盈精密一个车间要装 600 多工人，和一排又一排的人工打磨车床。机器的轰鸣声让工人们交流基本靠吼，而大量弥漫在车间里的粉尘，不仅损害工人健康，而且易燃易爆。更为要命的是，这种又脏又累的活，使企业用工成本以每年 20% 的速度增长，而且还不能保证来年招得齐人。种种掣肘最终让陈奇星痛下决心，成为东莞首个"吃螃蟹"的人——引入机器人，打造智能化"无人工厂"。

可以说，随着如智能引导车、直角坐标机器人、自动焊接装料机器人等各类智能机器人的出现，并广泛运用到智慧交通、智慧医疗、智慧旅游、物联网、3D 打印、智能家居、无人机等多个智能科技领域，"智能+"正成为我国制造业转型升级的关键词。

倒逼：从"机器替人"到人工智能

"无人工厂"意味着什么？要回答这个问题，或许应该从源头探讨。按照通常解释，"无人工厂"又叫"（全）自动化工厂"，指全部生产活动由电子计算机进行控制，并且在生产第一线只配备机器人而无须配备工人的工厂。作为制造业工厂未来的一种发展形态，世界上最早的"无人工厂"出现在 30 年前的日本筑波科学城。

从我国的实际情况看，这种"替代"则显得更为急迫。国家统计局此前发布的报告显示，我国近年来 15 ~ 59 岁人口占总人口比重不到七成，且比重逐年下降。作为制造业主力的农民工，也正在从早期的满足于解决温饱问题到现在对薪资和工作条件提出了更高的要求。

变革：从"人口红利"到"头脑红利"

据美国电气和电子工程师协会（IEEE）最新数据，目前全球已部署了100多万台各种工业机器人。而另据国际工业机器人协会预测，到2015年，中国机器人市场需求总量将达3.5万台，占全球销量比重17.5%，成为世界规模最大的市场。同时，在机器人制造领域，超过70%市场份额被海外企业占据。

近年来，不单是工信部出台如《关于推进工业机器人产业发展的指导意见》，各地政府也不断出台各类"机器换人"、推进机器人产业发展的指导意见和优惠招商政策。各种"政策红利"刺激了更多市场主体的进入。有媒体总结，我国平均每周就有两家机器人公司诞生。而在各地，从最北端的黑龙江到南端的广东，机器人产业园已呈现"遍地开花"态势。据不完全统计，已建和在建的工业机器人产业园达到近40家。

我们应该开动脑筋，通过更多渠道、不同形式的教育培训，提升工人的知识、文化和技术水平，让他们获得更具技术和智慧含量的新工作，让他们在即将到来的"无人工厂"里同样大有可为。

"智能制造"时代正在到来，不管是政府、企业、社会还是劳动者，都要做好从政策层面、技术层面到心理层面的准备，全力迎接这一时代的到来！

资料来源：彭训文."机器换人"，赢家还是人！［N］.人民日报海外版，2015 – 05 – 16（8）.

（四）等产量曲线的特殊形状

一般来说，在边际技术替代率递减规律作用下的等产量曲线都是凸向原点的，但也有特殊的情况，下面介绍两种特殊形状的等产量曲线。

1. 固定替代比例的生产函数（也被称为线性生产函数）。固定替代比例的生产函数表示在每一产量水平上任何两种生产要素之间的替代比例都是固定的。假定生产过程中只使用劳动和资本两种要素，则固定替代比例的生产函数的通常形式为：

$$Q = aL + bK \tag{4.13}$$

其中，Q 表示产量，L 和 K 分别表示劳动和资本的投入量，常数 a、$b > 0$。

显然，与这一线性生产函数相对应的等产量曲线是一条直线。假定劳动和资本之间的固定替代比例为2∶1，则相应的等产量曲线如图4 – 5所示。

2. 固定投入比例的生产函数（也被称为里昂惕夫生产函数）。固定投入比例的生产函数表示在每一个产量水平上任何一对要素投入量的比例都是固定的。假定生产过程中只使用劳动和资本两种要素，则固定投入比例的生产函数的通常形式为：

$$Q = \min\left\{\frac{L}{u}, \frac{K}{v}\right\} \tag{4.14}$$

其中，Q 表示产量；L 和 K 分别表示劳动和资本的投入量；常数 u、$v > 0$，分别表示

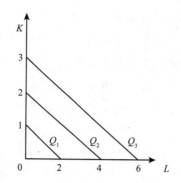

图 4 - 5　固定替代比例的生产函数

固定的劳动和资本的生产技术系数，它们分别为生产一单位产品所需要的固定的劳动投入量和固定的资本投入量。

式（4.14）的生产函数表示：产量水平 Q 取决于 $\dfrac{L}{u}$ 和 $\dfrac{K}{v}$ 这两个比值中较小的那一个，即使其中的一个比值较大，也不会提高产量 Q。需要指出的是，在该生产函数中，一般又通常假定生产要素投入量 L、K 都满足最小的要素投入组合的要求，所以有：

$$Q = \frac{L}{u} = \frac{K}{v} \qquad (4.15)$$

进一步地，可以有：

$$\frac{K}{L} = \frac{v}{u} \qquad (4.16)$$

式（4.16）清楚地体现了该生产函数的固定投入比例的性质：当产量发生变化时，各要素的投入量将以相同的比例发生变化，所以，各要素的投入量之间的比例维持不变。关于固定投入比例生产函数的这一性质，可以用图 4 - 6 加以说明。

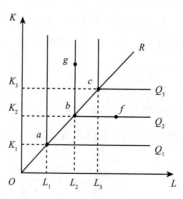

图 4 - 6　固定投入比例的生产函数

在图 4 - 6 中，横轴和纵轴分别表示劳动和资本的投入数量，各自以 a、b 和 c 为顶点的三条含有直角的实线，顺次表示生产既定的产量 Q_1、Q_2 和 Q_3 的各要素组合。以生产 Q_2 的产量来说，b 点的要素组合（L_2，K_2）是生产产量 Q_2 的最小的要素投入量组合。以 b 点为顶点的两条直角边上的任何一点（不包括 b 点），都不是生产 Q_2 产量的最小的要素投入量组合，例如，g 点表示资本投入量过多，f 点表示劳动投入量过多。如果产量由 Q_2 增加为 Q_3，或由 Q_2 减少为 Q_1，则最小要素投入组合相应地会由 b 点移至 c 点，或由 b 点移至 a 点，此时，两要素投入量以相同的比例增减，而两要素投入比例保持不变，即：

$$\frac{K_1}{L_1} = \frac{K_2}{L_2} = \frac{K_3}{L_3} = \frac{v}{u} \tag{4.17}$$

因此，从原点出发经过 a、b 和 c 点的射线 OR 表示了这一固定投入比例生产函数的所有产量水平的最小要素投入量的组合。

三、等成本线

追求利润最大化的厂商，在生产时必须要考虑生产成本这一经济问题。而厂商对生产要素的购买支付，则构成了厂商的生产成本。所以厂商选择何种水平的等产量线上的哪一点所代表的投入组合进行现实生产取决于投入的总成本。为此必须引进等成本线的概念。

生产论中的等成本线是一个和效用论中的预算线非常相似的分析工具。等成本线是在既定的成本和既定的生产要素价格条件下，生产者可以购买到的两种生产要素的各种不同数量组合的轨迹。它取决于厂商愿意支出的成本和投入要素的价格。

设厂商的总投资额或投入的总成本（C）为 20 元，资本的价格（P_K）为 4 元，劳动的价格（P_L）为 1 元，投入的不同组合方式如表 4 - 3 所示。

表 4 - 3 　　　　　　　　　　要求投入的不同组合

总成本（元）	资本品数量（单位）	劳动的数量（单位）
20	0	20
20	5	0
20	4	4

根据表 4 - 3 可画出等成本线。如以 K、L 分别代表购买的资本品与劳动的数量，则存在：

$$C = K \cdot P_K + L \cdot P_L \tag{4.18}$$

即：

$$K = \frac{C}{P_K} - \frac{P_L}{P_K} \cdot L \tag{4.19}$$

图 4 – 7 中等成本线的方程便为：$K = \frac{20}{4} - \frac{1}{4} \cdot L = 5 - 0.25L$。$L$ 与 K 中，只要给定其中任何一个变量的数值，便可以求得另一个变量的数值。

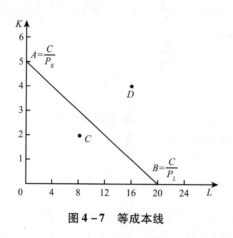

图 4 – 7　等成本线

图中的 A 点表示既定的全部成本都购买资本时的数量，$OA = \frac{C}{P_K}$；B 点表示既定的全部成本都购买劳动时的数量，$OB = \frac{C}{P_L}$。C 点在等成本线以内，表示既定的全部成本都用来购买该点的劳动和资本的组合以后还有剩余；D 点在等成本线以外，表示既定的总成本不够购买该点的劳动和资本的组合；只有等成本线上的任何一点，才表示用既定的全部成本能刚好购买到的劳动和资本的组合。

根据式（4.19），等成本线的纵截距为 $\frac{C}{P_K}$；等成本线的横截距为 $\frac{C}{P_L}$；等成本线的斜率为 $-\frac{P_L}{P_K}$，即为两种生产要素价格之比的负值。

在成本固定和要素价格已知的条件下，便可以得到一条等成本线。所以，任何关于成本和要素价格的变动，都会使等成本线发生变化。关于这种变动的具体情况，与前面对预算线的分析是类似的，这里不再赘述。

四、两种生产要素的最优组合

在长期，所有的生产要素的投入数量都是可变动的，任何一个理性的生产者都会选择最优的生产要素组合进行生产。本节将把等产量曲线和等成本线结合在一起，研究生产者是如何选择最优的生产要素组合，从而实现既定成本条件下的最大产量，或者实现既定产量条件下的最小成本。

（一）关于既定成本条件下的产量最大化

假定在一定的技术条件下厂商用两种可变生产要素劳动和资本生产一种产品，且劳动的价格 P_L 和资本 P_K 的价格是给定的，厂商用于购买这两种要素的全部成本 C 也是给定的。如果企业要以既定的成本获得最大的产量，那么，它应该如何选择最优的劳动投入量和资本投入量的组合呢？

在图 4-8 中，有一条等成本线 AB 和三条等产量曲线 Q_1、Q_2 和 Q_3。等成本线 AB 的位置和斜率取决于给定的成本量 C 和两要素的价格比例 $\dfrac{P_L}{P_K}$。图中唯一的等成本线 AB 与其中一条等产量曲线 Q_2 相切于 E 点，该点就是生产的均衡点。它表示：在既定的成本条件下，厂商应该按照 E 点的生产要素组合进行生产，即劳动投入量和资本投入量分别为 OL_1 和 OK_1，这样，厂商就会获得最大的产量。为什么 E 点就是最优的生产要素组合点呢？这就需要分析代表既定成本的唯一的等成本线 AB 与三条等产量曲线 Q_1、Q_2 和 Q_3 之间的关系。先看等产量曲线 Q_3，等产量曲线 Q_3 代表的产量虽然高于等产量曲线 Q_2，但唯一的等成本线 AB 与等产量曲线 Q_3 既无交点又无切点。这表明等产量曲线 Q_3 所代表的产量是企业在既定成本下无法实现的产量，因为厂商利用既定成本只能购买到位于等成本线 AB 上或等成本线 AB 以内区域的要素组合。再看等产量曲线 Q_1，等产量曲线 Q_1 虽然与唯一的等成本线 AB 相交于 a、b 两点，但等产量曲线 Q_1 所代表的产量是比较低的。因为，此时厂商在不增加成本的情况下，只需由 a 点出发向右或由 b 点出发向左沿着既定的等成本线 AB 改变要素组合，就可以增加产量。所以，只有在唯一的等成本线 AB 和等产量曲线 Q_2 的相切点 E，才是实现既定成本条件下的最大产量的要素组合。任何更高的产量在既定成本条件下都是无法实现的，任何更低的产量都是低效率的。

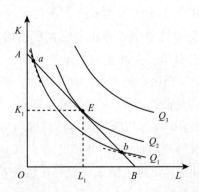

图 4-8　既定成本条件下产量最大的要素组合

总之，在均衡点 E，等产量曲线 Q_2 与等成本线 AB 相切。由于等产量曲线的斜率可用边际技术替代率 $MRTS$ 表示，等成本线的斜率可用生产要素的相对价格的负值 $\dfrac{P_L}{P_K}$ 表示，因此，在生产均衡点 E 有：

$$MRTS_{LK} = \frac{P_L}{P_K} \tag{4.20}$$

它表示：为了实现既定成本条件下的最大产量，厂商必须选择最优的生产要素组合，使得两要素的边际技术替代率等于两要素的价格比例。这就是两种生产要素的最优组合的原则。因为边际技术替代率可以表示为两要素的边际产量之比，所以，式（4.20）可以写为：

$$MRTS_{LK} = \frac{MP_L}{MP_K} = \frac{P_L}{P_K} \tag{4.21}$$

进一步，还可以有：

$$\frac{MP_L}{P_L} = \frac{MP_K}{P_K} \tag{4.22}$$

式（4.22）表示，厂商可以通过对两要素投入量的不断调整，使得最后一单位的成本支出无论用来购买哪一种生产要素所获得的边际产量都相等，从而实现既定成本条件下的最大产量。

（二）关于既定产量条件下的成本最小化

如同生产者在既定成本条件下会力求实现最大的产量。生产者在既定的产量条件下也会力求实现最小的成本。图 4-9 中有一条等产量曲线 Q 和三条等成本线 AB、$A'B'$ 和 $A''B''$。唯一的等产量曲线 Q 代表给定的产量。三条等成本线具有相同的斜率（即表示两要素的价格是给定的），但代表三个不同的成本量，其中，等成本线 AB 代表的成本大于等成本线 $A'B'$ 代表的，等成本线 $A'B'$ 代表的成本大于等成本线 $A''B''$ 代表的。唯一的等产量曲线 Q 与其中一条等成本线 $A'B'$ 相切于 E 点，这就是生产的均衡点或最优要素组合点。它表示：在既定的产量条件下，生产者应该选择 E 点的要素组合（OK_1，OL_1），才能实现最小的成本。这是因为，等成本线 $A''B''$ 虽然代表的成本较低，但它与既定的等产量曲线 Q 既无交点又无切点，它无法实现等产量曲线 Q 所代表的产量。等成本曲线 AB 虽然与既定的等产量曲线 Q 相交于 a、b 两点，但它代表的成本过高，通过沿着等产量曲线 Q 由 a 点向 E 点或者由 b 点向 E 点的移动，都可以获得相同的产量而使成本下降。所以，只有在切点 E，才是在既定产量条件下实现最小成本的要素组合。

在图 4-9 中，既定的等产量曲线 Q 和等成本线 $A'B'$ 的切点 E 便是生产的均衡点。

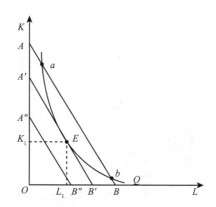

图 4 - 9 既定产量条件下成本最小的要素组合

在均衡点 E 有式（4.20），它表示：厂商应该选择最优的生产要素组合，使得两要素的边际技术替代率等于两要素的价格之比，从而实现既定产量条件下的最小成本。

由于边际技术替代率可以表示为两要素的边际产量之比，所以，可以写为式（4.21），进一步，可以有式（4.22），它表示：为了实现既定产量条件下的最小成本，厂商应该通过对两要素投入量的不断调整，使得花费在每一种要素上的最后一单位的成本支出所带来的边际产量相等。

以上就是厂商在既定产量条件下实现最小成本的两要素的最优组合原则。该原则与厂商在既定成本条件下实现最大产量的两要素的最优组合原则是相同的。

【思考】一家刀削面馆，既可以用刀削面机器人来生产，也可以雇用一个好厨师，作为面馆老板，该如何考虑机器和人的配置呢？

（三）扩展线

在其他条件不变时，当生产的产量或成本发生变化时，企业会重新选择最优的生产要素的组合，在变化了的产量条件下实现最小的成本，或在变化了的成本条件下实现最大的产量。扩展线涉及的就是这方面的问题。

在生产要素的价格、生产技术和其他条件不变时，如果企业改变成本，则等成本线就会发生平移；如果企业改变产量，则等产量曲线也会发生平移。这些不同的等产量曲线将与不同的等成本线相切，形成一系列不同的生产均衡点，这些生产均衡点的轨迹就是扩展线，如图 4 - 10 所示。

图 4 - 10 中的曲线 ON 是一条扩展线。由于生产要素的价格保持不变，两要素的价格比例是固定的，又由于生产均衡的条件为两要素的边际技术替代率等于两要素的价格比例，所以在扩展线上的所有的生产均衡点上边际技术替代率都是相等的。

扩展线表示：在生产要素价格、生产技术和其他条件不变的情况下，当生产的成本或产量发生变化时，厂商必然会沿着扩展线来选择最优的生产要素组合，从而实现既定成本条件下的最大产量，或实现既定产量条件下的最小成本。扩展线是厂商在长

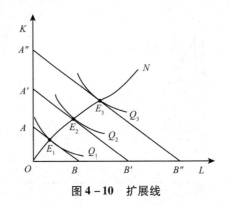

图 4 – 10 扩展线

期扩张或收缩生产时所必须遵循的路线。

五、规模经济

生产扩展线表明了随着总投入的增加，生产规模不断扩大的过程。这种生产规模的扩大会出现两种情况：一种是厂商由于扩大生产规模而使经济效益得到提高，这被称为规模经济。规模经济产生的原因是较高的产量水平能使生产的专业化得到更充分地发挥。另一种是在生产扩张到一定的规模以后，厂商继续扩大生产规模，就会使经济效益下降，这被称为规模不经济。规模不经济的原因一般是由于产量过大会使一个企业内部的生产协调愈加困难。规模经济和规模不经济都会引起厂商收益的变化。

（一）规模收益的含义

规模收益也称规模报酬，它是指在技术水平和要素价格不变的条件下，当所有要素都按同一比例变动时，产量（收益）变动的状态。

例如，假设一座日产 10 吨化肥的工厂使用的资本为 10 单位，劳动为 5 单位。现在将企业的生产规模扩大一倍，即使用 20 单位的资本和 10 单位的劳动，这种生产规模的变化所带来的收益变化可能有如下三种情形：一是产量增加的比例大于生产要素的增加比例，即产量为 20 吨以上，这种情况称为规模收益递增。二是产量增加的比例小于生产要素的增加比例，即产量为 20 吨以下，这种情况称为规模收益递减。三是产量增加的比例等于生产要素的增加比例，即产量仍为 20 吨，这种情况称为规模收益不变。

（二）规模收益的三种情形

1. 规模收益递增。在生产扩张的阶段，一般而言，规模收益是递增的。因为大规模生产可以实行专业分工，采用现代化的技术设备和科学管理手段，从而提高生产效率，节省管理费用，这些属于规模经济的内部效应。大规模生产还可以同其他厂商建立稳定的生产、技术联系，增强顾客对本企业产品的信赖心理等，这些属于规模经济的外部效应。

　　显然，规模经济可以降低产品的平均成本，从而导致规模收益递增。在规模收益递增的条件下，与其建多个相同规模的小厂，不如集中全部资本建一个大厂。

　　2. 规模收益不变。在规模收益递增的最后，大规模生产的优越性已充分发挥完毕，规模经济已经实现，规模收益难以进一步提高，这时继续扩大生产规模，可能出现规模收益不变。

　　3. 规模收益递减。当生产扩大到一定规模以后，迟早会出现规模报酬递减阶段。这是由于规模过大，层次过多，厂商组织内部难以协调，决策不容易顺利贯彻等，这都将导致生产效率降低，产品的平均成本提高，这些属于规模不经济的内部效应。由于规模太大，资源优势发挥困难，产品销路也受到市场限制等，这些属于规模不经济的外部效应。

　　一般来说，企业规模扩大时，会同时产生规模经济和规模不经济。当规模不经济超过规模经济时，就会发生规模收益递减现象。这说明生产规模或企业规模也不能无限制地扩大，过分求大也是有害的。不同的行业之间，规模经济效应存在着很大差别，如制造业因需要大量的资本设备投资，规模经济效应所要求的资产规模和企业规模一般比许多服务行业要大得多。

第三节　短期成本理论

　　在生产论中讨论了厂商对投入组合的选择，取决于各种投入与产出之间的物质技术关系。本节的成本论将进一步考察厂商的生产成本与产量之间的关系，说明厂商对投入组合的选择，还取决于成本的状况。和上两节一样，本节仍假定生产要素的价格是给定的。

一、成本的概念

　　厂商的生产成本也称为生产费用，通常被看成企业在生产中使用的各种生产要素的货币支出。厂商在其生产决策中，必须考虑到这种支出的大小。然而，西方经济学家指出，仅从这样的角度来理解成本概念是不够的，还应该考虑并比较经济资源投入其他生产用途可能会有的收益。为此，他们提出了机会成本的概念以及显成本和隐成本的概念。

（一）机会成本

　　西方经济学家认为，经济学是要研究一个经济社会如何对稀缺的经济资源进行有效配置的问题。从经济资源的稀缺性这一前提出发，当一个社会或一个企业用一定的经济资源生产一定数量的一种或者几种产品时，这些经济资源就不能同时被使用在其他的生产用途上。这就是说，这个社会或这个企业所获得的一定数量的产品收入，是以放弃用同样的经济资源来生产其他产品时所能获得的收入为代价的。由此，便产生了机会成本的概念。一般来说，机会成本是指生产者利用一定经济资源获得某种收入时所放弃的使用相同的经济资源在其他生产用途中所能得到的最高收入。例如，某人用自己的一间临街房子开设一家咖啡馆。如果开设一间小商店，每月会有纯收入 800 元；如果出租这间房子，每月的租金会有 900 元；除此别无其他用途。那么这间房子用于开设咖啡馆的机会成本便为每月 900 元。

机会成本的经济背景是资源的稀缺。如果资源是无限的，就不存在使用一定资源时会造成对该资源的其他用途的牺牲。机会成本被重视有利于人们对资源做最有效率的使用。例如在上例中，如果开设咖啡馆每月的纯收入为 800 元，虽然表面上看是盈利了，但咖啡馆并不值得继续开下去，因为出租是更好的用途。

【拓展阅读 4 – 5】

"机会成本"有什么用?

经济学里有个"机会成本"的概念。它是指在资源约束的前提下，人们进行选择所形成的取舍成本关系，故又称为"选择成本"。例如，长沙人外出旅游，在时间和财力有限的情况下，去北京还是去云南，必须选择其一，舍弃其一。选择了的，是获得；舍弃了的，就是失去。经济学认为，这种择一弃一，"得"为收益，"失"为成本，相互可比较"得失"大小。因失去的只是一种可能机会，这类成本叫作"机会成本"，再恰当不过了。

现实生活告诉我们，"机会成本"不是真实的支出。选择去北京，放弃去云南，并不是说在完成北京之行的同时，还要单独为舍弃云南之行付出真金白银。即使如此，人们仍然会对这样的取舍耿耿于怀。特别是对于舍弃掉的云南之行，人们大多会有某种遗憾情绪产生，有些人还会去比较这样的取舍是否合理，计较一番"得失"。在日常生活中，选择是经常性的，人们总是面临取和舍的决断，有时取舍还颇为艰难，左对比，右思量，总想达到"得大于失"的境地，"机会成本"的比较，可以说就是一种生活形态。只不过，在现实生活中，人们一般不直接使用这个概念而已。

经济学提出的"机会成本"之说，毫无疑问，显现出了对现实生活强大的解说力和功能性。一方面，现实生活中的取舍选择总是在进行的，从一般的经济理性出发，人们通常会遵循某种经济原则，比较哪种选择更加合算，"机会成本"有厚实的社会生活基础，能够很好地解释人们的选择行为；另一方面，相对于需求，资源总是有限的，如何比较选择中的"取"和"舍"，让资源得到最有效的使用，"机会成本"具有指导选择的功用。一言以蔽之，"机会成本"之说，既能够用来认知世界和解释世界，又能够用来改造世界。

　　从认知和解释世界来看，当某种选择到来时，不同的人会有不同的取舍决断，自然会有对"机会成本"不同的理解和度量——或许是自觉的考虑，或许是不自觉的习惯；有的是粗略的，有的是精细的。甚至还有较为极端的情况，依据自己固有的某种信念而不是具体的"得失"比较，运用非经济性的原则进行选择，不做任何"机会成本"的比较，如外出旅游总是固定选择某个目的地等。根据这些不同的选择，我们很容易将相同选择行为特征的人群归类出来。颇具意味的是，不同地域上人们的选择行为具有某些共性，"机会成本"之说是能够用来解读不同地域人的行为，进而解读地域经济特征的。

　　从改造世界来看，"机会成本"之说基于人的经济理性，提供给了人们一种在多种选择中进行取舍的原则，能够帮助人们从某种相对随意、被动或可能盲目的取舍之中，走向主动和自觉的选择决断，赢得起码的"得大于失"的可能结果。由于人的行为总是由思维模式驱动的，如果希望有"得大于失"的选择成果，积极主动地掌握"机会成本"之说，并在实践中加以运用，那么，选择之初，我们就获得了一半的成功。

　　资料来源：陈彩虹. 机会成本和地域经济［J］. 书屋，2021（10）：11－16.

（二）显成本和隐成本

　　企业的生产成本可以分为显成本和隐成本两个部分。企业生产的显成本是指厂商在生产要素市场上购买或租用他人所拥有的生产要素的实际支出。例如，某厂商雇用了一定数量的工人，从银行取得了一定数量的贷款，并租用了一定数量的土地，为此，这个厂商就需要向工人支付工资，向银行支付利息，向土地出租者支付地租，这些支出便构成了该厂商生产的显成本。从机会成本的角度讲，这笔支出的总价格必须等于这些生产要素的所有者将相同的生产要素使用在其他用途时所能得到的最高收入。否则，这个企业就不能购买或租用到这些生产要素，并保持对它们的使用权。

　　隐成本是指厂商本身所拥有的且被用于该企业生产过程的那些生产要素的总价格。例如，为了进行生产，一个厂商除了雇用一定数量的工人、从银行取得一定数量的贷款和租用一定数量的土地外（这些均属于显成本支出），还动用了自己的资金和土地，并亲自管理企业。西方经济学家指出，既然借用了他人的资本需向他人支付利息，租用了他人的土地需向他人支付地租，聘用他人来管理企业需向他人支付薪金，那么，同样道理，在这个例子中，当厂商使用了自有生产要素时，也应该得到报酬。所不同的是，现在厂商是自己向自己支付利息、地租和薪金。所以，这笔价值就应该计入成本之中。由于这笔成本支出不如显成本那么明显，故被称为隐成本。隐成本也必须从机会成本的角度按照企业自有生产要素在其他用途中所能得到的最高收入来支付，否则，厂商会把自有生产要素转移出本企业，以获得更高的报酬。

（三）利润

　　企业所有的显成本和隐成本之和构成总成本。企业的经济利润指企业的总收益和总成本之间的差额，简称企业的利润。企业所追求的最大利润，指的就是最大的经济利润。经济利润也被称为超额利润。成本与利润之间的关系表示为：

$$会计利润 = 销售收入 - 会计成本(显成本)$$

$$经济利润 = 销售收入 - 总成本(显成本 + 隐成本)$$

在西方经济学中，还需区别经济利润和正常利润。正常利润包括厂商所有者自己投入的资产应得的利息，厂商所有者投入的自有资产应得的租金，以及他们付出的劳务应得的薪金等。正常利润是厂商生产成本的一部分，从成本的角度看，正常利润就是隐成本。正常利润是让一个厂商所有者继续留在原产业从事生产经营所必需的最低报酬。如果得不到这笔报酬，他会将资本转移到其他产业。

由于正常利润属于成本，因此，经济利润中不包含正常利润。又由于厂商的经济利润等于总收益减去总成本，所以，当说到某个厂商的经济利润为零时，厂商仍然得到了全部的正常利润；当说到某个厂商的经济利润存在时，说明它在得到了正常利润之外，还得到了超额利润；当说到某个厂商亏损时，说明它未得到全部的正常利润，甚至连显成本可能都未得到补偿。

【思考】小张在沈阳中街租了个门面做服装生意，门面费是每年 10 万元，每年进货费用共计 15 万元，她把挣到的钱全部存入银行，年底卡上共存 30 万元。若小张不去做服装生意，把 25 万元钱存入银行，按年利率 5% 计算，那么她的年利息为 7.5 万元，小张在上大学期间学的是旅游专业，若她去做导游的话，每月工资大约为 3500 元。思考：(1) 小张全年的经济利润和会计利润分别是多少？(2) 小张是赚了还是亏了？

二、短期成本曲线

(一) 短期成本的分类

在短期，厂商的成本有不变成本部分和可变成本部分之分。具体地讲，厂商的短期成本有以下七种：总不变成本 (TFC)、总可变成本 (TVC)、总成本 (TC)、平均不变成本 (AFC)、平均可变成本 (AVC)、平均总成本 (AC) 和边际成本 (MC)。各类短期成本曲线如图 4 – 11 所示。

(1) 总不变成本 (TFC) 是厂商在短期内为生产一定数量的产品对不变生产要素所支付的总成本。例如，建筑物和机器设备的折旧费等。由于在短期内不管企业的产量为多少，这部分不变要素的投入量都是不变的。所以总不变成本是一个常数，它不随产量的变化而变化。即使产量为零，总不变成本仍然存在，如图 4 – 11 (a) 所示。图中的横轴 Q 表示产量，纵轴 C 表示成本，总不变成本 TFC 曲线是一条水平线。它表示在短期内，无论产量如何变化，总不变成本 TFC 都是固定不变的。

(2) 总可变成本 (TVC) 是厂商在短期内为生产一定数量的产品对可变生产要

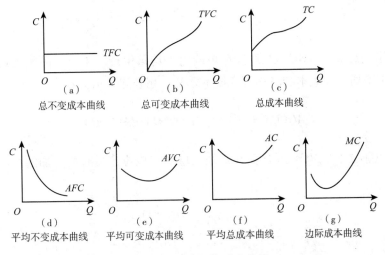

图 4 – 11 各类短期成本曲线

素支付的总成本。例如，厂商对原材料、燃料动力和工人工资的支付等。总可变成本曲线如图 4 – 11（b）所示，它是一条由原点出发向右上方倾斜的曲线。*TVC* 曲线表示为由于在短期内厂商是根据产量的变化不断地调整可变要素的投入量，所以总可变成本会随产量的变动而变动。当产量为零时，总可变成本也为零，然后，总可变成本随着产量的增加而增加。总可变成本的函数形式为：

$$TVC = TVC(Q) \tag{4.23}$$

（3）总成本（*TC*）是厂商在短期内为生产一定数量的产品对全部生产要素所支出的总成本。它是总固定成本和总可变成本之和。总成本曲线如图 4 – 11（c）所示，它是从纵轴上相当于总固定成本（*TFC*）高度的点出发的一条向右上方倾斜的曲线。*TC* 曲线表示为在每一个产量上的总成本由总固定成本和总可变成本共同构成。总成本用公式表示为：

$$TC(Q) = TFC + TVC(Q) \tag{4.24}$$

（4）平均不变成本（*AFC*）是厂商在短期内平均每生产一单位产品所支付的不变成本。平均不变成本曲线如图 4 – 11（d）所示，它是一条向两轴渐近的双曲线。*AFC* 曲线表示为在总不变成本固定的前提下，随着产量的增加，平均不变成本是越来越小的。平均不变成本用公式表示为：

$$AFC(Q) = \frac{TFC}{Q} \tag{4.25}$$

（5）平均可变成本（*AVC*）是厂商在短期内平均每生产一单位产品所支付的可变成本，用公式表示为：

$$AVC(Q) = \frac{TVC(Q)}{Q} \qquad (4.26)$$

（6）平均总成本（AC）是厂商在短期内平均每生产一单位产品所支付的全部成本。它等于平均不变成本和平均可变成本之和，用公式表示为：

$$AC(Q) = \frac{TC(Q)}{Q} = AFC(Q) + AVC(Q) \qquad (4.27)$$

（7）边际成本（MC）是厂商在短期内增加一单位产量时所增加的总成本，用公式表示为：

$$MC(Q) = \frac{\Delta TC(Q)}{\Delta Q} \qquad (4.28)$$

或：

$$MC(Q) = \lim_{\Delta Q \to 0} \frac{\Delta TC(Q)}{\Delta Q} = \frac{\mathrm{d}TC}{\mathrm{d}Q} \qquad (4.29)$$

由式（4.29）可知，在每一个产量水平上的边际成本值就是相应的总成本曲线的斜率。

平均可变成本曲线、平均总成本曲线和边际成本曲线顺次如图 4-11 中的（e）、（f）和（g）所示。这三条曲线都呈现出 U 形的特征。它们表示：随着产量的增加，平均可变成本、平均总成本和边际成本都是先递减，各自达到本身的最低点之后再递增。

（二）短期成本曲线的综合图

将图 4-10 中的 7 条不同类型的短期成本曲线置于同一张图中，以分析不同类型的短期成本曲线相互之间的关系，这项工作将通过表 4-4 和图 4-12 来完成。

表 4-4　　　　　　　　　　　　短期成本

产量（单位）	总成本			平均成本			边际成本（元）
	总不变成本（元）	总可变成本（元）	总成本（元）	平均不变成本（元）	平均可变成本（元）	平均总成本（元）	
0	1200	0	1200				
1	1200	600	1800	1200	600	1800	600
2	1200	800	2000	600	400	1000	200
3	1200	900	2100	400	300	700	100
4	1200	1050	2250	300	262.5	562.5	150
5	1200	1400	2600	240	280	520	350
6	1200	2100	3300	200	350	550	700

表 4 - 4 是一厂商的短期成本列表。表中的平均成本和边际成本的各栏均可以分别由相应的总成本的各栏推算出来。该表体现了各种短期成本之间的相互关系。

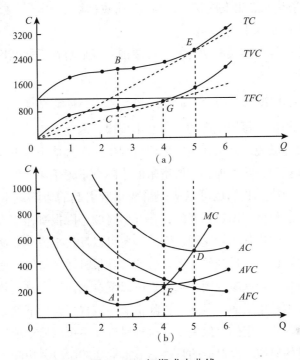

图 4 - 12 短期成本曲线

图 4 - 12 是根据表 4 - 4 绘制的短期成本曲线图，它是一张典型的短期成本曲线的综合图。由图 4 - 12（a）中可见，TC 曲线是一条由水平的 TFC 曲线与纵轴的交点出发的向右上方倾斜的曲线，在每一个产量上，TC 曲线和 TVC 曲线两者的斜率都是相同的，并且，TC 曲线和 TVC 曲线之间的垂直距离都等于固定的总不变成本 TFC。这显然是由于 TC 曲线是通过把 TVC 曲线向上垂直平移 TFC 的距离而得到的。此外，TVC 曲线和 TC 曲线在同一个产量水平（2.5 单位）各自存在一个拐点 C 和 B。在拐点以前，TVC 曲线和 TC 曲线的斜率是递减的；在拐点以后，TVC 曲线和 TC 曲线的斜率是递增的。

由图 4 - 12（b）中可见，不仅 AVC 曲线、AC 曲线和 MC 曲线均呈 U 形特征，而且，MC 曲线与 AVC 曲线相交于 AVC 曲线的最低点 F，MC 曲线与 AC 曲线相交于 AC 曲线的最低点 D。

将图 4 - 12（a）和图 4 - 12（b）结合在一起可以发现，图 4 - 12（b）中 MC 曲线的最低点 A 恰好对应图 4 - 12（a）中的 TC 曲线的拐点 B 和 TVC 曲线的拐点 C，或者说，A、B、C 三点同时出现在同一个产量水平（2.5 单位）。在图 4 - 12（b）中的 AVC 曲线达到最低点 F 时，图 4 - 12（a）中的 TVC 曲线恰好有一条从原点出发的切线，与 *TVC* 曲线相切于 *G* 点。或者说，*G*、*F* 两点同时出现在同一个产量水平（4 单位）。相类似地，在图 4 – 12（b）中的 *AC* 曲线达到最低点 *D* 时，图 4 – 12（a）中的 *TC* 曲线恰好有一条从原点出发的切线，与 *TC* 曲线相切于 *E* 点。或者说，*E*、*D* 两点同时出现在同一个产量水平（5 单位）。

至于短期成本曲线所体现的这些特征的原因，我们将在下面运用边际报酬递减规律进行深入的解释。

（三）短期成本变动的决定因素：边际报酬递减规律

边际报酬递减规律是短期生产的一条基本规律，因此，它也决定了短期成本曲线的特征。边际报酬递减规律是指在短期生产过程中，在其他条件不变的前提下，随着一种可变要素投入量的连续增加，它所带来的边际产量先是递增的，达到最大值以后再递减。关于这一规律，我们也可以从产量变化所引起的边际成本变化的角度来理解：假定生产要素的价格是固定不变的，在开始时的边际报酬递增阶段，增加一单位可变要素投入所产生的边际产量递增，则意味着可以反过来说：在这一阶段增加一单位产量所需要的边际成本是递减的。在以后的边际报酬递减阶段，增加一单位可变要素投入所产生的边际产量递减，则意味着也可以反过来说：在这一阶段增加一单位产量所需要的边际成本是递增的。显然，边际报酬递减规律作用下的短期边际产量和短期边际成本之间存在着一定的对应关系。这种对应关系可以简单地表述如下：在短期生产中，边际产量的递增阶段对应的是边际成本的递减阶段，边际产量的递减阶段对应的是边际成本的递增阶段，与边际产量的最大值相对应的是边际成本的最小值。正因为如此，在边际报酬递减规律作用下的 *MC* 曲线表现出先降后升的 U 形特征。

关于短期生产的边际产量和边际成本这一对应关系，还可从以下推导中得到验证。根据短期生产函数［见式（4.3）］和短期成本函数［见式 4.24）］，再假定生产要素劳动的价格 P_L 是给定的，则有：

$$TC(Q) = TVC(Q) + TFC = P_L L(Q) + TFC \qquad (4.30)$$

其中，*TFC* 为常数。根据短期边际成本的定义有：

$$MC = \frac{dTC}{dQ} = P_L \frac{dL}{dQ} + 0$$

即：

$$MC = P_L \frac{1}{MP_L} \qquad (4.31)$$

式（4.31）表明边际成本 *MC* 和边际产量 MP_L 两者的变动方向是相反的。因为在边际报酬递减规律作用下的边际产量 MP_L 是先上升，达到一个最高点以后再下降，所以，相应地，边际成本 *MC* 是先下降，达到一个最低点以后再上升，即短期边际成本

MC 曲线是 U 形的。

从边际报酬递减规律所决定的 U 形的 MC 曲线出发，可以解释其他的短期成本曲线的特征以及短期成本曲线相互之间的关系。

第一，关于 TC 曲线、TVC 曲线和 MC 曲线之间的相互关系。由于在每一个产量水平上的 MC 值就是相应的 TC 曲线的斜率，又由于在每一产量上的 TC 曲线和 TVC 曲线的斜率是相等的，所以，在每一产量水平上的 MC 值同时就是相应的 TC 曲线和 TVC 曲线的斜率。这一点也可以证明如下：

$$\because TC(Q) = TVC(Q) + TFC$$

$$\therefore MC = \frac{\mathrm{d}TC}{\mathrm{d}Q} = \frac{\mathrm{d}TVC}{\mathrm{d}Q} + 0$$

于是，图 4 – 12 中的 TC 曲线、TVC 曲线和 MC 曲线之间表现出这样的相互关系：与在边际报酬递减规律作用下的 MC 曲线的先降后升的特征相对应，TC 曲线和 TVC 曲线的斜率也由递减变为递增。而且，MC 曲线的最低点 A 与 TC 曲线的拐点 B 和 TVC 曲线的拐点 C 相对应。

第二，关于 AC 曲线、AVC 曲线和 MC 曲线之间的相互关系。我们已经知道，对于任何一对边际量和平均量而言，只要边际量小于平均量，边际量就把平均量拉下；只要边际量大于平均量，边际量就把平均量拉上；当边际量等于平均量时，平均量必达本身的极值点。将这种关系具体到 AC 曲线、AVC 曲线和 MC 曲线的相互关系上，可以推知，由于在边际报酬递减规律作用下的 MC 曲线有先降后升的 U 形特征，所以，AC 曲线和 AVC 曲线也必定有先降后升的 U 形特征。而且，如图 4 – 12 所示：U 形的 MC 曲线分别与 U 形的 AC 曲线相交于 AC 曲线的最低点 D，与 U 形的 AVC 曲线相交于 AVC 曲线的最低点 F。在 AC 曲线的下降段，MC 曲线低于 AC 曲线；在 AC 曲线的上升段，MC 曲线高于 AC 曲线，相类似地，在 AVC 曲线的下降段，MC 曲线低于 AVC 曲线；在 AVC 曲线的上升段，MC 曲线高于 AVC 曲线。AC 曲线和 MC 曲线之间的关系可以用数学方法证明如下：

$$\frac{\mathrm{d}AC}{\mathrm{d}Q} = \frac{\mathrm{d}}{\mathrm{d}Q}\left(\frac{TC}{Q}\right) = \frac{TC'Q - TC}{Q^2} = \frac{1}{Q}\left(TC' - \frac{TC}{Q}\right) = \frac{1}{Q}(MC - AC)$$

由于 $Q > 0$，所以，当 $MC < AC$ 时，AC 曲线的斜率 $\frac{\mathrm{d}AC}{\mathrm{d}Q}$ 为负，AC 曲线是下降的；当 $MC > AC$ 时，AC 曲线的斜率 $\frac{\mathrm{d}AC}{\mathrm{d}Q}$ 为正，AC 曲线是上升的；当 $MC = AC$ 时，AC 曲线的斜率 $\frac{\mathrm{d}AC}{\mathrm{d}Q}$ 为零，AC 曲线达到极值点（在此为极小值点）。

类似地，AVC 曲线和 MC 曲线之间的关系可以用数学方法证明如下：

$$\frac{\mathrm{d}AVC}{\mathrm{d}Q} = \frac{\mathrm{d}}{\mathrm{d}Q}\left(\frac{TVC}{Q}\right) = \frac{TVC'Q - TVC}{Q^2} = \frac{1}{Q}\left(TVC' - \frac{TVC}{Q}\right) = \frac{1}{Q}(MC - AVC)$$

由于 $Q > 0$，所以，当 $MC < AVC$ 时，AVC 曲线的斜率 $\frac{\mathrm{d}AVC}{\mathrm{d}Q}$ 为负，AVC 曲线是下降的；当 $MC > AVC$ 时，AVC 曲线斜率 $\frac{\mathrm{d}AVC}{\mathrm{d}Q}$ 为正，AVC 曲线是上升的；当 $MC = AVC$ 时，AVC 曲线的斜率 $\frac{\mathrm{d}AVC}{\mathrm{d}Q}$ 为零，AVC 曲线达到极值点（在此为极小值点）。

此外，对于产量变化的反应，MC 要比 AC 和 AVC 敏感得多。反映在图 4 – 12 中，不管是下降还是上升，MC 曲线的变动都快于 AC 曲线和 AVC 曲线。

最后，比较图 4 – 12 中 AC 曲线和 MC 曲线的交点 D 与 AVC 曲线和 MC 曲线的交点 F，可以发现，前者的出现慢于后者，并且前者的位置高于后者。也就是说，AVC 曲线降到最低点 F 时，AC 曲线还没有降到最低点 D，而且 AC 曲线的最小值大于 AVC 曲线的最小值。这是因为，在平均总成本中不仅包括平均可变成本，而且包括平均不变成本。正是由于平均不变成本的作用，才使得 AC 曲线的最低点 D 既慢于 AVC 曲线的最低点 F 出现，又高于 AVC 曲线的最低点 F。

第三，关于 AVC 曲线最低点和 AC 曲线的最低点的一种几何理解。因为 $AVC(Q) = \frac{TVC(Q)}{Q}$。所以，任何产量水平上的 AVC 值都可以由连接原点到 TVC 曲线上的相应点的线段的斜率给出。观察图 4 – 12（a）可以发现，在原点与 TVC 曲线上的每一个点的所有连线中，当产量 $Q = 4$ 时有一条由原点出发的直线与 TVC 曲线相切于 G 点，这条切线是所有连线中最平坦的一条（即该连线的斜率最小），它意味着此时 AVC 达到最小值。这也就是在图 4 – 12 中 TVC 曲线上的切点 G 与 AVC 曲线的最低点 F 相对应的原因。当然，MC 曲线与 AVC 曲线也相交于 F 点。

相类似地，因为 $AC(Q) = \frac{TC(Q)}{Q}$，所以，任何产量水平上的 AC 值都可以由连接原点到 TC 曲线上的相应点的线段的斜率给出。在图 4 – 12（a）可以发现，在原点与 TC 曲线上的每一个点的所有连线中，当产量 $Q = 5$ 时有一条由原点出发的直线与 TC 曲线相切于 E 点，该切线是所有连线中最平坦的一条（即该连线的斜率最小），它意味着此时 AC 达最小值。于是，在图 4 – 12 中有 TC 曲线上的切点 E 与 AC 曲线的最低点 D 相对应。当然，MC 曲线与 AC 曲线也相交于 D 点。

三、短期产量曲线与短期成本曲线之间的关系

图 4 – 13 进一步具体地说明并总结了短期产量曲线和短期成本曲线之间的关系。

第一，短期边际成本 MC 和边际产量 MP_L 两者的变动方向是相反的。此特征的原

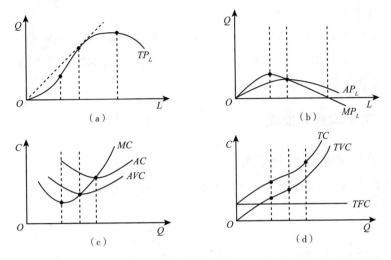

图 4-13 短期生产函数和短期成本函数之间的对应关系

因已在前面阐明，在此不再赘述。这种对应关系在图 4-13 中的（b）、（c）中得到体现。

第二，由以上的短期边际产量和边际成本的对应关系可以推知，短期总产量和总成本之间也存在着对应关系。如图 4-3 中的（a）、（d）所示：当 TP_L 曲线下凸时，TC 曲线和 TVC 曲线是下凹的；当 TP_L 曲线下凹时，TC 曲线和 TVC 曲线是下凸的；当 TP_L 曲线存在一个拐点时，TC 曲线和 TVC 曲线也各存在一个拐点。

第三，关于短期平均产量和平均可变成本之间的关系。根据 AVC 的定义有：

$$AVC = \frac{TVC}{Q} = \frac{P_L \cdot L}{Q} = P_L \cdot \frac{1}{AP_L} \tag{4.32}$$

由此可得以下结论：首先，式（4.32）表明 AVC 曲线和 AP_L 曲线两者的变动方向是相反的。这种对应关系如图 4-13 中的（b）、（c）所示，AP_L 曲线呈递增时，AVC 曲线呈递减；AP_L 曲线呈递减时，AVC 呈递增；AP_L 曲线的最高点对应 AVC 曲线的最低点。其次，由于 MC 曲线与 AVC 曲线交于 AVC 曲线最低点，MP_L 曲线与 AP_L 曲线交于 AP_L 曲线最高点，所以，MC 曲线和 AVC 曲线的交点与 MP_L 曲线和 AP_L 曲线的交点应该是对应的。

第四节 长期成本理论

在长期内，厂商所有的成本都是可变的，厂商的长期成本可以分为长期总成本（LTC）、长期平均成本（LAC）和长期边际成本（LMC）。本节将进一步考察这三条长期成本曲线之间的相互关系。

为了区分短期成本和长期成本，在短期总成本、平均成本和边际成本的英文缩写前都冠之以"S"，如短期总成本写为 STC 等；在长期成本的英文缩写前都冠之以"L"，如长期总成本写为 LTC 等。

一、长期平均成本曲线

（一）长期平均成本的概念

长期平均成本（LAC）表示厂商在长期内按产量平均计算的最低成本。长期平均成本函数可以写为：

$$LAC(Q) = \frac{LTC(Q)}{Q} \tag{4.33}$$

（二）U 形的长期平均成本曲线

长期平均成本曲线同短期平均成本曲线相同，也是 U 形的。U 形的短期平均成本曲线和 U 形的长期平均曲线之间的关系，如图 4-14 所示。

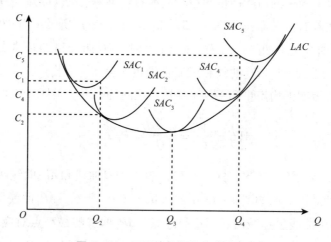

图 4-14 U 形的长期平均成本曲线

在图 4-14 中，有五条短期平均成本曲线 SAC_1、SAC_2、SAC_3、SAC_4 和 SAC_5，它们顺次代表了不断增大的生产规模。在长期，厂商可以根据所生产的产量，来选择最优的生产规模进行生产，以降低平均成本。例如，在 Q_2 产量水平，如果厂商处于短期生产阶段的 SAC_1 曲线所表示的生产规模，则平均成本只能是 OC_1；但如果厂商处于长期生产阶段，则可以调整全部生产要素的数量，它只要扩大生产规模，选择以 SAC_2 曲线表示的较大生产规模，就可以将平均成本降到 OC_2。相类似地，在 Q_4 产量水平，如果厂商处于短期生产阶段的 SAC_5 曲线所表示的生产规模，则只能以平均成本 OC_5 进行生产；

但如果厂商处于长期产生阶段，则可以调整全部生产要素的数量，它只要缩小生产规模，选择以 SAC_4 曲线表示的较小生产规模，就能将平均成本降到 OC_4。

显然，规模经济和规模不经济都是由厂商自身生产规模的变动引起的。所以，通常认为，在企业的生产规模由小到大的扩张过程中，会先后呈现规模经济和规模不经济。正是规模经济和规模不经济的作用，决定了长期平均成本 LAC 曲线表现出先下降后上升的 U 形特征。正如图 4 - 14 所示，在产量小于 Q_3 的生产阶段，由于规模经济的作用，随着产量的增加和生产规模的扩大，长期平均成本不断下降；在产量大于 Q_3 的生产阶段，由于规模不经济的作用，随着产量的增加和生产规模的扩大，长期平均成本不断上升。只有在产量等于 Q_3 时，规模经济的作用恰好全部释放，长期平均成本 LAC 曲线降到最低点，此时的生产规模用 SAC_3 曲线表示，该生产规模也被称为最小成本的效率规模。在长期生产的规模经济和规模不经济的规律的作用下，长期平均成本 LAC 曲线呈 U 形特征。

（三）长期平均成本曲线的移动

在此，我们需要引入外在经济和外在不经济这一对概念，以解释 LAC 曲线位置移动的原因。企业外在经济是由于厂商的生产活动所依赖的外界环境得到改善而产生的。例如，整个行业的发展，可以使行业内的单个厂商从中受益。相反，如果厂商的生产活动所依赖的外界环境恶化了，则被称为企业的外在不经济。例如，对某行业产品需求量的增加，使得生产所需的生产要素的价格上升，交通运输紧张，从而给行业内的单个厂商的生产带来困难。外在经济和外在不经济是由企业以外的因素所引起的，它影响厂商的长期平均成本曲线的位置的移动。在图 4 - 15 中，企业的外在经济使 LAC_1 曲线向下移至 LAC_2 曲线的位置。相反，企业的外在不经济使 LAC_2 曲线向上移至 LAC_1 曲线的位置。

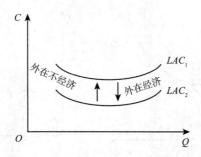

图 4 - 15　长期平均成本曲线的移动

二、长期边际成本曲线

长期边际成本（LMC）表示厂商在长期内增加一单位产量所引起的最低总成本的增量。长期边际成本可以写为：

$$LMC(Q) = \frac{\Delta LTC(Q)}{\Delta Q} \qquad (4.34)$$

或：

$$LMC(Q) = \lim_{\Delta Q \to 0} \frac{\Delta LTC(Q)}{\Delta Q} = \frac{\mathrm{d}LTC(Q)}{\mathrm{d}Q} \qquad (4.35)$$

显然，每一产量水平上的长期边际成本值都是相应的 LTC 曲线的斜率。

在图 4-16（a）中，长期边际成本曲线呈 U 形，它与长期平均成本曲线相交于长期平均成本曲线的最低点 f。其原因在于：根据边际量和平均量之间的关系，在产量小于 Q_2 时的 LAC 曲线的下降段，LMC 曲线一定处于 LAC 曲线的下方，也就是说，此时 $LMC < LAC$，LMC 将 LAC 拉下；相反，在产量大于 Q_2 时的 LAC 曲线的上升段，LMC 曲线一定位于 LAC 曲线的上方，也就是说，此时 $LMC > LAC$，LMC 将 LAC 拉上。由于 LAC 曲线在规模经济和规模不经济的作用下呈先降后升的 U 形，因此，使得 LMC 曲线也必然呈先降后升的 U 形，并且，当产量等于 Q_2 时，两条曲线相交于 LAC 曲线的最低点 f。LAC 曲线和 LMC 曲线之间的关系可以用数学方法证明如下：

$$\frac{\mathrm{d}LAC}{\mathrm{d}Q} = \frac{\mathrm{d}}{\mathrm{d}Q}\left(\frac{LTC}{Q}\right) = \frac{LTC' \cdot Q - LTC}{Q^2} = \frac{1}{Q}\left(LTC' - \frac{LTC}{Q}\right) = \frac{1}{Q}(LMC - LAC)$$

由于 $Q > 0$，所以，当 $LMC < LAC$ 时，LAC 曲线的斜率 $\dfrac{\mathrm{d}LAC}{\mathrm{d}Q}$ 为负，LAC 曲线是下降的；当 $LMC > LAC$ 曲线的斜率 $\dfrac{\mathrm{d}LAC}{\mathrm{d}Q}$ 为正，LAC 曲线是上升的；当 $LMC = LAC$ 时，LAC 曲线的斜率 $\dfrac{\mathrm{d}LAC}{\mathrm{d}Q}$ 为零，LAC 曲线达到极值点（在此为极小值点）。

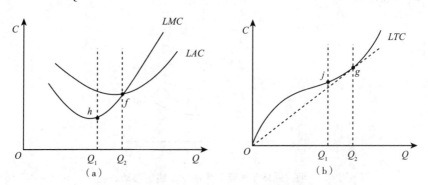

图 4-16　长期平均成本曲线、长期边际成本曲线和长期总成本曲线

三、长期总成本曲线

长期总成本（LTC）是指厂商在长期中在每一个产量水平上所能达到的最低总成

本。相应地，长期总成本函数可以写为：

$$LTC = LTC(Q) \tag{4.36}$$

由于长期内所有的生产要素数量都是可变的，所以，厂商的 *LTC* 曲线是从原点出发向右上方倾斜的。它表示：当产量为零时，长期总成本为零；以后随着产量的增加，长期总成本是增加的。此外，*LTC* 曲线的斜率表现出先递减，经拐点之后又递增的特征。

根据上述的 *LMC* 曲线的 U 形特征，可以解释 *LTC* 曲线的特征。因为 *LMC* 曲线呈先降后升的 U 形，又因为根据式（4.35）可知 *LMC* 值是 *LTC* 曲线上相应的点的斜率，所以，*LTC* 曲线的斜率必定要随着产量的增加表现出先递减达到拐点以后再递增的特征。正如图 4-16 所示，在产量小于 Q_1 的范围，U 形的 *LMC* 曲线的下降段对应 *LTC* 曲线斜率的递减段；在产量大于 Q_1 的范围，U 形的 *LMC* 曲线的上升段对应 *LTC* 曲线斜率的递增段；在产量 Q_1 点，U 形的 *LMC* 曲线的最低点 *h* 对应 *LTC* 曲线的拐点 *j*。在产量 Q_2 点，*LMC* 曲线和 *LAC* 曲线相交于 *LAC* 曲线的最低点 *f* 时，相应地，*LTC* 曲线有一条从原点出发的最平坦的切线，切点为 *g*。

复习与思考题

一、单项选择题

1. 当边际产量大于平均产量时，（　　）。

A. 平均产量增加   B. 平均产量减少

C. 平均产量不变   D. 平均产量达到最低点

2. 如果连续地增加某种生产要素，在总产量达到最大时，边际产量曲线（　　）。

A. 与纵轴相交   B. 经过原点

C. 与平均产量曲线相交   D. 与横轴相交

3. 随着产量的增加，平均固定成本将（　　）。

A. 保持不变   B. 开始时趋于下降，然后趋于上升

C. 开始时趋于上升，然后趋于下降   D. 一直趋于下降

4. 假如厂商生产的产量从 1000 单位增加到 1002 单位，总成本从 2000 美元上升到 2020 美元，那么它的边际成本等于（　　）美元。

A. 10   B. 20   C. 2020   D. 2

5. 短期边际成本曲线与短期平均成本曲线的相交点是（　　）。

A. 平均成本曲线的最低点

B. 边际成本曲线的最低点

C. 平均成本曲线下降阶段的任何一点

D. 平均成本曲线上升阶段的任何一点

二、简答题

1. 画图说明总产量、边际产量与平均产量之间的关系。如何根据这种关系确定一种要素的合理投入？

2. 画图说明最优生产要素组合原则。

3. 简述边际成本和平均成本的关系。

三、计算题

1. 已知某厂商的生产函数为 $Q = KL^2$。求：（1）厂商长期生产的扩展线方程。（2）当 $P_L = 1$，$P_K = 1$ 时，$Q = 4000$ 时，厂商实现最小成本的要素投入组合。（3）该生产函数的规模报酬属于哪一种类型？

2. 表 4 – 5 是一张一种可变要素投入的短期生产函数的产量表，请填写表中空缺的数字。

表 4 – 5 产量表

资本	劳动	总产量	平均产量	边际产量
12	0	0	—	—
12	1	75		
12	2		100	
12	3			100
12	4	380		
12	5			50
12	6		75	

3. 已知某企业的短期边际成本函数 $MC = 3Q^2 - 12Q + 10$。当 $Q = 5$ 时，总成本 $TC = 55$。

求：（1）固定成本的值。（2）TC、TVC、AC、AVC 的值。

第五章 市场结构理论

✏️ **学习目标与要求**

1. 理解市场类型的划分和特征。
2. 理解和掌握厂商利润最大化原则。
3. 理解和掌握四种市场类型的条件。
4. 重点掌握不同生产类型厂商均衡的条件。
5. 理解和掌握垄断厂商的价格歧视。
6. 了解古诺模型和斯威齐模型。

【案例导入】

中国智能手机市场现状

智能手机在国内兴起于 2009 年左右，尤其是 2010 年 iPhone 4s 的推出引领了智能手机的浪潮，此后国产智能手机品牌也纷纷出现，手机市场迎来一轮更新换代。根据历年《中国统计年鉴》数据，中国智能手机产量在 2009~2016 年一直保持增长，在这期间智能手机逐渐被人们认识和了解，并迅速取代功能机占领市场。随着需求量和销售量的不断增长，以及生产成本的逐步下降，中国手机市场经过几年高速发展后已逐渐逼近饱和状态，手机销量增长率开始下降，甚至个别年份出现负增长，各手机企业之间竞争也变得更加激烈。根据《中国统计年鉴》数据，2017 年中国智能手机产量开始出现负增长，2018 年中国智能手机产量继续减少，已经回到了 2015 年以前的水平。

数据显示，2020 年我国网民规模达 9 亿，互联网普及率达 64.5%，所以我国手机市场一直是各大厂商非常看重的市场之一。近几年，国产厂商在中国手机市场持续发力，在屏幕占比、快充、拍照方面不断创新，凭借本土优势已经占据了国内至少80% 的市场。根据 Canalys 公司的数据显示，2020 年第二季度华为手机出货量达 4020 万台，遥遥领先其他厂商，占据 44% 的份额。VIVO、OPPO、小米紧随其后，分别占据 16.3%、16%、10.3% 的份额，曾经一机难求的苹果排名第五，占据 8.5% 的份额，以上数据说明国产厂商在中国市场上已经极具竞争力。

资料来源：包金武. 中国手机市场发展现状分析 [J]. 河北企业，2021（1）：82-83.

思考：智能手机市场结构属于何种类型？大型手机企业有哪些竞争优势？

西方经济学家根据企业控制市场的能力，将市场分为不同的类型。市场结构理论的中心问题是分析不同类型市场中，厂商为了取得利润的最大化，如何进行商品的均衡价格和均衡产量的决定。

第一节　市场类型及厂商收益

一、市场类型

什么是市场？市场指从事商品买卖的交易场所或接洽点。一个市场可以是一个有形的买卖商品的交易场所，也可以是利用现代化通信工具进行商品交易的接洽点。从本质上讲，市场是商品买卖双方相互作用并得以决定其交易价格和交易数量的一种组织形式或制度安排。

任何一种交易商品都有一个市场。一个经济社会中有多少种交易商品，相应地，就有多少个市场。例如，可以有服装市场、鞋帽市场、大米市场、自行车市场、铅笔市场等。我们可以把经济中所有的可交易的商品分为生产要素和产品这两类，相应地，经济中所有的市场也可以分为生产要素市场和产品市场这两类，本章研究的是产品市场这一类。

在经济分析中，根据不同的市场结构的特征，将市场划分为完全竞争市场、垄断竞争市场、寡头市场和垄断市场四种类型。决定市场类型划分的主要因素有以下四个：第一，市场上厂商的数目；第二，厂商所生产的产品的差别程度；第三，单个厂商对市场价格的控制程度；第四，厂商进入或退出一个行业的难易程度。其中，第一个因素和第二个因素是最基本的决定因素。在以后的分析中，我们可以体会到，第三个因素是第一个因素和第二个因素的必然结果，第四个因素是第一个因素的延伸。关于四种类型市场的划分及其相应的特征可以用表 5-1 进行简单概括。

表 5-1　　　　　　　　　　　　市场类型的划分和特征

市场类型	厂商数目	产品差别程度	对价格控制的程度	进出一个行业的难易程度	接近哪种产品市场
完全竞争	很多	完全无差别	没有	很容易	一些农产品
垄断竞争	很多	有差别	有一些	比较容易	一些轻工产品、零售业
寡头	几个	有差别或者无差别	相当程度	比较困难	钢、汽车、石油
垄断	唯一	唯一的产品，且无相近的替代品	很大程度，但经常受到管制	很困难、几乎不可能	公共事业，如水、电

与市场这一概念相对应的另一个概念是行业。行业指为同一个产品市场生产和提供商品的所有的厂商的总体。市场和行业的类型是一致的。例如，完全竞争市场对应的是完全竞争行业，垄断竞争市场对应的是垄断竞争行业，如此等等。

为什么在经济理论研究中要区分不同的市场结构呢？我们知道，市场的均衡价格和均衡数量取决于市场的需求曲线和供给曲线。消费者追求效用最大化的行为决定了市场的需求曲线，厂商追求利润最大化的行为决定了市场的供给曲线。厂商的利润取决于收益和成本。其中，厂商成本主要取决于厂商的生产技术方面的因素，而厂商的收益则取决于市场对其产品的需求状况。在不同类型的市场条件下，厂商所面临的对其产品的需求状况是不相同的，所以，在分析厂商的利润最大化的决策时，必须区分不同的市场类型。

二、厂商收益分析

厂商进行生产的目的是追求最大化的利润，而利润是厂商销售商品和劳务所获得的收益与生产这些产品和劳务所支付的成本之间的差额。厂商通过比较收益与成本，决定生产什么、生产多少与如何生产的问题。

（1）厂商的收益就是厂商销售商品和劳务的货币收入，即销售收入。厂商的收益可以分为总收益（TR）、平均收益（AR）和边际收益（MR）。

（2）总收益指厂商按一定价格出售一定量产品时所获得的全部收入。以 P 表示既定的市场价格，以 Q 表示销售总量，总收益的定义公式为：

$$TR(Q) = P \cdot Q \qquad (5.1)$$

（3）平均收益指厂商在平均每一单位产品销售上所获得的收入。平均收益的定义公式为：

$$AR(Q) = \frac{TR(Q)}{Q} \qquad (5.2)$$

（4）边际收益指厂商增加一单位产品销售所获得的总收入的增量。边际收益的定义公式为：

$$MR(Q) = \frac{\Delta TR(Q)}{\Delta Q} \qquad (5.3)$$

或：

$$MR(Q) = \lim_{\Delta Q \to 0} \frac{\Delta TR(Q)}{\Delta Q} = \frac{\mathrm{d} TR(Q)}{\mathrm{d} Q} \qquad (5.4)$$

由式（5.4）可知，每一销售量水平上的边际收益值就是相应的总收益曲线的斜率。

从厂商的收益概念可以看出，收益取决于两个因素：价格 P 和产量 Q（如果厂商能顺利地出售产品，销售量就等于产量）。根据价格理论，我们知道，P 与 Q 之间的关系，可以用需求曲线来表示，因此，厂商收益从根本上取决于市场对该厂商产品的需求曲线。厂商的产品需求曲线是由市场的结构决定的，并非厂商本人所能控制。在未对市场结构进行分析之前，我们无从知道厂商的产品需求曲线的形状，从而无法给出厂商的总收益曲线、平均收益曲线和边际收益曲线的形状，这是下面要着重阐述的内容。但是，在厂商产品需求曲线既定的情况下，厂商可以通过控制产量来影响自己的收益，从而实现利润最大化目标。因此，收益是产量的函数，随产量的变化而变化。

三、利润最大化原则

如果用 π 表示利润，其公式可以表示为：$\pi = TR - TC$。利润最大化，就是使 TR 和 TC 之间的差额达到最大。我们已知道，总收益 TR 和总成本 TC 都是产量的函数，并随产量的变化而变化。因此，对厂商而言，要实现利润最大化，关键是要确定一个适当的产量，在这个产量水平上，TR 和 TC 之间的差额最大。利润最大化原则可以用下面的公式来表示：

$$\pi_{max} = TR - TC \tag{5.5}$$

追求利润最大化的厂商总是要比较在每一产量水平上的成本和收益之间的关系，以决定生产什么、不生产什么和生产多少。在这方面，厂商的行为要受两个规律或原则的制约。

（一）损失最小化

在短期内，如果某厂商的平均收益（价格）小于或等于他的平均可变成本，他将完全不会从事生产。这是因为，在这种情况下，如果厂商什么也不生产，他的损失只是等于他的固定成本；如果他进行生产，他的损失等于可变成本加上固定成本。只有当平均收益或价格大于平均可变成本时，对厂商来说，进行生产才是值得的，因为这时厂商进行生产不仅能收回他支付的可变成本，而且能够部分地收回他即使不生产也必然支付的固定成本的费用，从而减少自己的经济损失。因此，在短期内，厂商提供产量的基本条件是：$P \geqslant AVC$。如果 $P \leqslant AVC$，厂商就会停止生产，因为生产意味着比停止营业的损失还要大。适合短期提供产量的法则并不适用于长期，在长期内，价格至少等于大于平均成本，否则厂商就会离开该行业。

（二）利润最大化

假定厂商继续进行生产（满足原则一），如果边际收益大于边际成本，厂商增加产量是有利的；如果边际收益小于边际成本，厂商要减少产量；如果边际收益等于边际成本，厂商将不改变产量水平，因为这时的产量是利润最大化的产量水平。边际收益是每变动一个单位产量而使总收益变动的数量，边际成本是每变动一个单位产量而使总成本变动的数量，如果每增加一个单位产品的生产，其边际收益大于边际成本，那么生产这一单位产量则必然使利润总额提高；反之，如果边际收益小于边际成本，则增加这一单位产品的生产必然使利润总额减少。只有生产的产量水平使边际收益等于边际成本时（虽然这最后一单位产量的收支相抵，无利润可赚），所有以前生产的产量使总利润达到最大程度。因此，西方经济学认为，$MR = MC$ 是厂商确定利润最大化产量的基本原则。$MR = MC$ 的利润最大化的原则条件，也可以用数学方法证明如下。

厂商的利润等式为：

$$\pi(Q) = TR(Q) - TC(Q)$$

满足上式利润最大化的一阶条件为：

$$\frac{\mathrm{d}\pi(Q)}{\mathrm{d}Q} = \frac{\mathrm{d}TR(Q)}{\mathrm{d}Q} - \frac{\mathrm{d}TC(Q)}{\mathrm{d}Q} = MR(Q) - MC(Q) = 0$$

即：

$$MR(Q) = MC(Q) \tag{5.6}$$

所以，厂商应该根据 $MR = MC$ 的原则来确定最优的产量，以实现最大的利润。需要说明的是 $MR = MC$ 的均衡条件，有时也被称为利益最大或亏损最小的均衡条件。

【思考】我们经常看到一些商场会在节假日或者是夏季延长营业时间，请思考，各商场对营业时间进行调整需要考虑哪些因素呢？

第二节　完全竞争市场

一、完全竞争市场的条件

完全竞争市场必须具备以下四个条件：

第一，市场上有大量的买者和卖者。相对于整个市场的总需求量和总供给量而言，每一个买者的需求量和每一个卖者的供给量都是微不足道的，都好比是一桶水中的一滴水。任何一个买者买与不买，或买多与买少，以及任何一个卖者卖与不卖，或卖多与卖少，都不会对市场的价格水平产生任何的影响。于是，在这样的市场中，每一个消费者或每一个厂商对市场价格都没有任何的控制力量，他们每一个人都只能被动地接受既定的市场价格，他们被称为价格接受者。

第二，市场上每一个厂商提供的商品都是完全同质的。这里的商品同质指厂商之间提供的商品是完全无差别的，它不仅指商品的质量、规格、商标等完全相同，而且指购物环境、售后服务等方面也完全相同。由此，对于消费者来说，无法区分产品是由哪一家厂商生产的，或者说，购买任何一家厂商的产品都是一样的。在这种情况下，如果有一个厂商单独提价，那么，它的产品就会完全卖不出去。当然，单个厂商也没有必要单独降价。因为，在一般情况下，单个厂商总是可以按照既定的市场价格实现属于自己的那一份相对来说很小的销售份额。所以，厂商既不会单独提价，也不会单独降价。可见，完全竞争市场的第二个条件，进一步强化了在完全竞争市场上每一个买者和卖者都是被动的既定市场价格的接受者的说法。

第三，所有的资源具有完全的流动性。这意味着厂商进入或退出一个行业是完全自由和毫无困难的。所有资源都可以在各厂商之间和各行业之间完全自由地流动，不存在任何障碍。这样，任何一种资源都可以及时地投向能获得最大利润的生产，并及时地从亏损的生产中退出。在这样的过程中，缺乏效率的企业将被市场淘汰，取而代之的是具有效率的企业。

第四，信息是完全的。即市场上的每一个买者和卖者都掌握与自己的经济决策有关的一切信息。这样，每一个消费者和每一个厂商都可以根据自己所掌握的完全的信息，作出自己的最优的经济决策，从而获得最大的经济利益。而且，由于每一个买者和卖者都知道既定的市场价格，都按照这一既定的市场价格进行交易。因此也就排除了由于信息不通畅而导致的一个市场同时按照不同的价格进行交易的情况。

符合以上四个假定条件的市场被称为完全竞争市场。经济学家指出，完全竞争市场是一个非个性化的市场。因为，市场中的每一个买者和卖者都是市场价格的被动接受者，而且，他们中的任何一个成员都既不会也没有必要去改变市场价格；每个厂商生产的产品都是完全相同的，毫无自身的特点；所有的资源都可以完全自由地流动，不存在同种资源之间的报酬差距；市场上的信息是完全的，任何一个交易者都不具备信息优势。因此，完全竞争市场中不存在交易者的个性。所有的消费者都是相同的，都是无足轻重的，相互之间意识不到竞争；所有的生产者也都是相同的，也都是无足轻重的，相互之间也不会产生竞争。因此，我们说，完全竞争市场中不存在现实经济生活中的那种真正意义上的竞争。

由以上分析可见：理论分析中所假设的完全竞争市场的条件是非常苛刻的。在现实经济生活中，真正符合以上四个条件的市场是不存在的。通常只是将一些农产品市场，如大米市场、小麦市场等，看成是比较接近完全竞争市场。既然在现实经济生活中并不存在完全竞争市场，为什么还要建立和研究完全竞争市场模型呢？西方经济学家认为，从对完全竞争市场模型的分析中，可以得到关于市场机制及其配置资源的一些基本原理，而且该模型也可以为其他类型市场的经济效率分析和评价提供一个参照对比。

【思考】做广告是企业经常使用的营销策略，请结合完全竞争市场的条件说明完全竞争市场上厂商需要为自己的产品打广告吗？

二、完全竞争厂商的需求曲线

市场上对某一个厂商的产品的需求状况，可以用该厂商所面临的需求曲线来表示，该曲线也被简称为厂商的需求曲线。在完全竞争市场上，由于厂商是既定市场价格的接受者，所以，完全竞争厂商的需求曲线是一条由既定市场价格水平出发的水平线，如图 5－1 所示。在图 5－1（a）中，市场的需求曲线 D 和供给曲线 S 相交的均衡点 E 所决定的市场的均衡价格为 P_e，相应地，在图 5－1（b）中，由给定的价格水平 P_e 出发的水平线 d 就是厂商的需求曲线。水平的需求曲线意味着：厂商只能被动地接受给定的市场价格，且厂商既不会也没有必要去改变这一价格水平。

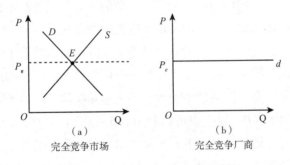

（a）
完全竞争市场

（b）
完全竞争厂商

图 5－1 完全竞争厂商的需求曲线

在完全竞争市场中，单个消费者和单个厂商无力影响市场价格，他们中的每一个人都是被动地接受既定的市场价格，但这些并不意味着完全竞争市场的价格是固定不变的。在其他一些因素的影响下，如经济中消费者收入水平的普遍提高，经济中先进技术的推广，或者政府有关政策的作用等，使得众多消费者的需求量和众多生产者的供给量发生变化，供求曲线的位置就有可能发生移动，从而形成市场的新的均衡价格。在这种情况下，我们就会得到由新的均衡价格水平出发的一条水平线，如图 5－2 所示。开始时的需求曲线为 D_1，供给曲线为 S_1，市场的均衡价格为 P_1，相应地厂商的需求曲线是由价格水平 P_1 出发的一条水平线 d_1。以后，当需求曲线的位置由 D_1 移至 D_2，同时供给曲线的位置由 S_1 移至 S_2 时，市场均衡价格上升为 P_2，于是相应的厂商的需求曲线变成由新的价格水平 P_2 出发的另一条水平线 d_2。不难看出，厂商的需求曲线可以出自各个不同的给定市场的均衡价格水平，但它们总是呈水平线的形状。

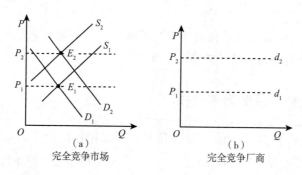

图 5 - 2　完全竞争市场价格的变动和厂商的需求曲线

三、完全竞争厂商的收益曲线

厂商的收益取决于市场上对其产品的需求状况，或者说，厂商的收益取决于厂商的需求曲线的特征。在不同的市场类型中，厂商的需求曲线具有不同的特征。下面将说明完全竞争厂商的需求曲线是如何决定相应的收益曲线的。

在以后的分析中，均假定厂商的销售量等于厂商所面临的需求量。这样，完全竞争厂商的水平的需求曲线又可以表示为在每一个销售量上，厂商的销售价格是固定不变的，于是，我们必然会有厂商的平均收益等于边际收益，且等于既定的市场价格的结论，即必有 $AR = MR = P$。这一点可以利用表 5 - 2 予以具体说明。表 5 - 2 是一厂商的收益表，在所有的销售量水平下，产品的市场价格是固定的，均为 $P = 1$（因为单个完全竞争厂商的销售量的变化不可能对产品的市场价格产生影响）。这样一来，厂商每销售一单位产品的平均收益是不变的，它等于价格（$P = 1$），而且，每增加一单位产品销售所增加的收益即边际收益也是不变的，也等于价格（$P = 1$）。也就是说，有 $AR = MR = P = 1$。此外，随着销售量的增加，由于产品价格保持不变，所以总收益是以不变的速度上升的。

表 5 - 2		某完全竞争厂商的收益		
销售量（Q）	价格（P）	总收益（$TR = PQ$）	平均收益 $\left(AR = \dfrac{TR}{Q}\right)$	边际收益 $\left(MR = \dfrac{\Delta TR}{\Delta Q}\right)$
100	1	100	1	1
200	1	200	1	1
300	1	300	1	1
400	1	400	1	1
500	1	500	1	1

图 5 - 3 是根据表 5 - 2 绘制的收益曲线图，该图体现了完全竞争厂商的收益曲线

的特征。由图5－3可见，完全竞争厂商的平均收益 AR 曲线、边际收益 MR 曲线和需求曲线 d 三条线重叠，它们都用同一条由既定价格水平出发的水平线来表示。其理由是显然的：在厂商的每一个销售量水平下都有 $AR = MR = P$，且厂商的需求曲线本身就是一条由既定价格水平出发的水平线。此外，完全竞争厂商的总收益 TR 曲线是一条由原点出发的斜率不变的上升的直线。其理由在于，在每一个销售量水平，MR 值是 TR 曲线的斜率，且 MR 值等于固定不变的价格水平。关于这一点，也可以用公式说明如下：

$$MR = \frac{\mathrm{d}TR}{\mathrm{d}Q} = \frac{\mathrm{d}(PQ)}{\mathrm{d}Q} = P \qquad (5.7)$$

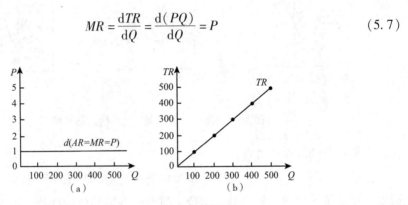

图5－3　某完全竞争厂商的收益曲线

四、完全竞争厂商的均衡

1. 完全竞争厂商的短期均衡。在完全竞争厂商的短期生产中，市场的价格是给定的，而且，生产中的不变要素的投入量是无法变动的，即生产规模也是给定的。因此，在短期，厂商是在给定的生产规模下，通过对产量的调整来实现 $MR = SMC$ 的利润最大化的均衡条件。

当厂商实现 $MR = SMC$ 时，有可能获得利润，也可能亏损，应把各种可能的情况都考虑在内，完全竞争厂商的短期均衡可以具体表现为图5－4中的五种情况。

在图5－4（a）中，根据 $MR = SMC$ 的利润最大化的均衡条件，厂商利润最大化的均衡点为 MR 曲线和 SMC 曲线的交点 E，相应的均衡产量为 Q^*。在 Q^* 的产量上，平均收益为 EQ^*，平均成本为 FQ^*。由于平均收益大于平均成本，厂商获得利润。厂商的单位产品的利润为 EF，产量为 OQ^*，两者的乘积 $EF \times OQ^*$ 等于总利润量，它相当于图中的阴影部分的面积。

在图5－4（b）中，厂商的需求曲线 d 相切于 SAC 曲线的最低点，这一点是 SAC 曲线和 SMC 曲线的交点。这一点恰好也是 $MR = SMC$ 的利润最大化的均衡点 E。在均衡产量 Q^* 上，平均收益等于平均成本，都为 EQ^*，厂商的利润为零，但厂商的正常利润实现了。由于在这一均衡点 E 上，厂商既无利润，也无亏损，所以，该均衡点

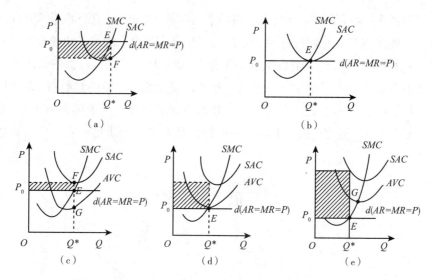

图5-4   完全竞争厂商短期均衡的各种情况

也被称为厂商的收支相抵点。

在图5-4（c）中，由均衡点 E 和均衡产量 Q^* 可知，厂商的平均收益小于平均成本，厂商是亏损的，其亏损量相当于图中的阴影部分的面积。但由于在 Q^* 的产量上，厂商的平均收益 AR 大于平均可变成本 AVC，所以，厂商虽然亏损，但仍在继续生产。这是因为，只有这样，厂商才能在用全部收益弥补全部可变成本以后还有剩余，以弥补在短期内总是存在的不变成本的一部分。所以，在这种亏损情况下，生产好于不生产。

在图5-4（d）中，厂商的需求曲线 d 相切于 AVC 曲线的最低点，这一点是 AVC 曲线和 SMC 曲线的交点。这一点恰好也是 MR = SMC 的利润最大化的均衡点。在均衡产量 Q^* 上，厂商是亏损的，其亏损相当于图中的阴影部分的面积。此时，厂商的平均收益 AR 等于平均可变成本 AVC，厂商可以继续生产，也可以不生产，也就是说，厂商生产或不生产的结果都是一样的。这是因为，如果厂商生产的话，则全部收益只能弥补全部的可变成本，不变成本得不到任何弥补。如果厂商不生产的话，厂商虽然不必支付可变成本，但是全部不变成本仍然存在。由于在这一均衡点上，厂商处于关闭企业的临界点，所以，该均衡点也被称作停止营业点或关闭点。

在图5-4（e）中，在均衡产量 Q^* 上，厂商的亏损量相当于阴影部分的面积。此时，厂商的平均收益 AR 小于平均可变成本 AVC，厂商将停止生产。因为，在这种亏损情况下，如果厂商还继续生产，则全部收益连可变成本都无法全部弥补，就更谈不上对不变成本的弥补了。而事实上只要厂商停止生产，可变成本就可以降为零。显然，此时不生产好于生产。

综上所述，完全竞争厂商短期均衡的条件是：

$$MR = SMC \tag{5.8}$$

其中，$MR = AR = P$。在短期均衡时，厂商的利润可以大于零，也可以等于零，或者小于零。

【思考】我们经常看到某些餐厅只有一桌客人，它仍然在营业，请分析其继续营业的原因。什么情况下，它会停止营业？

2. 完全竞争厂商的短期供给曲线。在完全竞争市场上，厂商的短期供给曲线可以利用短期边际成本 SMC 曲线来表示。对完全竞争厂商来说，有 $P = MR$，所以，完全竞争厂商的短期均衡条件又可以写成 $P = MC(Q)$。即在每一个给定的价格水平（P），完全竞争厂商应该选择最优的产量（Q），使得 $P = MC(Q)$ 成立，从而实现最大的利润。这意味着在价格（P）和厂商的最优产量（Q）（即厂商愿意而且能够提供的产量）之间存在着一一对应的关系，而厂商的 SMC 曲线恰好准确地表明了这种商品的价格和厂商的短期供给量之间的关系。我们将图 5-4 关于厂商短期均衡的五种可能的情况置于图 5-5 中进行分析。

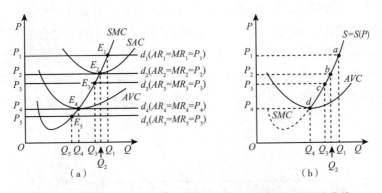

图 5-5　由完全竞争厂商的短期边际成本曲线到短期供给曲线

由图 5-5（a）可知，当市场价格分别为 P_1、P_2、P_3 和 P_4 时，厂商根据 $MR = SMC$（即 $P = SMC$）的原则，选择的最优产量顺次为 Q_1、Q_2、Q_3 和 Q_4。SMC 曲线上的 E_1、E_2、E_3 和 E_4 点明确地表示了这些不同的价格水平与相应的不同的最优产量之间的对应关系。但必须注意到，厂商只有在 $P \geqslant AVC$ 时，才会进行生产，而在 $P < AVC$ 时，厂商会停止生产。所以，厂商的短期供给曲线应该用 SMC 曲线上大于和等于 AVC 曲线最低点的部分来表示，即用 SMC 曲线大于和等于停止营业点的部分来表示。如图 5-5（b）所示，图中 SMC 曲线上的实线部分就是完全竞争厂商的短期供给曲线 $S = S(P)$，该线上的 a、b、c 和 d 点分别与图 5-5（a）中 SMC 曲线上的 E_1、E_2、E_3 和 E_4 点相对应。

由图 5-5（b）可见，完全竞争厂商的短期供给曲线是向右上方倾斜的，它表示了商品的价格和供给量之间同方向变化的关系。更重要的是，完全竞争厂商的短期供给曲线表示厂商在每一个价格水平的供给量都是能够给它带来最大利润或最小亏损的最优产量。

五、完全竞争厂商的长期均衡

在完全竞争厂商的长期生产中，一方面，市场价格仍然是给定的，单个厂商只能是既定市场价格的接受者；另一方面，所有的生产要素都是可变的，尤其是，完全竞争厂商可以无障碍地自由进入或退出一个行业。正是在这些条件下，完全竞争厂商实现了 $MR = LMC$ 的利润最大化的长期均衡原则。

厂商在长期生产中自由进入或退出一个行业，实际上是生产要素在各个行业之间的重新配置，生产要素总是会流向能获得更大利润的行业，也总是会从亏损的行业退出。正是行业之间生产要素的这种调整，使得完全竞争厂商长期均衡时的利润为零。具体如图 5 – 6 所示，如果开始时的市场价格较高，为 P_1，则根据 $MR = LMC$ 的利润最大化的原则，厂商选择的产量为 Q_1。此时，厂商获得利润（利润量相当于图中阴影部分 $P_1E_1F_1G_1$ 的面积），这便会吸引一部分厂商进入该行业生产中来。随着行业内厂商数量的逐步增加，市场上的产品供给就会增加，市场价格也会逐步下降，相应地，单个厂商的利润就会逐步减少。只有当市场价格水平下降到使单个厂商的利润消失时，新厂商的进入才会停止。也就是说，当市场价格下降到等于长期平均成本最低点的水平，即图中的价格水平 P_2 时，厂商的利润刚好为零，从而便实现了长期均衡。

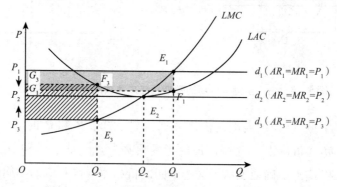

图 5 – 6　完全竞争厂商的长期均衡：进入与退出

相反，在图 5 – 6 中，如果市场价格较低，为 P_3，则根据 $MR = LMC$ 的利润最大化原则，厂商选择的产量为 Q_3。此时，厂商是亏损的（亏损量相当于图中阴影部分 $P_3E_3F_3G_3$ 的面积），这使得行业内原有厂商中的一部分退出该行业的生产。随着行业内厂商数量的逐步减少，市场的产品供给就会减少，市场价格也会逐步上升，相应地，单个厂商的亏损就会减少。只有当市场价格水平上升到使单个厂商的亏损消失时，原有厂商的退出才会停止。也就是说，当市场价格上升到等于长期平均成本最低点的水平，即图中的价格水平 P_2 时，厂商的利润刚好为零，从而便实现了长期均衡。

由此可见，不管是新厂商的进入，还是原有厂商的退出，最后，这种调整一定会使市场价格达到等于长期平均成本的最低点的水平。在这一价格水平，价格恰好等于长期平均成本，行业内的每个厂商既无利润，也无亏损，但都实现了正常利润。于是，厂商失去了进入或退出该行业的动力，行业内的每个厂商都实现了长期均衡。在图 5 - 6 中，E_2 点是完全竞争厂商的 $MR = LMC$ 的长期均衡点，厂商的需求曲线 d_2 与 LAC 曲线相切于该点，而且，LAC 曲线在该点达到最低点，相应地 LMC 曲线也经过该点。总之，完全竞争厂商的长期均衡出现在 LAC 曲线的最低点。这时，生产的平均成本降到长期平均成本的最低点，商品的价格也等于最低的长期平均成本。

最后，可得完全竞争厂商的长期均衡条件为：

$$MR = LMC = LAC = MR = AR = P \qquad (5.9)$$

此时，单个厂商的利润为零。

【拓展阅读 5 - 1】

农村春联市场——完全竞争的缩影

某村农贸市场要供应周围 7 个村 5000 余农户的日用品需求。贴春联是中国民间的一大传统，春节临近，春联市场红红火火。

在该春联市场中，需求有 5000 多农户，供给者为 70 多家零售商，市场中存在许多买者和卖者；供应商的进货渠道大致相同，且产品的差异性很小，产品具有高度同质性（春联所用纸张、制作工艺相同，区别仅在于春联所书写内容的不同）；供给者进入退出没有限制；农民购买春联时的习惯是逐个询价，最终决定购买；供应商的零售价格水平相近，提价基本上销售量为零，降价会引起利润损失。

供应商在销售产品的过程中，都不愿意单方面降价。春联是农村过年的必需品，购买春联的支出在购买年货的支出中只占很小的比例，因此其需求弹性较小。某些供应商为增加销售量，扩大利润而采取的低于同行价格的竞争方法，反而会使消费者认为其所经营的产品存在瑕疵（如上年库存、产品质量存在问题等），反而不愿购买。

该农村集贸市场条件简陋，春联商品习惯席地摆放，大部分供应商都将春联放入透明的塑料袋中以防尘。而少部分供应商则更愿意损失少部分产品暴露于阳光下、寒风中，以此展示产品。因此就产生了产品之间的鲜明对照。暴露在阳光下的春联更鲜艳，更能吸引消费者目光、刺激购买欲望，在同等价格下，该供应商销量必定高于其他同行。由此可见，在价格竞争达到极限时，价格外的营销竞争对企业利润的贡献不可小视。

综上可见，小小的农村春联市场也是完全竞争市场的缩影与体现，横跨经济与管理两大学科。这也就不难明白经济学家为何总爱将问题简化研究，就像克鲁格曼在

《萧条经济学的回归》一书中，总喜欢以简单的保姆公司为例得出解决经济问题的办法，这也许真的有效。

资料来源：杨晓东. 农村春联市场——完全竞争的缩影 [J]. 经济学消息报，2004（6）.

第三节　不完全竞争市场

在西方经济学中，不完全竞争市场是相对于完全竞争市场而言的，除完全竞争市场以外的所有的或多或少带有一定垄断因素的市场都被称为不完全竞争市场。不完全竞争市场分为三个类型：垄断市场、寡头市场和垄断竞争市场。其中，垄断市场的垄断程度最高，寡头市场居中，垄断竞争市场最低。本节的主要内容是分别说明这三类不完全竞争市场的价格和产量的决定因素，并就包括完全竞争市场在内的不同市场组织的经济效益进行比较。

一、垄断

（一）垄断市场的条件

1. 垄断市场是指整个行业中只有唯一的一个厂商的市场组织。具体地说，垄断市场具有以下特征：第一，行业即为厂商。全行业只有一家厂商，它为整个行业提供生产和销售商品，因此，厂商和行业合二为一，即一种产品只有一家生产厂家。第二，产品不能替代。该厂商生产和销售的商品没有任何相近的替代品，其需求的交叉弹性极小甚至趋于零。因此，它在市场上没有竞争对手。第三，存在进入壁垒。其他任何厂商进入该行业都极为困难或不可能。第四，单独决定价格。厂商不是价格的接受者，而是价格的制定者。它凭借没有生产上的竞争者的地位单独地决定其产品的价格。在这样的市场中，排除了任何的竞争因素，独家垄断厂商控制了整个行业的生产和市场的销售，所以，垄断厂商可以控制和操纵市场价格。

2. 形成垄断的原因主要有以下几个：第一，资源控制。独家厂商控制了生产某种商品的全部资源或基本资源的供给。这种对生产资源的独占，排除了经济中的其他厂商生产同种商品的可能性。第二，专利权。独家厂商拥有生产某种商品的专利权。这便使得独家厂商可以在一定的时期内垄断该商品的生产。第三，政府的特许。政府往往在某些行业实行垄断的政策，如铁路运输部门、供电供水部门等，于是，独家企业就成了这些行业的垄断者。第四，自然垄断。有些行业的生产具有这样的特点：一方面，企业生产的规模经济需要在一个很大的产量范围和相应的很大的资本设备的生产运行水平上才能得到充分的体现，以至于整个行业的产量只有由一个企业来生产时才有可能达到这样的生产规模；而另一方面，只要发挥这一企业在这一生产规模上的生产能力，就可以满足整个市场对该种商品的需求。在这类商品的生产中，行业内总会有某个厂商凭借雄厚的经济实力和其他优势，最先达到这一生产规模，从而垄断了整个行业的生产和销售。这就是自然垄断。

如同完全竞争市场一样，垄断市场的假设条件也很严格。在现实的经济生活里，垄断市场也几乎是不存在的。在西方经济学中，由于完全竞争市场的经济效率被认为是最高的，从而完全竞争市场规模通常被用来作为判断其他类型市场的经济效率高低的标准，因此，垄断市场模型就是从经济效率最低的角度来提供这一标准的。

（二）垄断厂商的需求曲线和收益曲线

1. 垄断厂商的需求曲线。由于垄断市场中只有一个厂商，厂商体现为行业。所以，市场的需求曲线就是垄断厂商所面临的需求曲线，它是一条向右下方倾斜的曲线，如图 5 - 7（a）所示。假定厂商的销售量等于市场的需求量，于是，向右下方倾斜的垄断厂商的需求曲线 d 表示为垄断厂商可以通过减少销售量来提高市场价格，也可以通过增加销售量来压低市场价格，即垄断厂商可以通过改变销售量来控制市场价格，而且，垄断厂商的销售量与市场价格呈反方向的变动。

2. 垄断厂商的收益曲线。厂商所面临的需求状况直接影响厂商的收益，这便意味着厂商的需求曲线的特征将决定厂商的收益曲线的特征。垄断厂商的需求曲线是向右下方倾斜的，其相应的平均收益 AR 曲线、边际收益 MR 曲线和总收益 TR 曲线的一般特征如图 5 - 7 所示。

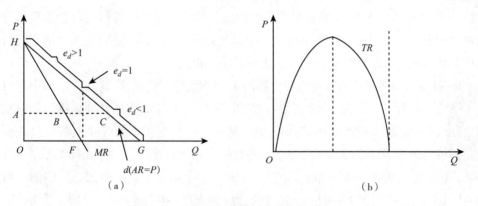

图 5 - 7 垄断厂商的需求曲线和收益曲线

由图 5 - 7 可知，第一，由于厂商的平均收益 AR 总是等于商品的价格 P。所以，垄断厂商的 AR 曲线和需求曲线 d 重合，为同一条向右下方倾斜的曲线。第二，由于 AR 曲线是向右下方倾斜的，则根据平均量和边际量之间的相互关系可以推知，垄断厂商的边际收益 MR 总是小于平均收益 AR，因此，MR 曲线位于 AR 曲线的左下方，且 MR 曲线也向右下方倾斜。第三，由于每一销售量上的边际收益 MR 值就是相应的总收益 TR 曲线的斜率，所以当 $MR > 0$ 时，TR 曲线的斜率为正；当 $MR < 0$ 时，TR

曲线的斜率为负；当 $MR=0$ 时，TR 曲线达最大值点。

垄断厂商的需求曲线 d 可以是直线型的 [见图 5-7 (a)]，也可以是曲线型的。图 5-7 中垄断厂商的需求曲线 d 是直线型的，体现了垄断厂商的 AR 曲线、MR 曲线和 TR 曲线相互之间的一般关系。当垄断厂商的需求曲线 d 为直线型时，d 曲线和 MR 曲线的纵截距是相等的，且 MR 曲线的横截距是 d 曲线横截距的一半，即 MR 曲线平分由纵轴到需求曲线 d 的任何一条水平线。

3. 边际收益、价格和需求的价格弹性。当厂商所面临的需求曲线向右下方倾斜时，厂商的边际收益、价格和需求的价格弹性三者之间的关系，由图 5-7 (a) 可得以下三种情况：(1) $e_d>1$ 和 $MR>0$ 相对应。此时，TR 曲线斜率为正，表示厂商总收益 TR 随销售量 Q 的增加而增加。(2) $e_d<1$ 和 $MR<0$ 相对应。此时，TR 曲线斜率为负，表示厂商总收益 TR 随销售量 Q 的增加而减少。(3) $e_d=1$ 和 $MR=0$ 相对应。此时，TR 曲线斜率为零，表示厂商的总收益 TR 达极大值点。

以上对垄断厂商的需求曲线和收益曲线所作的分析，对于其他不完全竞争市场条件下的厂商也同样适用。只要不完全竞争市场条件下厂商所面临的需求曲线是向右下方倾斜的，相应地厂商的各种收益曲线就具有以上所分析的基本特征。

(三) 垄断厂商的短期均衡

垄断厂商为了获得最大的利润，也必须遵循 $MR=MC$ 的原则。在短期内，垄断厂商无法改变固定要素投入量，垄断厂商是在既定的生产规模下通过对产量和价格的调整，来实现 $MR=SMC$ 的利润最大化的原则。垄断厂商虽然可以通过控制产量和价格获得利润，但不一定总能获得利润。和完全竞争厂商一样，在短期内垄断厂商可以获得超额利润，可能获得正常利润，也可能蒙受损失。

1. 获得超额利润时的短期均衡。如图 5-8 所示，当垄断厂商的价格或平均收益大于平均成本时，厂商获得超额利润。在图 5-8 (b) 中，垄断厂商根据边际收益等于边际成本的原则，把产量确定在 Q_1 点，从这一产量在需求曲线 d 上对应点 A 可以确定价格为 P_1。从平均成本曲线 AC 上的对应点 B 可以确定成本轴上平均成本为 C_1。显然，由于平均收益（即价格）高于平均成本，厂商获得超额利润。厂商的总收益为 OP_1AQ_1，总成本为 OC_1BQ_1，超额利润为 $OP_1AQ_1-OC_1BQ_1=C_1P_1AB$，或者说，垄断厂商的超额利润为 $(OP_1-OC_1)OQ_1$。图 5-8 (a) 是以总收益曲线 TR 和总成本曲线 TC 来表示厂商的均衡。在 Q_1 的产量水平上，TR 的切线斜率等于 TC 的切线斜率，这意味着 $MR=MC$，这时，TR 与 TC 之间的垂直距离最大，或者说总收益以最大的可能超过总成本。所以，Q_1 是使利润最大化的均衡产量。

为什么垄断厂商只有在 $MR=SMC$ 的均衡点上，才能获得最大的利润呢？这是因为，只要 $MR>SMC$，垄断厂商增加一单位产量所得到的收益增量就会大于所付出的成本增量。这时，厂商增加产量是有利的。随着产量的增加，MR 会下降，而 SMC 会

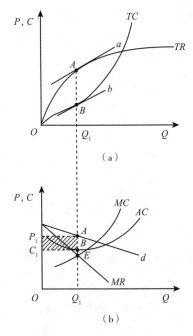

图 5 - 8 获得超额利润

上升，两者之间的差额会逐步缩小，最后达到 $MR = SMC$ 的均衡点，厂商也由此得到了增加产量的全部好处。而 $MR < SMC$ 时，情况正好与上面相反。所以，垄断厂商的利润在 $MR = SMC$ 处达最大值。

2. 获得正常利润时的短期均衡。当价格（平均收益）等于平均成本时，厂商获得正常利润，如图 5 - 9（b）所示。需求曲线 d 与平均成本曲线 AC 相切，垄断厂商根据 $MR = MC$ 的原则把产量确定在 Q_2 点上，从这一产量在需求曲线 d 上的对应点 A 可以确定价格为 P_2，而这时 A 点同时又是这一产量在平均成本曲线上的对应点，即平均收益等于平均成本，因而垄断厂商的总收益 TR 等于总成本 TC，没有盈利，厂商处于收支相抵点，只能获得正常利润。从图 5 - 9（a）中可以发现，当产量为 Q_2 时，TR 与 TC 相切，这时 $MR = MC$，$AR = AC$，$TR = TC$，所以，Q_2 是使正常利润最大化的产量。

3. 垄断厂商亏损时的短期均衡。当价格即平均收益小于平均总成本 ATC，但大于平均可变成本 AVC 时，垄断厂商会蒙受亏损。垄断厂商在 $MR = SMC$ 的短期均衡点上，可以获得最大的利润，也可能是亏损的（尽管亏损额是最小的）。造成垄断厂商短期亏损的原因，可能是既定的生产规模的成本过高（表现为相应的成本曲线的位置过高），也可能是垄断厂商所面临的市场需求过小（表现为相应的需求曲线的位置过低）。垄断厂商短期均衡时的亏损情况如图 5 - 10（b）所示，为使亏损降到最低限度，垄断厂商仍根据 $MR = MC$ 的原则，把产量定在 Q_3 的水平上。从这一产量在需求

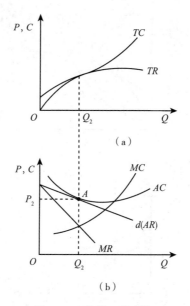

图 5-9　获得正常利润

曲线 D 上的对应点 A 可以确定价格轴上的价格 P_3，从这一产量在平均总成本曲线 ATC 的对应点 B 可以确定成本为 C_3，平均总成本 ATC 大于平均收益 AR，厂商蒙受亏损。亏损额为 P_3C_3BA，它是厂商的总收益 OP_3AQ_3 与总成本 OC_3BQ_3 之差。显然，当产量小于 Q_3 时，$MR > MC$，每增加一单位销售量使总收益的增加大于总成本的增加，从而使亏损减少；而当产量大于 Q_3 时，$MR < MC$，每减少一单位销售量可使总成本减

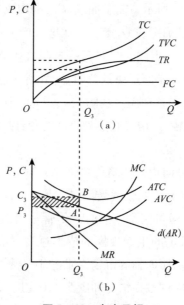

图 5-10　存在亏损

少大于总收益的减少。所以，只有当产量为 Q_3 时，$MR = MC$，亏损额最小。图 5-10 （a）同样以 TC 与 TR 曲线说明了厂商在亏损状态下的短期均衡。当产量为 Q_3 时，总收益曲线 TR 与总可变成本曲线 TVC 之间的垂直距离最大，即 TR 最大可能地超过 TVC，而 TC 曲线与 TVC 曲线之间的垂直距离即为总固定成本，这意味着与 Q_3 产量相对应的总收益不仅补偿了全部可变成本，而且最大限度地补偿了部分固定成本，使固定成本损失减少到最低限度，所以，Q_3 是使亏损最小的均衡产量。

如果价格太低，以致使 $TR < TVC$，垄断者将停止生产。总之，垄断厂商为了使利润最大或亏损最小，必须按照 $MR = MC$ 的原则进行生产。由此可以得到垄断厂商的短期均衡条件如式（5.8）所示。

（四）垄断厂商的供给曲线

在完全竞争市场理论中，从完全竞争厂商的短期边际成本曲线推导出完全竞争厂商的短期供给曲线，并进一步得到行业的短期供给曲线。但是，在垄断市场条件下并不存在这种具有规律性的厂商的供给曲线。

与完全竞争市场条件下不同，垄断市场条件下，垄断厂商是通过对产量和价格的同时调整来实现 $MR = SMC$ 的原则的，而且，P 总是大于 MR。随着厂商所面临的向右下方倾斜的需求曲线的位置的移动，厂商的价格和产量之间不再必然存在如同完全竞争条件下的那种一一对应的关系，而是有可能出现一个价格水平对应几个不同的产量水平，或一个产量水平对应几个不同的价格水平的情形。

例如，在图 5-11（a）中，MC 曲线是固定的。当垄断厂商的需求曲线为 d_1、边际收益曲线为 MR_1 时，由均衡点 E_1 所决定的产量为 Q_1，价格为 P_1。当需求曲线移为 d_2、边际收益曲线移为 MR_2 时，由均衡点 E_2 所决定的产量为 Q_2，价格 P_2 等于 P_1。于是，同一个价格 P_1 对应两个不同的产量 Q_1 和 Q_2。在图 5-11（b）中，MC 曲线仍是固定的，d_1 曲线、MR_1 曲线和 d_2 曲线、MR_2 曲线分别为两组不同的需求曲线和边际收益曲线。比较 $MR_1 = SMC$ 和 $MR_2 = SMC$ 的两个均衡点 E_1 和 E_2（为同一均衡点），可以发现，同一个产量 Q_1 对应的却是两个不同的价格 P_1 和 P_2。因此，在垄断市场条件

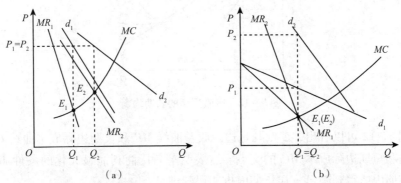

图 5-11 垄断厂商的产量和价格

下无法得到如同完全竞争市场条件下的具有规律性的可以表示产量和价格之间一一对应关系的厂商和行业的短期供给曲线。

由此可以得到更一般的结论：凡是在或多或少的程度上带有垄断因素的不完全竞争市场中，或者说，凡是在单个厂商对市场价格具有一定的控制力量时，相应地，单个厂商的需求曲线向右下方倾斜的市场中，是不存在具有规律性的厂商和行业的短期和长期供给曲线的。其理由跟上面对垄断厂商不存在短期供给曲线的分析相同。这一结论也适用于下面将要分析的垄断竞争市场和寡头市场。

（五）垄断厂商的长期均衡

完全垄断条件下，在长期中不会有新厂商进入垄断市场，垄断市场不存在厂商数目的调整。垄断厂商在长期中可以通过调整生产规模来获取利润，垄断行业的长期均衡并不以经济利润的消失为标准。只要需求状况不发生变化，它在长期内仍然能获得利润。

如图 5 - 12 所示，假定垄断厂商与目前生产规模相对的短期平均成本和短期边际成本曲线分别为 AC_1 和 MC_1。$MR = MC$，决定的产量为 Q_1，从这一产量在需求曲线上的对应点可以确定价格 P_1。由于短期平均成本为 OC_1，所以厂商的短期总利润是 $(OP_1 - OC_1) OQ_1$。但是，从长期看，这并不是最优的生产规模，厂商可以调整其生产规模获得大于 $(OP_1 - OC_1) OQ_1$ 的利润。追求利润最大化的厂商会将生产规模扩大到边际收益不仅等于短期边际成本，而且等于长期边际成本的那一点。长期中，垄断厂商仍根据 $MR = MC$ 的原则决定产量。边际收益曲线和长期边际成本曲线 LMC 的交点决定了均衡产量为 Q_2，从这一产量在需求曲线 d 上的对应点可以确定价格为 P_2，与此对应的长期平均成本为 OC_2，这时的总利润将是 $(OP_2 - OC_2) OQ_2$，这是垄断厂商在长期中所能获得的最大利润。

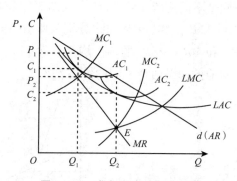

图 5 - 12   垄断厂商的长期均衡

从图 5 - 12 可以看出，E 点既是边际收益曲线 MR 和长期边际成本曲线 LMC 的交点，又是和短期边际成本 MC_2 的交点。这表明垄断厂商利润最大化的条件 $MR = MC$，不仅在短期内能得到满足，在长期内也能得到满足：

$$MR = SMC = LMC \tag{5.10}$$

这就是垄断厂商长期均衡的条件。但这一条件得到满足时，短期平均成本必等于长期平均成本。如图 5 - 12 所示，与 MC_2 和 LMC 的交点相对应的 LAC 上的点，同时也就是相应的 AC_2 和 LAC 的切点。

以上是厂商在短期内存在超额利润时的情况。如果垄断厂商在短期内只能获得正常利润，在长期内，它可以通过调整生产规模以获取超额利润，也可能继续处在收支相抵点，这取决于它面对的需求曲线的位置和形状。如果垄断厂商在短期内蒙受亏损，那么在长期内，假如能够通过调整生产规模消除亏损获取利润，它将继续留在这个行业进行长期调整，假如无论怎样调整其生产规模都不能避免亏损的话，垄断厂商将会考虑把资源转移到其他有利可图的行业上去。

在完全垄断条件下，价格和产量是同时决定的，所以，在需求曲线发生变化时，同一价格水平下可能会产生一系列不同的产量，同样地，同一产量水平也可能导致不同的价格，垄断厂商不存在价格与数量一一对应的供给曲线。

（六）垄断厂商的价格歧视

以上论述，都是假定垄断厂商会对同一种产品收取相同的价格。但在实际生活中，在完全垄断或其他具有某种垄断性质的市场条件下，厂商会对同一种产品收取不同的价格，这种做法往往会增加垄断厂商的利润。以不同价格销售同一种产品，被称为价格歧视。这里要注意区分差别定价和价格歧视。如果同一种产品由于成本不同而以不同的价格出售，则属于差别定价的做法，而不是价格歧视。严格地说，价格歧视要求所出售的同种产品具有相同的成本。

1. 价格歧视的现象。医生对不同收入水平的病人，对相同的医疗收取不同的费用；同一产品在销路尚未打开的边远地区、倾销地区和国际市场上，价格较低；电力公司对家庭用电、工业用电分别按不同价格收费；旅馆、饭店在旺季收费高，在淡季收费低；电力公司对用电量的分段定价；通信公司对通话量少的客户定价较高，对通话量大的客户，定价较低，等等。

2. 实行价格歧视的条件。第一，市场的消费者具有不同的偏好，且这些不同的偏好可以被区分开。这样，厂商才有可能对偏好不同的消费者或消费群体收取不同的价格。第二，不同的消费群体或不同的销售市场是相互隔离的。这样就排除了中间商由低价处买进商品，转手又在高价处出售商品而从中获利的情况。

3. 价格歧视的程度。价格歧视可以分为一级、二级和三级价格歧视。

（1）一级价格歧视。如果厂商对每一单位产品都按消费者所愿意支付的最高价格出售，那么这就是一级价格歧视。一级价格歧视也被称作完全价格歧视。一级价格歧视如图 5 - 13 所示：当厂商销售第一单位产品 Q_1 时，消费者愿意支付的最高价格为 P_1，于是，厂商就按此价格出售第一单位产品。当厂商销售第二单位产品时，厂商又按照消费者愿意支付的最高价格 P_2 出售第二单位产品。依此类推，直到厂商销

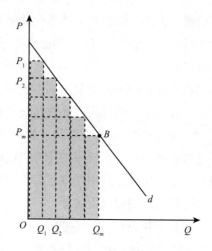

图 5 – 13　一级价格歧视（一）

售量为 Q_m 为止，即以价格 P_m 销售第 m 单位的产品。这时，垄断厂商得到的总收益相当于图中阴影部分的面积。而如果厂商不实行价格歧视，都按同一个价格 P_m 出售 Q_m 的产量，则总收益仅为 $OP_m BQ_m$ 的面积。

　　由图 5 – 14 分析一级价格歧视所产生的影响。如果垄断厂商不实行价格歧视，则其根据 $MR = MC$ 的原则所确定的均衡价格为 P_m，均衡数量为 Q_m。如果垄断厂商实行一级价格歧视，且假定产量和价格的变化是连续的，我们发现，在产量小于 Q_m 的范围内，消费者为每一单位产品所愿意支付的最高价格（由 d 曲线得到）均大于 P_m，所以，厂商增加产量就可以增加利润。在产量达到 Q_m 以后，消费者为每一单位产品所愿意支付的最高价格（由 d 曲线得到）均大于 MC，所以，厂商增加产量还可以增加利润。因此，厂商始终有动力增加产量，直到将产量增加到 Q_c 水平为止。这时，

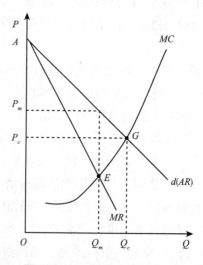

图 5 – 14　一级价格歧视（二）

厂商总收益相当于 $OAGQ_c$ 的面积。显然，厂商实行一级价格歧视可以获得更大的利润，而且，厂商也获得了比按同一价格 P_c 只销售全部产量 Q_c 时更大的利润。另外，消费者剩余（相当图中的 $\triangle P_cAG$ 的面积）全部被垄断厂商所占有，转化为厂商收益（或利润）的增加量。

此外，在 Q_c 的产量上，有 $P = MC$。这说明此时 P_c 和 Q_c 竟然等于完全竞争时的均衡价格和均衡产量。所以，一级价格歧视下的资源配置是有效率的，尽管此时垄断厂商剥夺了全部的消费者剩余。

（2）二级价格歧视。二级价格歧视不如一级价格歧视那么严重。一级价格歧视要求垄断者对每一单位的产品都制定一个价格，而二级价格歧视只要求对不同的消费数量段规定不同的价格。例如，当消费者购买 6 单位产品时，其价格为 6 元；当消费者再购买 4 单位产品时，这新增的 4 单位产品购买量的价格便下降为 5 元，如此等等。

在图 5 – 15 中，垄断者规定了三个不同的价格水平。在第一个消费段上，垄断者规定的价格最高，为 P_1；当消费者数量增加到第二个消费段时，价格下降为 P_2；当消费数量再增加到第三个消费段时，价格便下降为更低的 P_3。

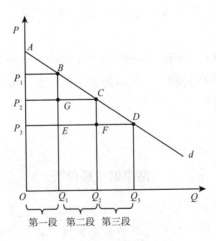

图 5 – 15　二级价格歧视

如果不存在价格歧视，则垄断厂商的总收益相当于矩形 OP_3DQ_3 的面积，消费者剩余相当于 $\triangle AP_3D$ 的面积。如果实行二级价格歧视，则垄断厂商的总收益的增加量（即利润的增加量）相当于矩形 P_3P_1BE 加矩形 $EGCF$ 的面积，这一面积恰好就是消费者剩余的损失量，而消费者剩余仅相当于 $\triangle AP_1B$、$\triangle BGC$ 和 $\triangle CFD$ 的面积之和。

由此可见，实行二级价格歧视的垄断厂商的利润会增加，部分消费者剩余被垄断者占有。此外，垄断者会达到或接近 $P = MC$ 的有效资源配置的产量。

（3）三级价格歧视。垄断厂商对同一种产品在不同的市场上（或对不同的消费群）收取不同的价格，这便是三级价格歧视。例如，学生与非学生乘火车的票价不同；超市中饮料价格与娱乐场所的饮料价格不同。还有，对于同种产品，国内市场和国外市场的价格不一样；城市市场和乡村市场的价格不一样；"黄金时间"和"非黄金时间"的价格不一样，等等。

假定某垄断厂商在两个分割的市场上出售同种产品。首先，厂商应该根据 $MR_1 = MR_2 = MC$ 的原则来确定产量和价格。其中，MR_1 和 MR_2 分别表示市场 1 和市场 2 的边际收益，MC 表示产品的边际成本。这是因为：第一，就不同的市场而言，厂商应该使各个市场的边际收益相等。只要各市场之间的边际收益不相等，厂商就可以通过不同市场之间的销售量的调整，来获得更大的利益。例如，当 $MR_1 > MR_2$ 时，厂商自然会减少市场 2 的销售量而增加市场 1 的销售量，以获得更大的利益。这种调整一直会持续到 $MR_1 = MR_2$ 为止。第二，厂商应该使生产的边际成本 MC 等于各市场相等的边际收益。只要两者不等，厂商就可以通过增加或减少产量来获得更大的利益，直至实现 $MR_1 = MR_2 = MC$ 的条件。

其次，三级价格歧视要求厂商定价参考依据是不同分市场的不同的需求价格弹性。在需求的价格弹性小的市场上制定较高的产品价格，在需求的价格弹性大的市场上制定较低的产品价格。实际上，对价格变化反应不敏感的消费者制定较高的价格，而对价格变化反应敏感的消费者制定较低的价格，是有利于垄断者获得更大的利润的。

由以上分析可知，垄断市场总是表现出产品的高价格和低产量特征，并且垄断厂商可以长期获取高额的垄断利润。一般认为，垄断行业的资源配置是无效率的，或者说，垄断导致了市场失灵。

【拓展阅读 5 – 2】

生活中的价格歧视

生活中的一级价格歧视经济现象。一级价格歧视要求垄断厂商完全洞察消费市场的消费需求，完全了解消费者所能支付的最高价格，具有相当高的条件限制，是一种比较理想化的价格歧视，生活中很难实现。比如，某一个偏远交通不便的县城就只有一个妇产医院，并且妇产医院收费部门非常了解当地居民的收入和消费水平，他们以患者心理预期的最高价格确定项目收费标准，从而达到获得患者全部的消费剩余的目的。一级价格歧视和消费者的收入水平和消费水平密切相关，偏好消费水平较高的消费者。

生活中的二级价格歧视经济现象。判断二级价格歧视的一个关键点是对同一商品不同消费量或者消费时段的区别价格。二级价格歧视普遍存在于我们的日常生活中。垄断厂商不能完全确定消费者的完全消费剩余，但是可以依据不同消费群体对同一商品的不同消费量和消费区段划分不同的消费类型，针对确定消费价格，达到获取较多消费者消费剩余的目的。我们日常生活必不可少的基础资源——水的定价就是标准的二级价格歧视。公共事业管理部门利用对水这一特殊商品的垄断控制，针对不同的消费群体实行阶梯水费。对于用水量较少的消费群体实行较低的价格，对水量耗用比较多的消费群体实行较高的价格。移动通信业中的电话费消费也是二级价格歧视的比较典型的应用。移动通信商对于一定数额通话时长内确定一个较高通话资费，对超出这个额度的通话时长收取较低通话资费。商场卖家促销时候推出的捆绑销售和"第二件半价"对于买一件商品的消费者和买两件相同商品的消费者收取不同的价格，满足同一商品因消费量不同价格不同的条件同样是二级价格歧视。

生活中的三级价格歧视经济现象。商品价格因消费群体不同而价格不同是判断三级价格歧视的关键点。三级价格是日常生活中最常见的一类价格歧视。比如，品牌专卖店在推出季节新款服饰时总是按照商品原价销售，一段时间之后开始打折消费。这是因为商家将消费群体进行了划分，一部分收入和消费水平较高的消费者，追求时尚，愿意支付较高价格以期满足时尚需求，这部分消费者的消费需求弹性较小。另外一部分是消费水平较低的消费群体或者对于时尚没有那么强烈追求的消费者，这类消费者的消费需求弹性较大，商家针对不同需求弹性的消费者制定了不同价格。这一做法既满足了商家获得更多消费剩余又满足不同消费阶层的消费需求，相比"歧视""倾销""让利""优惠"似乎更符合消费者的利益。然而，它们所指的都是同一种行为，就是厂商区分消费需求追求利润最大化的行为。价格歧视说到底就是一种定价策略，是一种厂商追求利润最大化的定价策略。通过价格歧视，垄断厂商可以获得更多的消费剩余，消费者满足了不同的消费需求，各类资源得到有效的分配。这种定价方法在不破坏市场正常竞争机制下，一定程度上算是消费者和商家的双赢，在现实生活中起了重要的作用。

资料来源：袁彦莉，马帅. 生活中价格歧视经济现象 [J]. 企业导报，2015（15）：23，28.

二、垄断竞争

（一）垄断竞争市场的条件

完全竞争市场和垄断市场是理论分析中的两种极端的市场组织。在现实经济生活中，大量的市场结构是垄断与竞争混合并存的市场。通常存在的是垄断竞争市场和寡头市场。

垄断竞争市场是一个市场中有许多厂商生产和销售有差别的同种产品。根据垄断竞争市场的这一基本特征，西方经济学家提出了生产集团的概念。因为，在完全竞争市场和垄断市场条件下，行业的含义是很明确的，它是指生产同一种无差别的产品的厂商的总和。而在垄断竞争市场，产品差别这一重要特点使得上述意义上的行业不存在。为此，在垄断竞争市场理论中，把市场上大量的生产非常接近的同种产品的厂商的总和称作生产集团。例如，汽车加油站集团、快餐食品集团、能源集团、理发店集团等。

具体地说，垄断竞争市场的条件主要包括以下三方面：第一，厂商生产有差别的同种产品。这些产品彼此之间都是非常接近的替代品。在这里，产品的差别不仅指同一种产品在质量、构造、外观、销售服务条件等方面的差别，还包括商标、广告方面的差别以及以消费者的想象为基础的任何虚构的差别。例如，虽然在两家不同饭馆出售的同一种菜肴（如清蒸鱼）在实质上没有差别，然而，在消费者的心理上却认为一家饭馆的清蒸鱼比另一家鲜美。这时，即存在着虚构的产品差别。一方面，由于市场上的产品之间存在着差别，或者说，由于带有自身特点的产品都是唯一的，因此，每个厂商对自己的产品的价格都具有一定的垄断力量，从而使得市场中带有垄断的因素。一般来说，产品的差别越大，厂商的垄断程度就越高。另一方面，由于有差别的产品相互之间又是很相似的替代品，或者说，每一种产品都会遇到大量的其他的相似产品的竞争，因此，市场中又具有竞争的因素。如此，便构成了垄断因素和竞争因素并存的垄断竞争市场的基本特征。

第二，厂商数量众多，他们凭借产品的有限差别对市场施加有限的影响，是市场价格的影响者。但厂商数量众多、生产规模较小和产品的差别性使得厂商无法相互勾结以控制市场价格。

第三，行业进出比较容易。厂商的生产规模比较小，因此，进入和退出一个生产集团比较容易。

在现实生活中，垄断竞争的市场组织在轻工业、零售业和服务业中是很普遍的。例如，修理、糖果零售业等。在垄断竞争生产集团中，各个厂商的产品是有差别的，厂商们相互之间的成本曲线和需求曲线未必相同。但是在垄断竞争市场模型中，西方学者总是假定生产集团内的所有厂商都具有相同的成本曲线和需求曲线，并以代表性厂商进行分析。这一假定能使分析得以简化，而又不影响结论的实质。

（二）垄断竞争厂商的需求曲线

由于垄断竞争厂商可以在一定程度上控制自己产品的价格，即通过改变自己所生产的有差别的产品的销售量来影响商品的价格，所以，如同垄断厂商一样，垄断竞争厂商所面临的需求曲线也是向右下方倾斜的。所不同的是，由于各垄断竞争厂商的产品相互之间都是很接近的替代品，市场中的竞争因素又使得垄断竞争厂商的需求曲线具有较大的弹性，因此，垄断竞争厂商向右下方倾斜的需求曲线是比较平坦的，相对地比较接近完全竞争厂商的水平形状的需求曲线。

垄断竞争厂商的需求曲线及其相应的平均收益曲线、边际收益曲线如图 5 – 16 所示。d 曲线为垄断竞争厂商的需求曲线，它向右下方倾斜，且比较平坦，该线也表示平均收益 AR 曲线。边际收益 MR 曲线也向右下方倾斜，且位于 d 曲线的下方。由于 d 曲线是线性的，故 MR 曲线和 d 曲线的纵截距相同，MR 曲线的斜率是 d 曲线的两倍。

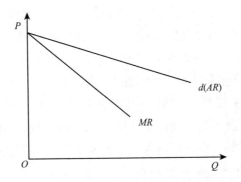

图 5 - 16　垄断竞争厂商的需求曲线和收益曲线

（三）垄断竞争厂商的短期均衡

在短期内，垄断竞争厂商（以下分析中的垄断竞争厂商均指垄断竞争生产集团内的代表性企业）是在既定的生产规模下通过对产量和价格的调整，来实现 $MR = SMC$ 的均衡条件的。垄断竞争厂商在实现短期均衡时，可能获得利润，可能收支平衡，也可能亏损。倘若亏损的话，则垄断竞争厂商要面临是否继续生产的决策。如图 5 - 17 所示，垄断竞争厂商短期均衡的两种代表性情况：一种是获得利润，另一种是亏损。

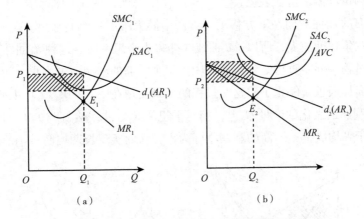

图 5 - 17　垄断竞争厂商的短期均衡

在图 5 - 17 中，SAC 曲线和 SMC 曲线均表示给定的生产规模，d 曲线和 MR 曲线分别表示垄断竞争厂商的需求曲线和边际收益曲线。在图 5 - 17（a）、（b）两张分图中，垄断竞争厂商均根据 $MR = SMC$ 实现了短期均衡。图 5 - 17（a）中，垄断竞争厂商由均衡点 E_1 决定的产量 Q_1 和价格 P_1 给厂商带来了最大的利润，其利润量相当于阴影部分的面积。而在图 5 - 17（b）中，垄断竞争厂商由均衡点 E_2 决定的产量 Q_2 和价格 P_2 却使厂商蒙受了最小的亏损，其亏损量相当于阴影部分的面积。前者是获得利润的情况，其原因可能是厂商的生产成本较低，或者市场需求较大。相反，后者是亏损的情况，其原因则可能是厂商的生产成本较高，或者市场需求较小。

需要注意的是，在短期亏损的情况下，厂商必须作出是否继续生产的决策。在图 5 – 17（b）中，由于在短期均衡产量 Q_2 时，平均收益 AR 小于平均可变成本 AVC，所以，厂商必须停产。倘若厂商在这种情况下还继续生产，那么，其所得收益连可变成本都无法全部补偿，就更谈不上对固定成本的补偿了，显然，此时不生产比生产强。

总之，垄断竞争厂商短期均衡的条件如式（5.8）所示。在短期均衡时，垄断竞争厂商可能获得最大利润，可能利润为零，也可能蒙受最小亏损。

（四）垄断竞争厂商的长期均衡

在长期内，垄断竞争厂商根据利润最大化的原则 $MR = LMC$ 作出生产决策。由于垄断竞争厂商在长期内不仅可以调整全部生产要素的投入量，而且可以较自由地加入或退出生产集团，因此便意味着垄断竞争厂商实现长期均衡时利润必定为零。这也就是说，在垄断竞争厂商的长期均衡产量上，d 需求曲线必定与 LAC 曲线相切。

在图 5 – 18（a）中，代表性垄断竞争厂商根据利润最大化原则 $MR = LMC$ 选择的产量和价格分别为 Q_1 和 P_1，并由此获得了最大的利润，其利润量相当于图中阴影部分的面积。由于生产集团内单个厂商能够获得利润，因此会吸引新的厂商加入到该生产集团中来。随着生产集团内企业数量的增加，在市场需求规模不变的条件下，每个企业所面临的市场需求份额就会减少；相应地，表现在图 5 – 18（b）中便是代表性垄断竞争厂商的 d_1 曲线向左下方移动（如图中箭头所示）。而且，由于新厂商的加入使得市场的竞争程度加大，所以，d 曲线会变得更平坦一些。这种 d_1 曲线不断地向左下方移动的过程，要一直持续到生产集团内每个厂商的利润消失为止。而一旦利润消失，则新厂商加入也就停止了。这一过程的结果表现在图 5 – 18（b）中便是在 $MR = LMC$ 决定的利润最大化的产量 Q_2 上，相对平坦的 d_2 曲线恰好与 LAC 曲线相切，即此时价格等于平均成本，厂商的利润刚好为零，从而实现长期均衡。

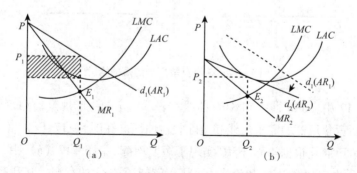

图 5 – 18 垄断竞争厂商的长期均衡（一）

在图 5 – 19（a）中，代表性垄断竞争厂商根据利润最大化原则 $MR = LMC$ 选择的产量和价格分别为 Q_1 和 P_1，此时厂商处于最小亏损，其亏损量相当于图中阴影部分的面积。由于生产集团内单个厂商的生产是亏损的，因此，原有厂商的一部分会退出生产。随着生产集团内企业数量的减少，在市场需求规模不变的条件下，每个企业所面临的市场需求份额就会增加；相应地，表现在图 5–19（b）中便是代表性垄断竞争厂商的 d_1 曲线向右上方移动（如图中箭头所示）。而且，由于原厂商的退出使得市场的竞争程度减弱，所以，d 曲线会变得相对陡一些。这种 d_1 曲线不断地向右上方移动的过程，要一直持续到生产集团内每个厂商的亏损消失为止。而一旦亏损消失，则原厂商的退出也就停止了。这一过程的结果表现在图 5–19（b）中便是在 $MR = LMC$ 决定的利润最大化的产量 Q_2 上，相对陡峭的 d_2 曲线恰好与 LAC 曲线相切，即此时价格等于平均成本，厂商的利润刚好为零，从而实现长期均衡。

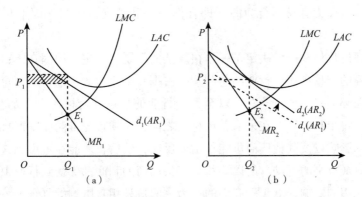

图 5–19　垄断竞争厂商的长期均衡（二）

总而言之，垄断竞争厂商的长期均衡条件为：

$$MR = LMC \tag{5.11}$$

$$AR = LAC \tag{5.12}$$

在长期均衡产量上，垄断竞争厂商的利润为零。

（五）垄断竞争厂商的供给曲线

在垄断竞争市场上，不存在具有规律性的供给曲线。其原因如同在上一节已经指出的那样，在厂商所面临的需求曲线向右下方倾斜的情况下，厂商的产量和价格之间不存在一一对应的关系，因此，找不到垄断竞争厂商和生产集团的具有规律性的供给曲线。

三、寡头

（一）寡头市场的特征

寡头市场又称为寡头垄断市场。它是指少数几家厂商控制整个市场的产品的生产和销售的一种市场组织。寡头市场被认为是一种较为普遍的市场组织。西方国家中不少行业都表现出寡头垄断的特点，例如，美国的汽车业、电气设备业、罐头行业等，都被少数几家企业所控制。

形成寡头市场的主要原因包括：某些产品的生产必须在相当大的生产规模上运行才能达到最好的经济效益；行业中少数几家企业对生产所需的基本生产资源的供给的控制，政府的扶持等。由此可见，寡头市场的成因和垄断市场是很相似的，只是在程度上有所差别而已。寡头市场是比较接近垄断市场的一种市场组织。

寡头行业可按不同方式分类。根据产品特征，可以分为纯粹寡头行业和差别寡头行业两类。在纯粹寡头行业中，厂商之间生产的产品没有差别。例如，可以将钢铁、水泥等行业看成是纯粹寡头行业。在差别寡头行业中，厂商之间生产的产品是有差别的。例如可以将汽车、冰箱等行业看成是差别寡头行业。此外，寡头行业还可按厂商的行动方式，区分为有勾结行为的（即合作的）和独立行为的（即不合作的）不同类型。

寡头厂商的价格和产量决定是一个很复杂的问题。其主要原因在于：在寡头市场上，每个厂商的产量都在全行业的总产量中占据一个较大的份额，从而每个厂商的产量和价格变动都会对其他竞争对手以至整个行业的产量和价格产生举足轻重的影响。正因为如此，每个寡头厂商在采取某项行动之前，必须首先推测或掌握自己这一行动对其他厂商的影响以及其他厂商可能作出的反应，然后，才能在考虑到这些反应方式的前提下采取最有利的行动。所以，每个寡头厂商的利润都要受到行业中所有厂商的决策的相互作用的影响。寡头厂商们的行为之间这种相互影响的复杂关系，使得寡头理论更加复杂化。一般来说，不知道竞争对手相互之间的反应方式，就无法建立寡头厂商的模型。或者说，有多少关于竞争对手相互之间的反应方式的假定，就有多少寡头厂商的模型，从而就可以得到多少不同的结果。因此，在西方经济学中，还没有一个寡头市场模型可以对寡头市场的价格和产量决定作出一般的理论总结。

【思考】生活中你了解的寡头垄断企业有哪些？他们相互之间是以什么样的关系存在着？

【拓展阅读 5 –3】

囚徒困境下的课外辅导

如表 5 –3 所示，囚徒困境的故事讲的是，两个嫌疑犯作案后被警察抓住，分别关在不同的屋子里接受审讯。警察知道两人有罪，但缺乏足够的证据。警察告诉每个人：如果两人都抵赖，各判刑一年；如果两人都坦白，各判八年；如果两人中一个坦白而另一个抵赖，坦白的放出去，抵赖的判十年。于是，每个囚徒都面临两种选择：坦白或抵赖。然而，不管同伙选择什么，每个囚徒的最优选择都是坦白：如果同伙抵赖、自己坦白的话自己放出去，抵赖的判十年，坦白比不坦白好；如果同伙坦白、自己也坦白的话各判八年，比起抵赖的判十年，坦白还是比抵赖的好。结果，两个嫌疑犯都选择坦白，各判刑八年。如果两人都抵赖，各判一年，显然这个结果好。囚徒困境所反映出的深刻问题是，人类的个人理性有时能导致集体的非理性，聪明的人类会因自己的聪明而作茧自缚，或者损害集体的利益。

表 5 – 3　　　　　　　　　　　　　　　　　　　囚徒困境

囚徒 1	囚徒 2		
		坦白	抵赖
	坦白	– 8，– 8	0，– 10
	抵赖	– 10，0	– 1，– 1

囚徒两难的博弈情境说明了维持合作的困难。即使在合作时使所有人状况变好，人们也往往选择不合作。囚徒两难处境的故事包含着一个一般性结论，这个结论适用于任何一个力图维持成员合作的集团。

据调查显示，93.6% 的受访者表示身边的家长在给孩子报暑期培训班。殊不知课外辅导行为也正处于"囚徒困境"之中。首先，我们预设参与者是"理性人"，即总会做出让自己利益最大化的选择，并且他们知道每个参与者都是理性的。在此基础上，假设 1：升学名额是有限的。假设 2：课外辅导与学生成绩正相关。如果两个假设成立，那么学生们将面临两难的抉择。现假定，有 A 和 B 两个学生，成绩相当，但升学名额有限，无论如何只能有一个人升学，这就可能会导致以下 4 种情况和 2 种不同的选择。第一种情况：A 学生选择进行课外辅导，B 学生 11 选择不进行课外辅导。A 成绩提高并且高于 B，最终 A 获得升学的名额。第二种情况：A 学生选择不进行课外辅导，B 学生选择进行课外辅导，B 成绩提高并且高于 A，最终 B 获得升学的名额。第三种情况：A 学生选择进行课外辅导，B 学生也选择进行课外辅导，A、B 成绩均提高且水平相当，但是，双方都付出了时间金钱却没有得到相应的收益，占用了学生正常的休息时间和娱乐时间，给学生们也带来沉重的负担。第四种情况：A 学生选择不进行课外辅导，B 学生也选择不进行课外辅导，A、B 成绩水平相当，起点一致。

资料来源：罗彩云．"囚徒困境"视角下的课外辅导行为［J］．财富时代，2020（4）：60.

（二）寡头市场理论模型简介

1. 古诺模型。古诺模型是早期的寡头模型。它是由法国经济学家古诺于 1838 年提出的。古诺模型通常被作为寡头理论分析的出发点。它是一个只有两个寡头厂商的简单模型，该模型也被称为"双头模型"。古诺模型的结论可以很容易地推广到三个或三个以上的寡头厂商的情况中去。

古诺模型分析的是两个出售矿泉水的生产成本为零的寡头厂商的情况。古诺模型的假定是：市场上只有 A、B 两个厂商生产和销售相同的产品，它们的生产成本为零；它们共同面临的市场的需求曲线是线性的，A、B 两个厂商都能够准确地了解市场的需求曲线；A、B 两个厂商都是在已知对方产量的情况下，各自确定能够给自己带来最大利润的产量，即每一个厂商都是消极地以自己的产量去适应对方已确定的产量。

2. 斯威齐模型。斯威齐模型也被称为弯折的需求曲线模型。该模型由美国经济学家斯威齐于 1939 年提出，其可以用来解释一些寡头市场上的价格刚性现象。

该模型的基本假设条件是：如果一个寡头厂商提高价格，那么行业中的其他寡头厂商都不会跟着改变自己的价格，因而提价的寡头厂商的销售量的减少是很多的；如果一个寡头厂商降低价格，那么行业中的其他寡头厂商会将价格下降到相同的水平，以避免销售份额的减少，因而该寡头厂商的销售量的增加是很有限的。

复习与思考题

一、单项选择题

1. 在现实中，最接近于完全竞争市场的是（　　）。

A. 公用事业　　　　B. 重工业产品　　　　C. 轻工业产品　　　　D. 农产品

2. 以利润最大化为目标的厂商面临边际收益大于边际成本的局面，他应该（　　）。

A. 减少产量　　　　B. 降低价格　　　　C. 增加产量　　　　D. 提高价格

3. 追求利润最大化的厂商将把产量定在（　　）。

A. 总收益等于总成本

B. 总成本超过总收益最小量的地方

C. 总成本超过总收益最大量的地方

D. 总收益超过总成本最大量的地方

4. 一个行业有很多企业，每个企业销售的产品与其他企业的产品略有差别，这样的市场结构被称为（　　）。

A. 垄断竞争　　　　B. 垄断　　　　C. 完全竞争　　　　D. 寡头

5. 在下列差别价格形式中，消费者剩余最少的是（　　）。

A. 一级价格歧视　　　　　　　　　　B. 二级价格歧视

C. 三级价格歧视　　　　　　　　　　D. 四级价格歧视

二、简答题

1. 为什么利润最大化原则 $MC=MR$ 在完全竞争条件下可表达为 $MC=P$？

2. 什么是价格歧视？简述厂商实行价格歧视所需的条件及价格歧视的种类。

三、计算题

1. 已知某完全竞争行业中的单个厂商的短期成本函数为 $STC = 0.1Q^3 - 2Q^2 + 15Q + 10$。试求：（1）当市场上产品的价格为 $P = 55$ 时，厂商的短期均衡产量和利润；（2）当市场价格下降多少时，厂商必须停产。

2. 已知一垄断厂商的成本函数为：$TC = 5Q^2 + 20Q + 10$，产品的需求函数为：$Q = 140 - P$，试求该厂商利润最大化的产量、价格及利润。

3. 完全竞争行业中某厂商的成本函数为 $STC = Q^3 - 6Q^2 + 30Q + 40$，假设产品价格为 66 元时：（1）利润最大化时的产量及利润总额？（2）由于竞争市场供求发生变化，由此决定的新价格为 30 元，在新的价格下，厂商是否会发生亏损？如果会，最小的亏损额为多少？（3）该厂商在什么情况下才会退出该行业（停止营业）？

4. 垄断厂商的总收益函数为 $TR = 100Q - Q^2$，总成本函数为 $TC = 10 + 6Q$，试求：（1）厂商利润最大化的产量是多少？（2）厂商利润最大化的价格是多少？

第六章 微观经济政策

✏️ 学习目标与要求

1. 理解和掌握微观经济政策目标、公平与效率的含义。
2. 理解和掌握市场失灵的原因及对策。
3. 了解信息不对称的含义与分类、外部影响及分类、收入分配均等化。

【案例导入】

当火车驶过农田的时候

20 世纪初的一天，列车在绿草如茵的英格兰大地上飞驰。车上坐着英国经济学家庇古（A. C. Pigou）。他边欣赏风光，边对同伴说：机车在田间经过，机车喷出的火花（当时是蒸汽机）飞到麦穗上，给农民造成了损失，但铁路公司并不用向农民赔偿。这正是市场经济无能为力之处，经济学家将其称为"市场失灵"。

将近 70 年后，1971 年，美国经济学家乔治·斯蒂格勒（G. J. Stigler）和阿尔钦（A. A. Alchian）同游日本。他们在高速列车（这时已是电气机车）上见到窗外的禾田，想起了庇古当年的感慨，就问列车员，铁路附近的农田是否受到列车的损害而减产。列车员说，恰恰相反，飞速驰过的列车把吃稻谷的飞鸟吓走了，农民反而受益。当然铁路公司也不能向农民收"赶鸟费"。这同样是市场经济无能为力的，也称为"市场失灵"。

同样一件事情在不同的时代与地点结果不同。两代经济学家的感慨也不同。但从经济学的角度看，火车通过农田无论结果如何，其实说明了同一件事：市场经济中外部性与市场失灵的关系。

资料来源：梁小民. 微观经济学纵横谈 [M]. 北京：生活·读书·新知三联书店，2000.

第一节 微观经济政策目标

到目前为止，在一系列的假设下，在完全的市场调节下，无论是消费者还是生产者都能实现自身利益的最大化，我们称为有效率，但市场的调节毕竟存在着自发性、滞后性和盲目性，在现实生活中必然会导致效率的损失，除了效率之外，公平常常也是一个社会所追求的目标。为简明起见，效率被理解为资源的更加优化的配置，公平被理解为收入的更加公平的分配，二者被看成一个社会或政府在微观层面上追求的目标。

一、公平与效率的含义

（一）公平

微观经济政策的一个目标是收入均等化。政府要干预财富和收入分配，把收入均等化确定为政策目标，其原因是完全竞争的市场机制调节不能实现财富和收入分配的均等化，只能实现资源有效配置，二者不能同时实现。公平是社会成员收入均等化，但由于收入与财产存在密切关系，公平也应该包括财产均等化。经济学主要是强调机会公平，同时也要保障社会成员的一定生活水平。

（二）效率

微观经济政策的另一个目标是资源有效配置。把资源的有效配置列入目标是由于使稀缺经济资源能够发挥出更大的作用，取得更大的效益，是任何一个国家和社会都不能回避的现实问题。在现实中，资源不能自动实现有效配置，竞争的不完全性又阻碍了资源有效配置。所以政府必须参与调节资源的配置，努力实现资源的有效配置，取得最大的效率。效率就是资源配置到最优状态的结果。资源配置不合理，使用不当，利用不充分，这就是效率损失。效率反映了一个国家的发展水平，反映了人力与物力资源是否发挥了最大用处、得到了充分地利用。

二、公平与效率交替的必然性

经济学家认为，在市场经济活动中，收入分配的依据标准有三个：一是贡献标准，按社会成员对经济的贡献来分配国民收入，按生产要素价格来分配还可以保证经济效率，但由于社会各成员能力、机会等的差异，会造成收入分配不公平；二是需要标准，按照社会成员对生活必需品的需要来分配国民收入；三是公平标准，即按照公平原则来分配国民收入。按需要标准和公平标准会有利于收入分配的公平化，但不利于提高经济效率。所以说公平与效率不可能兼得，只能有所侧重。要达到公平就要牺牲一部分效率；要保证效率提高，就不能为公平而缩小收入差距。

从整个社会角度看，劳动者得到的收入是市场对其提供的劳动的质与量的评价和报酬，也是鼓励其继续提供劳动的手段。如果收入没有差别，劳动者得不到鼓励和刺激，经济效率必然降低。所以，有利于效率又不利于公平，有利于公平又不利于效率，这就是公平和效率交替的必然性。公平与效率之间存在的替代关系在两者变化时并不是对称的。如果假设其他条件不变时，在一定限度内，个人收入增加（收入差距扩大），可以使效率较大幅度增加，但是超过一定限度的个人收入的继续增加（收入差距进一步扩大），将使个人和社会效率下降。若反过来，超过一定限度后，再缩小收入差距，效率将迅速下降，导致一种无效率的状态。

三、公平与效率之间的交替关系影响政策

公平与效率都是经济社会要达到的目标，二者间又存在着此消彼长的交替关系，这就影响到经济政策的制定和实际运行。比如累进个人所得税，会带来工作与闲暇的交替；累进财产税、遗产税，会造成储蓄与消费的交替；较高的失业救济也会造成工作与闲暇的交替；同教育年限相联系的收入分配，会产生升学与就业的交替。如果改变这些制度和政策，效率可能提高，但公平问题会更严重。

因此，政府制定政策时，要考虑下列的问题：如果把现有收入均等化措施全部取消，会由于收入差距扩大引起社会动荡。收入均等化维系社会安定，决不能轻视。社会救济福利制度只要实施，就不可能撤回取消，这称作福利的"不可逆性"。

从以上分析可知，如果收入均等化不能妥善处理，终将引起社会不安定，造成经济效率丧失，结果两个目标都落空。政策制定者必须兼顾公平和效率，不能顾此失彼。如何在公平与效率之间进行权衡，找到二者在不同条件下的最优组合，是经济学需要解决的一个重大现实问题。

第二节 市场失灵的原因及对策

微观经济学部分的主旨在于论证所谓的看不见的手的原理，即完全竞争市场经济在一系列理想化假定条件下，可以推动整个经济达到一般均衡，资源配置达到最优状态，但这个原理并不适用于现实经济，由于完全竞争市场以及其他一系列理想化假定条件不是经济本身的真实写照，因此，现实的市场机制在很多场合不能产生资源的最优配置，这种情况被称为"市场失灵"。导致市场失灵的主要原因有以下方面。

一、信息不对称

（一）信息不对称的含义及分类

1. 含义。信息不对称是指在相互对应的经济个体之间的信息呈不均匀、不对称的分布状态。也就是说，有些经济个体对关于某一经济事物的信息比另外的经济个体

掌握得更多一些。如消费者购买手机时，对该种手机所掌握的信息一般比接待他的商场营业员要少得多，如对该种手机的真实产地、返修率、销售情况等，营业员了解的信息往往更多。在招工市场上，应聘人员对自己的能力和其他情况都相当了解，而招工单位充其量只能根据应聘人员的谈吐、举止来大概判断该人的能力和性格等。

各个市场参与者所掌握的信息呈不均匀分布的市场可称为信息不对称的市场。信息不对称既可以指交易双方对某一市场交易品所掌握的总体信息有差异，也可以指交易双方对某一市场交易品某方面的信息了解有差异，如买卖双方对商品质量信息的不对称、对于商品价格信息的不对称、对于商品售后服务信息的不对称等。

信息不对称产生和形成的原因是多种多样，也是显而易见的。如社会经济现象及社会生活的复杂性、庞大性与人的观察能力和认识能力的差异性、有限性间的矛盾；社会分工及社会角色的不同所导致的人们对同一事物的了解程度的差异等。信息不对称具有普遍性，信息不对称意味着至少有一方拥有的信息是不完全的，交易各方构成的市场也就必然为信息不完全市场。

2. 分类。根据信息不对称发生在双方的交易契约签订之前还是之后，信息不对称可分为信息事前不对称和信息事后不对称。对于经济学上所讲的交易契约，不应该狭义地仅仅理解为交易双方正式签订的合同（契约）。根据约定俗成的商业惯例、社会惯例达成的默契及口头协议等都属于交易契约。如消费者在商场看到某商品后，提出要购买，虽然双方没有正式签订契约，但实际上可被视为签订了契约，契约的内容包括：消费者按标示的价格付款、商场提供与样品一样的商品、商品的质量完好、对某些特殊商品甚至负责送货和安装等。这里的交易也不应仅仅狭义地理解为单纯的商品买卖关系。当然，契约签订后（事后）常发生违约或不能很好地履约，但这并不能改变当初签约的事实。

如果消费者在与商场"签订"交易契约之前（即还未购买某商品），对商品的相关信息的掌握比商场少，这便是信息事前不对称。假如用人单位与应聘人员签订用工合同后，对于该人员的工作努力程度并不很清楚（当然员工自己很清楚），这就是信息事后不对称。

（二）信息不对称的表现及应对

1. 逆向选择指的是这样一种情况，市场交易的一方如果能够利用多于另一方的信息使自己受益而使对方受损时，信息劣势的一方便难以顺利地做出买卖决策，于是价格便随之扭曲，并失去了平衡供求、促成交易的作用，进而导致市场效率的降低。

假如在某个旧车市场有 200 辆旧车待售，其中 100 辆是高质量的，100 辆是低质量的。再假设高质量车主开出的最低卖价为 10 万元，低质量车主开出的最低卖价为 5 万元。买主不能确定自己花了高价一定能买到高质量车，但知道自己买到高质量车与低质量车的概率各为 50%，因此，他愿出的最高价格就是平均质量的旧车的价格

7.5 万元（$10 \times 50\% + 5 \times 50\%$）。这样一来，高质量车主大多不愿出售，离开了市场，只有低质量车还在市场上。如果其他买主知道这一新的情况后，感到旧车市场的平均质量下降了，所愿出的最高价格会进一步下降，这将导致另外一些较高质量的旧车离开市场。

也就是说，由于信息不对称，高质量车难以完成交易，需要高质量车的消费者和想要出售高质量车的车主的效用都受到了损害，降低了市场效率和经济效率。虽然从总体上讲，市场竞争的作用是优胜劣汰，但在某些信息不对称的市场上却存在"劣质品驱逐优质品"的现象。这种现象称为柠檬市场（因为"柠檬"这个词在美国俚语中表示次品、二手货或不中用的东西，于是，在信息不对称理论中，常常把处于信息不对称环境中的次品市场称为柠檬市场）。不仅是旧车市场，这种现象也存在于几乎所有的其他市场，如保险市场等。

在保险市场上，保险的购买者对自己将要面临的风险比保险公司知道得更清楚，也就是说，保险的买卖双方掌握的信息是有差别的、不对称的。即使保险公司要求对想要购买医疗保险的投保人先做健康检查，投保人对自身的健康状况还是比保险公司了解得更多，因为全面的身体健康状况是难以通过一两次检查充分了解清楚的。健康的人往往不太愿意投保，而健康状况较差的人会较为积极地投保。保险公司为了减少损失，可能会提高保险费。但这样往往会使更多健康的顾客离开保险市场，保险市场上投保人的平均健康状况比先前更差，保险公司则会进一步提高保费，如此循环下去，直至最后购买保险的人都是健康状况非常差的。保险市场与旧车市场的信息不对称现象是有一定差别的，保险市场上，买方掌握的信息比卖方要多，而旧车市场上，卖方掌握的信息比买方多。

对于一般的商品市场，消费者知道市场上销售的某种商品有优劣之分，但不知道某件具体商品是属于优质品还是劣质品，因而不愿以较高的价格去购买鱼龙混杂的某种商品，而只愿出较低的价格。这就可能会使优质品退出市场，消费者了解到劣质商品的比率提高的情况后，出价会更低，如此循环下去，市场上将充斥劣质品。不仅生产和销售优质品的厂商的利益受损，消费者的效用水平也会因难以买到或买不到优质商品而降低，甚至生产和销售优质品的厂商也会开始生产、销售低成本的劣质商品。"劣胜优汰"的现象使市场运行处于混乱状态。

但人们也是有控制和缓解逆向选择的办法的。例如，从政府的角度来说，可以依法严厉打击和铲除假冒品，恢复和建立消费者对市场的信心，进而让市场机制淘汰低质量商品。从厂商和消费者个人的角度来说，可以通过信号显示（信息优势方通过某种方式向信息劣势方发出市场信号，以表明自己的物品或自身属于优良等级的行为）和信号甄别（在进行市场交易前，信息劣势方首先以某种方式使得信息优势方不得不发出表明自身特征、品质、类型等信号，以供信息劣势方辨别、解读，从而改变自己在市场交易中所处信息劣势地位的行为）方式来缓解信息的事前不对称，进而缓解逆向选择。

2. 道德风险指的是交易双方在签订交易契约后，信息优势方在使自身利益最大化的同时损害了信息劣势方的利益，而自己并不承担由此造成的全部后果的行为。道德风险产生的原因在于交易契约为交易双方建立起了一种关系，在这种关系中，信息劣势方无法观察到信息优势方的全部行为，最多只能观察到行为产生的不利后果，而且又无法确定这种不利后果的产生是否与信息优势方的行为不当有关，因此只能成为受害者。

道德风险原也是保险业中承保人的常用语，意指投保人发生不利于承保人的行为变化。这里以汽车防盗保险为例来做说明。在汽车车主未购买汽车防盗保险以前，他会警惕性颇高地防止汽车被盗。但在购买了汽车防盗保险之后（即与保险公司签订交易契约后），他的防盗警惕性可能会大大下降，如将汽车经常停放在不安全地域、停放时常忘记锁上车门等。一旦汽车被盗，车主会要求保险公司理赔。保险公司只能事后确定汽车被盗的事实，由于信息不对称，无法了解汽车被盗的真实原因。也许汽车被盗是因为车主未锁车门（根据保险条款，这种情况不应要求保险公司理赔），但车主谎称汽车是在正常情况下被盗的，处于信息劣势的保险公司只得认账。在这里，投保人的道德风险造成了不良后果：首先，保险公司的利益受损；其次，道德风险现象的普遍化可能会逼迫保险公司提高保险费率，甚至干脆取消该项业务，这对投保人是不利的，也有害于保险业务的发展；最后，车主防盗警惕性的降低会使汽车这种资源频繁地转移到偷盗者那里去。而所有这些，都意味着社会经济资源配置效率的降低。

针对不同社会领域的道德风险现象，现实社会中存在不同的应对策略，以上述的保险市场为例，风险分担便是对策之一。保险公司改变让自己承担全部风险的做法，让投保人也承担部分风险，即实行风险分担。具体方式有两种：一是保险公司对投保人的损失只按一定比率赔偿；二是投保人首先承担某一规定金额内的损失，超过这一规定金额的损失则由保险公司理赔。当然，这些都得事先在保险合同中标明。风险分担无疑会约束投保人的道德风险。

3. 为委托—代理问题是法律用语，是指出于信息不对称，处于信息劣势的委托人难以观察、了解代理人的全部和真实行为，代理人则为了追求自己的利益而凭借信息优势实施违背委托人利益的行为。把这个定义与道德风险的定义相比较，可以发现委托—代理问题实际上是一种道德风险现象，但由于它所具有的典型性和重要性，我们把它单独列出来进行分析。委托—代理产生问题的条件有三个：一是委托人与代理人追求的目标不一致。例如，对于作为企业所有者的委托人而言，追求利润最大化是其最主要甚至唯一的目标，委托人的目标需要通过代理人的经营努力才能实现，但是委托人的目标与代理人的目标常常不一致，这些不一致性常常可能导致代理人做出对自己有利但有损于委托人的行为。二是委托人与代理人之间的信息不对称，从而委托人难以监督代理人的行为。三是代理人的业绩不仅取决于其活动和努力程度，还取决于一些其他的不可预测、不可抗拒的因素。因此，代理人可以借口这些因素以掩盖自己的行为信息。如企业重大亏损明明主要是由自己的工作不努力、管理不到位造成的，代理人却可以归咎于市场的变幻无常。

企业内部出现的委托—代理问题，造成的后果不只是使委托人的利益遭受损失，同时也会影响社会资源的配置效率，因为在假设委托—代理问题不存在的条件下，企业规模的扩张会更合理，技术进步会更快，产出量会更大，缴纳的税收会更多，也就是说整个社会经济资源的配置效率会更高。

由于不可能彻底消除委托—代理问题产生的上述三个条件，因而委托—代理问题也不可能被彻底消除。委托人控制和缓解委托—代理问题的对策应是围绕这一问题产生的原因和条件来展开。总的对策思路是应该使代理人的目标与委托人的目标趋向一致或偏差不至于太大，这样的话，代理人才会将委托人的目标当作自己的目标或近似地当作自己的目标去努力奋斗，不会做出违背或过分违背委托人利益的事情来。具体措施如下：

（1）利益激励机制。利益激励机制的具体形式多种多样，如分成制便是一种可供选择的办法。分成制是指委托人与代理人按照一定的比率从总收益中获得各自的收入。企业管理层或企业内部人员持股（凭股份分红）、承包制等均可看作分成制的更具体形式。

（2）信息疏通机制。如果说利益激励机制旨在解决委托人与代理人之间的目标偏差，增强代理人工作努力动能的话，信息疏通机制则旨在缓解委托人与代理人之间的信息不对称，提高委托人对代理人的监督效率及对代理人工作努力程度的辨别能力。这方面最有效的制度便是上市公司的信息披露机制。上市公司生产经营方面的重大决策和重大事项被强制性要求及时、准确、充分地披露；上市公司的财务报表被要求定期公布，甚至可供股东查阅等。这样无疑可以强化股东甚至社会各界对上市公司管理层的有效监督。

二、垄断

垄断在经济学中有广义和狭义的不同理解。微观经济学厂商理论中对垄断的理解是狭义的，即一个厂商控制一个行业或市场的全部商品供给，厂商就是行业，市场是唯一卖者的市场。按照这个定义，在现实经济中找不到垄断，那么，说垄断破坏了市场机制就难以证实。微观经济政策中理解的垄断是广义的，即认为垄断是一个或几个厂商控制一个行业全部或大部分供给的情况，类似于寡头垄断。按这个广义的理解，现实经济生活中普遍存在着垄断组织和行业，比如美国的汽车业、钢铁工业、飞机制造业、化学工业等都属于垄断市场。

垄断的存在给社会带来了危害和损失，主要表现为资源浪费和社会福利的损失（如第五章已经论述过的"价格歧视"），具体来说，垄断的存在还可能产生某些弊病：第一，垄断企业不像完全竞争厂商，力图降低成本。由于不存在竞争的威胁，不必努力降低成本，就可以安稳地生产下去。在这种情况下，厂商可能把一部分收益假报成本，计算成本时包括一些应该计入利润的项目，从而低估利润，少纳税多获利，进一步减少了社会福利。第二，浪费资源。为谋求垄断地位或者阻止竞争，可能要支付游说费或为了保护专利而支付诉讼费。也许还有维持额外生产能力而产生的成本，这是为了让潜在的竞争者知道，如果进入该行业，就会遭到现有企业低价竞争的威胁。第三，垄断侵入与渗透到政治领域，可能导致政治权力过分集中，垄断企业与政治结合不利于社会发展和良好风气的形成，如为了获得和维持垄断地位而向政府官员行贿等"寻租"行为。第四，垄断地位的确立和加强，会造成经济和技术出现停滞趋势。因此，政府必须反对垄断，推动竞争，让市场机制充分发挥作用。

限制垄断的办法主要是颁布反垄断法，一方面，反垄断法对维护自由竞争起着积极作用；另一方面，反垄断的政策是促进有效竞争，对不同产业应采取不同的反垄断政策。具体来说，一是对由中小企业构成的轻工业部门与零售业商业部门，鼓励有利的自由竞争，采用禁止性的反垄断策略；二是对公用事业和自然具有垄断性的部门，实行国家垄断，如电力、煤气、自来水等；三是对重工业部门，垄断有利于最佳规模经济的实现，可以实行有限的反垄断政策，允许垄断的存在，对其行为进行适当的管制，具体办法是利用国际竞争来限制垄断，或利用工会、消费者协会与垄断组织对抗，限制垄断行为。

【拓展阅读 6 – 1】

微软再次因捆绑销售被指控存在垄断行为

近日，德国云存储公司 Next – cloud 与其他 30 多家欧洲软件、云计算公司组成了"公平竞争环境联盟"，并正式向欧盟委员会投诉微软的反竞争行为，即微软将其云存储服务 OneDrive、协作办公软件 Teams 和其他服务与 Windows10 和 Windows11 捆绑销售。

Next – cloud 方面表示，通过推动消费者注册并将其数据进行上传，微软正在限制消费者的选择，并阻碍了其他提供同类型服务的公司参与公平竞争。

而这已不是微软首次因捆绑销售垄断而遭到指控了。过去，微软就曾经因为将媒体播放器软件的视窗版、IE 浏览器与 Windows 进行捆绑而遭到欧盟类似的起诉。目前，微软因捆绑销售已被欧盟罚款 22 亿欧元（约合 26 亿美元）。

OneDrive、Teams 等软件捆绑销售遭指控

OneDrive 是微软推出的云存储服务，用户在使用 Office 办公软件的时候可以把文件保存在 OneDrive 中，并开启文件的自动同步，防止因故障或者误操作导致文件丢失，并且在同步 OneDrive 之后在其他的设备上也可以很方便地进行打开编辑。目前 OneDrive 已纳入 Office 套件中。

以 Windows10 系统中 Microsoft 365 体验为例，记者在对新文档手动点击保存或者另存为按钮时，其首选位置会被优先推荐为 OneDrive，这会让用户逐渐养成"OneDrive 优先"的使用习惯。

Teams 是一款基于聊天的智能团队协作工具，可以同步进行文档共享，并为用户提供包括语音、视频会议在内的即时通信工具，是微软于 2017 年 3 月推出的产品，其一出世，便正面与 Slack 竞争。微软通过 Teams 捆绑了 Office 套件，很快便在活跃用户上"超越"了 Slack。

2020 年 7 月，Slake 向欧盟委员会投诉微软，指控微软存在不正当竞争行为。Slake 称，微软滥用其市场主导地位，通过将 Microsoft Teams 与其广受欢迎的 Office 办公软件相捆绑，消除了 Microsoft Teams 面临的竞争。微软将 Microsoft Teams 与 Office 相捆绑意味着，有数百万用户被迫安装 Microsoft Teams，且无法删除。诉状中称，微软的行为相当于"滥用其市场主导地位、扼杀竞争的非法和反竞争行为"。

"Teams 和 Slake 这两款产品，从产品设计到一些界面上有很多相似之处，Teams 借鉴了 Slake 的一些能力。"也有业内人士向记者指出，主要是因为 Windows 和 Office 的垄断地位，微软通过捆绑销售提升了其他一些产品的市场占有率。

微软与欧盟的纠纷由来已久

实际上，微软与欧盟的恩怨由来已久。欧盟最早于 1998 年起诉微软违反反垄断法，当时，位于布鲁塞尔的反垄断机构，应太阳系统公司的诉求，开始调查微软在欧洲的所作所为。随后，他们发现微软利用桌面终端的市场统治地位，垄断了整个欧洲服务器市场。欧盟再次向微软发出警告，微软仍然置若罔闻，继续在欧洲销售捆绑媒体播放器软件的视窗版本。

不过，金融科技专家、阿里云 MVP 马超在接受本报记者采访时认为，这次微软的所谓的捆绑销售和欧盟过去指控的捆绑销售还是有些不一样的。浏览器和操作系统明显是两个分支的应用，但是 Office 和 OneDrive 的关系有点像宝剑和剑鞘，只是这个剑鞘不是实体的，而是一种储存服务。

马超向记者分析，这场官司发生在欧洲的主要原因还是在于欧洲在数字化时代已经落后了，世界主流的云厂商目前只存在于中美两国，其他地区已经没有条件再培育大的云计算平台。

资料来源：陈佳岚. 再遭反垄断指控　微软动了谁的奶酪 [N]. 中国经营报，2021 - 12 - 06 (C01).

三、外部影响

（一）外部影响及其分类

到目前为止，我们讨论的微观经济理论，特别是其中的看不见的手的原理，要依赖于一个隐含的假定：单个消费者或生产者的经济行为对社会上其他人的福利没有影响，即不存在所谓"外部影响"。换句话说，单个经济行为中产生的私人成本和私人利益被看成等于该行为所造成的社会成本和社会利益。但是，在实际经济中，这个假定往往并不能够成立。在很多时候，某个人（生产者或消费者）的一项经济活动会给社会上其他成员带来好处，但他自己却不能由此而得到补偿。此时，这个人从其活动中得到的私人利益就小于该活动所带来的社会利益。这种性质的外部影响被称为所谓"外部经济"。根据经济活动的主体是生产者还是消费者，外部经济可以分为"生产的外部经济"和"消费的外部经济"。另外，在很多时候，某个人（生产者或消费者）的一项经济活动会给社会上其他成员带来危害，但他自己却并不为此而支付足够抵偿这种危害的成本。此时，这个人为其活动所付出的私人成本就小于该活动所造成的社会成本。这种性质的外部影响被称为所谓"外部不经济"。外部不经济也可以视经济活动主体的不同而分为"生产的外部不经济"和"消费的外部不经济"。

1. 生产的外部经济。当一个生产者采取的经济行动对他人产生了有利的影响，而自己却不能从中得到报酬时，便产生了生产的外部经济。例如，一个企业对其所雇用的工人进行培训，而这些工人可能转到其他单位去工作，该企业并不能从其他单位索回培训费用或得到其他形式的补偿。因此，该企业从培训工人中得到的私人利益就小于该活动的社会利益。

2. 消费的外部经济。当一个消费者采取的行动对他人产生了有利的影响，而自己却不能从中得到补偿时，便产生了消费的外部经济。例如，某人对自己的孩子进行教育，把他们培养成更值得信赖的公民，这显然使其隔壁邻居甚至整个社会都得到了好处。

3. 生产的外部不经济。当一个生产者采取的行动使他人付出了代价而又未给他人以补偿时，便产生了生产的外部不经济。例如，一个企业可能因为排放废水而污染了河流，或者因为排放烟尘而污染了空气。这种行为使附近的人们和整个社会都遭受了损失。再如，因生产的扩大可能造成交通拥挤及对风景的破坏等。

4. 消费的外部不经济。当一个消费者采取的行动使他人付出了代价而又未给他人以补偿时，便产生了消费的外部不经济。和生产者造成污染的情况类似，消费者也可能造成污染而损害他人。吸烟便是一个明显的例子。吸烟者的行为危害了被动吸烟者的身体健康，但并为此而支付任何补偿。此外，还有在公共场所随意丢弃果皮等行为。

上述各种外部影响可以说是无所不在、无时不在。尽管就每一个单个的生产者或消费者来说，他造成的外部经济或外部不经济对整个社会也许微不足道，但所有这些消费者和生产者加总起来，所造成的外部经济或外部不经济是巨大的。例如，由于生产扩大而引起的污染问题已经严重影响到环境了。

【拓展阅读 6 - 2】

正外部性——路灯为路过的人照明

人们在自家门口设置路灯，其本意是为自己夜间的户外活动提供方便。路灯市场是由买路灯的人的需求和生产商对路灯的供给共同组成均衡点，就是买卖双方经济福利最大化的点。但事实上，路灯还能为夜行的人提供很大的方便，但是拥有路灯的人却可能掏不起设立过多路灯和过长时间照明的费用。因此，政府可以每月对路灯的拥有者进行补贴。

由于物品既给买者带来价值，还给其他人带来附加价值，因此，市场对物品需求的高低并不能代表物品的社会价值。实际上，物品的社会价值可能会远远高于物品对买者的私人价值。

要纠正这种市场的失灵，可以通过使外部性问题内化来实现。例如，良好的教育对受教育者和整个社会带来好处，因此可以说在教育行业存在正外部性。政府可以通过公立学校和政府助学金等手段大量补贴教育，使市场均衡向社会最适量靠近。

负外部性——谁为空气污染负责?

2006 年 10 月，世界卫生组织发表声明说，空气污染每年夺去了全球 200 万人的生命，其中一半以上发生在发展中国家。有数据显示，空气污染对儿童呼吸道乃至肺脏的发育有不良影响，并可能导致成年后罹患慢性呼吸系统疾病。但是，这些受害人应找谁索取赔偿? 受害者难道除了承受病痛的折磨外，还要独自承担昂贵的医疗费用和其他损失吗?

根据物品的负外部性问题，经济学家作出了积极的回答——不对，这些费用应由制造污染源的企业负责，医疗费用应由政府对企业征收的庇古税（即根据其污染的大小来决定数额的税种）来支付。不管是空气污染还是其他环境污染引起的疾病，政府都应该提供免费治疗。其分析如下：

假设有这样一个钢铁企业，它每生产一吨钢铁就有一定的废气污染进入大气。这些废气含有大量能对人的身体造成危害的有毒成分，也就是存在负外部性。那么，这种负外部性对于钢铁市场的影响是，钢铁生产者的成本小于生产钢铁的社会成本。这种钢铁的社会成本既包括生产者的私人成本，也包括使社会公民遭受污染而损失的健康成本。社会成本曲线位于供给曲线之上，这是因为钢铁生产者会把其行为的外部成本（即排放污染的成本）也计算在内。

我们已知道，在不存在污染等外部性问题时，能使社会经济福利最大化的生产水平位于价格均衡点上。如果考虑加入企业的污染成本，社会经济最大化的生产水平不会还在这个点上，而是位于社会成本曲线和需求的相交点上。这个点决定了生产钢铁的最优数量。它比原来的均衡水平要低一些。

如果要使社会的生产数量达到这个最适量，可以对钢铁生产者征收庇古税。这种税收使供给曲线向社会成本曲线靠近。最佳的税收规模会和钢铁生产者的污染成本一致，此时的市场形成的供给曲线就会和社会成本曲线完全一样，钢铁生产者会生产社会最适量的钢铁。这种政府对税收的运用使市场参与者考虑到了其行为的外部性影响。

资料来源：《图解经典》编辑部. 图解经济学［M］. 北京：北京联合出版公司，2016.

（二）有关外部影响的政策

如何纠正由于外部影响所造成的资源配置不当？微观经济学理论提出如下政策建议：第一，使用税收和津贴。对造成外部不经济的企业，国家应征税，其数额应该等于该企业给社会其他成员造成的损失，从而使该企业的私人成本恰好等于社会成本。例如，在生产造成污染的情况下，政府向污染者征税，其税额等于治理污染所需要的费用。反之，对造成外部经济的企业，国家则可以采取津贴的办法，使得企业的私人利益与社会利益相等。无论是何种情况，只要政府采取措施使得私人成本和私人利益与相应的社会成本和社会利益相等，则资源配置便可达到最优状态。

第二，使用企业合并的方法。例如，一个企业的生产影响到另外一个企业。如果影响是正的（外部经济），则第一个企业的生产就会低于社会最优水平；反之，如果影响是负的（外部不经济），则第一个企业的生产就会超过社会最优水平。但是如果把这两个企业合并为一个企业，则此时的外部影响就"消失"了，即被"内部化"了。合并后的单个企业为了自己的利益将使自己的生产确定在其边际成本等于边际收益的水平上。而由于此时不存在外部影响，故合并企业的成本与收益就等于社会的成本与收益，于是资源配置达到最优状态。

第三，使用规定财产权的办法。在许多情况下，外部影响之所以导致资源配置失当，是由于财产权不明确。如果财产权是完全确定的并得到充分保障，则有些外部影响就可能不会发生。例如，某条河流的上游污染者使下游用水者受到损害，如果给予下游用水者使用一定质量水源的财产权，则上游的污染者将因把下游水质降到特定质量之下而受罚。在这种情况下，上游污染者便会同下游用水者协商，将这种权利从他们那里买过来，然后再让河流受到一定程度的污染。同时，遭到损害的下游用水者也会使用他出售污染权而得到的收入来治理河水。总之，由于污染者为其不好的外部影响支付了代价，故其私人成本与社会成本之间不存在差别。这种规定财产权的政策，可以看成更加一般化的所谓"科斯定理"的特例。所谓科斯定理，指的是只要财产权是明确的，并且其交易成本为零或者很小，则无论在开始时将财产权赋予谁，市场均衡的最终结果都是有效率的。

当然，科斯定理解决外部影响问题在实际中并不一定是有效的，它面临着诸如财产权是否总能明确地加以规定？已经明确的财产权是否总是能够转让等问题。

此外，在完全竞争条件下，市场机制调节可以使经济资源达到最优配置。这里实际隐含着两个假定：一是假定商品消费有排他性，人们必须对一种商品支付价格方可消费，不付费就不能消费；二是假定商品消费有竞争性，某人消费了某种商品，别人就不能再消费了。在现实生活中，有些商品或物品的消费并没有排他性和竞争性。如国防、环境质量等，人们可以享用而不付费，一人享用不会影响别人享用，这些物品就是公共物品。因此，具有排他性和竞争性的物品为私人物品，而具有非排他性和非竞争性的物品就是公共物品了。公共物品的非排他性是指不管人们是否付费，都不能排除他们对该物品的消费；公共物品的非竞争性是指某人对该物品的消费并不影响他人对该物品的消费。

公共物品的特征来源于公共物品的不可分性。国防、警务、消防、公共卫生、道路、桥梁等，不能再分割成细小的部分，只能作为一个整体被人们享用。例如，一座桥梁建成以后，所需的花费已经结束，总成本曲线和平均成本曲线相同，边际成本为0，则价格也为0。人们应该免费使用，多一人过桥，不需要增加费用，禁止任何人过桥，既不节省费用又减少了人们的效用，是无效率的。所以，私人不愿意生产这类物品，人们也不愿意花钱去购买本来不用花钱就能享受到的物品。因此，公共物品的供给只能由政府来根据全体社会成员的需要来提供或生产。

对于公共物品，市场机制的作用不大或难以发挥作用。即使公共物品具有排他性，情况也是如此。假设有一座由政府收取过桥费的桥梁，可以阻止那些不付费的人过桥，这样做也只会减少社会福利，因为它减少了不付或者付不起过桥费的人们的满足程度，却不会因此增加别人的满足程度。而有些公共物品，人们不付费也不能阻止他们对这些物品的享受，如国防就是如此，它不能防止"免费乘车者（搭便车）"，从而可以看出，市场机制在这里完全不适用。

公共物品的特征与市场失灵决定了公共物品只能由政府来生产或提供。因为政府一方面可以用税收作为生产公共物品的费用，实际上纳税人都已经事先付费；另一方面向社会免费提供公共物品，让其充分利用，可以增加社会福利。在现实生活中，社会成员越多，社会提供的公共物品就越低于最佳数量。因此，任何一个社会都鼓励与颂扬公民的善行来提供公共产品，但这是很有限的而且是微不足道的，政府必须干预，以便尽力保障提供适当数量的公共物品。公共物品产量的决策往往通过投票来决定，这里涉及美国经济学家布坎南创立的公共选择理论，在此不再赘述，有兴趣的读者可以参考相关文献。

四、收入分配均等化

前面我们探讨了市场失灵的原因及解决办法，即提高效率问题，但社会的目标不仅仅是效率，还有公平。在市场经济中按生产要素贡献分配收入，必然出现收入分配的不平等。经济学把收入的不平等分为两种：一种是来源于机会不均等的收入不平等，另一种是在机会均等情况下出现的收入不平等。收入均等化的政策措施在两方面发挥作用：一是克服机会不均等，为每个人提供均等机会；二是直接调节收入水平，调整收入分配差距，以实现微观经济政策目标之一——收入均等化。

（一）解决机会不均等

机会不均等带来的收入不平等是社会的不公平不合理的体现，也是难以令人接受与容忍的，因此必须努力克服，使人人机会均等，从而实现收入均等化。为实现这个目标，政府采取的措施有：

1. 政府要为公民提供均等的就业机会。

（1）创造和增加就业机会，实现充分就业。一是运用财政政策和货币政策刺激经济增长；二是通过国有化，兴办私人不愿意办的基础公共产业；三是通过提供资助和减免税收刺激私人企业，鼓励企业扩大规模；四是限制移民，特别是外国移民。

（2）促进人力资源流动。人力资源难以流动，不但会造成严重失业，还会扩大工资差距。因此，为促进流动，一是用财政手段对失业率高的地区给予就业方面的税收优惠；二是提供就业信息，重新培训，资助迁移；三是清除人力资源流动的障碍。

（3）为实现平等就业，政府就要消除种族歧视、性别歧视。如美国有就业公正方面的立法，以防止劳动者在就业中出于种族、肤色、信仰和性别的原因而受到歧视。

2. 普及教育，促进教育机会均等。人们由于受教育与训练程度的差别会造成收入差距。为促进教育机会均等，从而达到收入均等，政府应该制定和实施公共教育政策，提供初等义务教育，发展高等教育，实行专门的培训计划。

3. 促进财产占有的机会均等。财产占有不均等，必然会带来收入的不均等，财产越多，收益越高。缩小财产差别的措施包括：一是征收遗产税；二是对非劳动收入（如红利、利息等）按较高税率征税，对劳动收入实行低税率。

（二）缩小收入差距

实现收入均等化目标，除机会均等化政策外，还有直接调节收入水平的政策，其手段有：

1. 税收政策。运用税收政策降低高收入者的收入水平，帮助低收入者提高收入水平，缩小收入差距。一是征收累进所得税，收入越多，交税越多。比如美国个人所得税最低为14%，最高为70%。二是对奢侈品征收消费税。

2. 转移支付政策。转移支付是通过一整套社会保障制度实现的。转移支付主要流向低收入家庭。比如，对由于失业、残疾、患病、年老等不能得到收入者，政府通过社会保障提供津贴或补偿；为保证全国公民的最低生活水平，政府实行公共救济计划，比如提供免费食品、食品券等；通过医疗保健的社会福利计划，为低收入者、老人提供医疗照顾等。

3. 价格政策。这里的价格指广义的价格，除商品价格外，还包括工资与利息率。价格政策有三方面的内容：第一，商品价格政策。通过控制价格水平促进收入均等，对购买的商品，实行低收入者付低价、高收入者付高价政策。第二，最低工资政策。规定最低工资，使分配有利于低收入者。最低工资虽由劳资双方议定，但必要时政府要干预和调节。第三，利息率政策。政府通过优惠贷款方式促进收入均等化。如向低收入阶层提供低息住宅贷款，改善其居住条件；向农业部门提供低息贷款，促进农业发展，提高农民收入，缩小城乡差别。

4. 负所得税政策。对政府转移支付政策，许多学者提出批评，他们认为：一是不公平，高收入者收入转给低收入者是不公正的；二是这样做有损于效率。为此他们提出负所得税政策。按规定，如果某家庭收入低于贫困线，就应得到负所得税，即得到一笔津贴；还规定参加工作的人的总收入（工资＋负所得税）要高于不工作人的总收入。

【拓展阅读6-3】

为什么要进行管制

管制是政府制定法规和设计市场激励机制以控制企业的价格、销售或生产等决策。管制分为经济管制和社会管制两类。

经济管制主要指对价格、市场进出门槛、质量标准等进行的控制，它明显地体现在电力、天然气、水等自然垄断行业上，运输、电台、电视台也有涉及。此外，受到极严格管制的要数金融业，许多法规对银行、保险公司等的业务范围进行了规范。

社会管制主要集中在环保以及劳工、消费者的健康和安全上。它的有关规定可用于对治理经济活动所引起的外部性问题和派生后果，如净化空气和水源、确保核安全、解决臭氧层空洞以及全球气候变暖等问题。

管制能限制市场上无节制的力量，政府强行插手市场并取代自由市场决策，其正当理由在哪里？早期为管制辩护的人往往含糊其辞，经济学家在长期观察后总结出三大公众利益理由。

（1）抑制垄断。水是每个人的生活必需品。我们可以设想一下，假如一个国家的水资源不是由政府而是由一个利欲熏心的公司控制，那么当它以减少供水来大幅抬高水价时，就需要政府插手管制。所以，一个地区的供水系统往往是由政府承包，更多的是由受政府管制的供水公司提供。

（2）防止信息不对称。一般来说，在市场信息中，消费者处于劣势，他们获得的产品信息既不充分也不完全。例如，对新药的测试费很昂贵，并且技术要求很高，所以政府对药品进行管制，只有通过验证的药品才能上市。政府对企业制作的广告也要进行审查，防止企业用广告误导和欺骗消费者。政府还对金融业严加管制，要求所有从业的公司提供必要的信息，以防投资者上当受骗。

（3）解决外部性问题。政府对存在外部性的场合的管制效率是很高的。例如，如果在一个洁净的住宅小区修建一个垃圾站，结果必然是所有居民的利益都受到损害。对于这种问题，如果修建一方和居民发生争执的话，往往会纠缠不清，诉诸政府可以很快得到公平合理的解决。

资料来源：《图解经典》编辑部. 图解经济学［M］. 北京：北京联合出版公司，2016.

复习与思考题

一、单项选择题

1. 市场失灵是指（   ）。

A. 市场价格机制的运行不再具有灵活性

B. 商品需求对价格变化的敏感程度下降

C. 市场对稀缺性资源配置的无效率

D. 收入分配不均

2. （   ）体现了外部不经济概念。

A. 连天下雨减少了小麦的产量　　　　B. 小麦减产引起农民收入下降

C. 吸烟有害于自身健康　　　　　　　D. 吸烟有害于他人健康

3. "搭便车"现象源于（   ）问题。

A. 公共物品　　　　　　　　　　　　B. 私人物品

C. 社会福利　　　　　　　　　　　　D. 不完全信息

4. 如果上游工厂污染了下游居民的饮用水源，按照科斯定理中的（   ），问题即可妥善地解决。

A. 不管财产权是否明确，只要交易成本为零

B. 只要财产权明确，且交易成本为零

C. 只要财产权明确，不管交易成本有多大

D. 不论财产权是否明确，交易成本是否为零

二、简答题

1. 外部影响对资源配置有何影响？如何纠正外部影响造成的资源配置失当？

2. 解决委托—代理问题的具体措施有哪些？

3. 举一个生产外部不经济的例子，并提出解决对策。

第七章　国民收入核算

✏️ 学习目标与要求

1. 理解和掌握国内生产总值的概念、核算方法和几个有关国民收入的概念。
2. 掌握在两部门经济、三部门经济和四部门经济情况下国民收入核算的恒等式。
3. 了解 GDP 折算指数。

【案例导入】

　　数据显示，前三季度，国内生产总值823131亿元，同比增长9.8%，两年平均增长5.2%，比上半年两年平均增速回落0.1个百分点。其中，三季度同比增长4.9%，两年平均增长4.9%，较二季度回落0.6个百分点，略低于市场预期，显示出了经济供需两端下行压力加大。

　　在中国宏观经济论坛（CMF）的月度数据分析会上，中国人民大学经济学院经济系主任于泽表示，当前经济仍面临比较大的压力，在修复的时候遇到了一些新的难题，比如房地产市场疲弱，从投资来看，当前基础建设正处在"十三五"与"十四五"交替期、接续期，大量的大型项目还没有到位，地方政府的投资库存严重不足，从而导致整个投资受到了影响。

　　但在国务院参事室特约研究员姚景源看来，经济出现回落并不意味着我国经济的内生动力不足，我国的内生动力依然强劲。要处理好阶段性矛盾、临时性问题，还得着力在结构改革、结构优化以及逆周期调节上下更大的力气。

　　一个亮点是，第二产业增加值增速最快，对经济增长支撑作用明显。前三季度，第二产业增加值同比增长10.6%，增速为三个产业中最高；而第三产业对经济增长的贡献最大，是前三季度经济增长的主要动力。前三季度，第三产业增加值占GDP的比重为54.8%，对经济增长的贡献率达54.2%，比上半年提高1.2个百分点。

　　应对目前新冠肺炎疫情的不确定性、世界的不确定性、战略转换的不确定性以及大的结构的不确定性，在政策考量上需要更高的水平，而这一更高的水平要求宏观经济治理体系要有全面改革和新的思路，这样才能避免过去出现的一系列宏观协调失灵所带来的各种问题。

　　资料来源：张智. GDP 增长9.8%解码［N］. 华夏时报，2021-10-25（006）.

宏观经济学是以整个国民经济活动为考察对象，研究国民产出决定与变动，国民产出与就业、通货膨胀，以及经济波动和周期、经济政策、经济增长之间关系的学说。事实上也就是着重研究资源的利用问题，资源利用包括以下三个方面的问题：首先，为什么经济资源不能得到充分利用，也就是说社会生产商品组合能不能达到生产可能性边界？事实上，这也就是"充分就业"的问题。其次，在经济资源既定的情况下，为什么产量时高时低？这就是经济波动的问题，与此相关的问题是，如何在既定的经济资源情况下，得到更多的产出，这就是经济增长的问题。最后，现代社会是货币的社会，货币购买力的变化对经济资源配置的各个问题影响十分大，关于货币购买力的变动，其实质就是"通货膨胀"的问题。

第一节　国内生产总值及核算方法

一、国内生产总值

（一）国内生产总值的概念

宏观经济学是研究整个社会的经济活动，那么整个社会经济的衡量就是我们要解决的首要问题，为此要定义和计量总产出或总收入的一套方法，经济学家一般认为国民收入的核算便是这套方法的核心，而衡量国民经济活动的核心指标是国内生产总值。国内生产总值（GDP）是指一个国家或地区在一定时期内（通常指一年）运用生产要素所生产的全部最终产品（物品和劳务）的市场价值。

理解这一定义时，应注意以下几点：

第一，GDP 是指最终产品的总价值。因此，在计算时不应包括中间产品价值，否则会造成重复计算。在一定时期内生产的并由最后使用者购买的产品和劳务被称为最终产品，中间产品是指用于再出售而供生产别种产品用的产品。

第二，GDP 是一国范围内生产的最终产品的市场价值。这是一个地域概念，即它不仅包括本国国民所生产的最终产品的市场价值，而且包括外国国民在本国国土上所生产的最终产品的市场价值。与国内生产总值相联系的国民生产总值（GNP）则是一个国民概念，它是指某国居民所拥有的全部生产要素所生产的最终产品的市场价值总和，即不仅包括在本国境内的国民所生产的最终产品的市场价值，而且包括该国国民从外国所获得的收入。一般来说，常住居民包括：在本国居住的本国国民、暂住外国的本国居民、常住本国但未入本国国籍的居民。两者的关系是：GNP = GDP + 本国公民在国外生产的最终产品的价值之和 − 外国公民在本国生产的最终产品的价值之和。

许多欧洲国家由于经济开放程度较高，较早采用了 GDP，美国从 1991 年以后采用了 GDP，现在世界上大多数国家采用了 GDP。采用 GDP 表明世界经济一体化的加剧，并且 GDP 较易衡量，又能更好地衡量就业潜力。在各国，GNP 与 GDP 的差别不同，美国自从 1980 年以来，这两者的差额几乎为零；加纳 1990 年的 GDP 是 GNP 的 103%；瑞士 1990 年的 GDP 是 GNP 的 95%。

第三，GDP 是指当年内生产出来的最终产品的市场价值，因此，在计算时不应包括以前某一时期生产的最终产品的市场价值。

第四，GDP 是一定时期内所生产而不是所售出的最终产品的价值。生产出来而未售出的部分可以看作企业自己买下来的部分，因而是存货投资，也计入 GDP。从量上来看，生产出的产品价值与售出的产品价值可能相等，也可能不相等。

第五，GDP 一般仅指市场活动导致的价值。不经过市场销售的最终产品不计入 GDP 中。例如，家务劳动、自给性生产等非市场活动不计入 GDP 中。

第六，GDP 中的最终产品不仅包括有形的最终产品，而且包括无形的最终产品——劳务。如旅游、服务、卫生、教育等行业提供的劳务，按其所获得的报酬计入国内生产总值中。

【拓展阅读 7 - 1】

中国的世界经济地位（1700 ~ 2015 年）

在相当长的时期内，中国一直是世界数一数二的经济体，但是发展节奏同世界通常的模式截然不同。在宋朝的末期，中国无疑是这个世界上的领先经济体。

从 1300 ~ 1820 年，中国经济受到了从元朝至明朝，再由明朝到清朝之间出现的多次动乱的影响，这个时期是一个粗放式的经济增长时期。该时期人口的大量增加与生产的增长几乎同步。虽然在同一时期内，欧洲的人口增长速度大大慢于中国的速度，但是到 1820 年时，它的人均收入水平已经是中国的两倍。在这几个世纪之中，中国基本上同世界经济隔绝。即使如此，1820 年时中国的总产出仍居世界第三位，而它在世界人口中的比重还会更高一些，按照世界的标准，它的人均收入水平仍然是令人钦佩的。1700 ~ 2015 年中国与美国在世界经济中的地位如表 7 - 1 所示。

表 7 - 1　　中国与美国在世界经济中的地位（1700 ~ 2015 年）

国家	1700 年	1820 年	1900 年	1950 年	2001 年	2015 年
GDP（10 亿 1990 年国际元）						
中国	83	229	218	240	4570	11463
美国	0.5	13	312	1456	7966	11426
世界	371	696	1973	5326	37148	57947
中国/世界（%）	22	33	11	5	12	20

续表

国家	1700 年	1820 年	1900 年	1950 年	2001 年	2015 年
人均 GDP（1990 年国际元）						
中国	600	600	545	439	3583	8265
美国	527	1257	4091	9561	27948	35420
世界	615	668	1262	2110	6041	7154
中国/世界（%）	0.98	0.90	0.43	0.21	0.59	1.16

现在让我们来展望一下 2015 年时可能的情况。如果使用美国人口普查局的人口预测数据，同时假定中国的人均收入增长可以保持它在 1990～2001 年期间的速度，那么到 2015 年时，中国可以在 GDP 总量和人口数量上同时获得它昔日曾拥有的头号世界经济体地位。

资料来源：安格斯·麦迪森. 世界经济千年史（中文版）[M]. 北京：北京大学出版社，2003.

（二）GDP 指标的意义与局限性

诺贝尔经济学奖获得者萨缪尔森和诺德豪斯在《经济学》教科书中把 GDP 称为"20 世纪最伟大的发明之一"。

1. GDP 核算的意义。第一，判断宏观经济运行状况。判断宏观经济运行状况主要有三个重要经济指标，即经济增长率、通货膨胀率、失业率。这三个指标都与 GDP 有密切关系，其中经济增长率是 GDP 增长率，通货膨胀率是 GDP 紧缩指数，失业率中的奥肯定律表明了 GDP 增长率与失业率之间的关系。第二，宏观经济管理中有重要作用。如制订战略目标、计划规划和财政金融政策时，都以达到一定数量的 GDP 为标准。第三，在对外交往中有重要意义。与我国承担的国际义务相关，如承担联合国会费；与我国享受的优惠待遇有关，如世界银行根据 GDP 来划分给予优惠的标准。

2. GDP 反映福利水平变动存在较大局限性。第一，它不反映分配是否公平。第二，非市场活动得不到反应。非市场经济活动是那些公开的但没有市场交易行为的经济活动，如自给性生产与服务、物物交换、家务活动等。同时，地下经济在 GDP 中也得不到反应，地下经济是指为了逃避政府管制所从事的经济活动，如各国都不同程度地存在着地下工厂的生产、黑市交易、毒品生产与贩卖、秘密军火交易、走私等非法活动。第三，有些严重影响社会发展和人们生活质量的内容无法得到反应，如环境质量的变动、精神满足程度、闲暇福利等。第四，它把所有市场交易活动反映到 GDP 上，并不能正确反映社会经济发展水平，也无法反映人们从产品和劳务消费中获得的福利状况。第五，由于不同国家产品结构和市场价格的差异，两国 GDP 指标难以进行精确比较。

【思考】某小国政府嫌 GDP 增长太慢，请美国 GDP 顾问前来帮忙。顾问说，要想让 GDP 涨上去，简单得很：让 A 家主妇去 B 家做饭，B 付给工钱，B 家主妇去 C 家做饭，C 付工钱……以此类推，只需让全国的家庭主妇都不要在自己家做饭，GDP 就涨上去了！请分析以上顾问建议的合理性。

二、GDP 核算方法

（一）用支出法核算 GDP

用支出法核算 GDP，是从产品的使用出发，把一年内购买的各项最终产品的支出加总而计算出的该年内生产的最终产品的市场价值。这种方法又称最终产品法、产品流动法。

如果用 $Q_1, Q_2, \cdots, Q_n$ 代表各种最终产品的产量，$P_1, P_2, \cdots, P_n$ 代表各种最终产品的价格，则使用支出法核算 GDP 的公式是：

$$Q_1 P_1 + Q_2 P_2 + \cdots + Q_n P_n = GDP \tag{7.1}$$

在现实生活中，产品和劳务的最后使用，主要是居民消费、企业投资、政府购买和出口。因此，用支出法核算 GDP，是核算一个国家或地区在一定时期内居民消费、企业投资、政府购买和出口等方面支出的总和。

1. 居民消费支出（C），既包括购买冰箱、彩电、洗衣机、小汽车等耐用消费品的支出，也包括服装、食品等非耐用消费品的支出以及用于医疗保健、旅游、理发等劳务的支出。要特别注意的是建造住宅的支出不属于消费。

2. 企业投资支出（I），是指增加或更新资本资产（包括厂房、机器设备、住宅及存货）的支出。投资包括固定资产投资和存货投资两大类。固定资产投资指新造厂房、购买新设备、建筑新住宅的投资。为什么住宅建筑属于投资而不属于消费呢？因为住宅像别的固定资产一样是长期使用、慢慢地被消耗的。存货投资是企业掌握的存货价值的增加（或减少）。如果年初全国企业存货为 2000 亿美元而年末为 2200 亿美元，则存货投资为 200 亿美元。存货投资可能是正值，也可能是负值，因为年末存货价值可能大于也可能小于年初存货。而企业存货之所以被视为投资，是因为它能产生收入。

计入 GDP 中的投资是指总投资，即重置投资与净投资之和，重置投资也就是折旧。投资和消费的划分不是绝对的，具体的分类则取决于实际统计中的规定。

3. 政府购买支出（G），是指各级政府购买物品和劳务的支出，它包括政府用于国防的支出、政府机关办公用品与办公设施、建造道路桥梁等公共工程、开办学校等方面的支出。政府支付给政府雇员的工资也属于政府购买。政府购买是一种实质性的支出，表现出商品、劳务与货币的双向运动，直接形成社会需求，成为国内生产总值的组成部分。政府购买只是政府支出的一部分，政府支出的另一部分如政府转移支付、公债利息等不计入 GDP。政府转移支付是政府不以取得本年生产出来的商品与劳务作为报偿的支出，包括政府在社会福利、社会保险、失业救济、贫困补助、老年保障、卫生保健、对农业补贴等方面的支出。政府转移支付是政府通过其职能将收入在不同的社会成员间进行转移和重新分配，将一部分人的收入转移到另一部分人手中，其实质是一种财富的再分配。有政府转移支付发生时，即政府付出这些支出时，并不会相应得到什么商品与劳务，政府转移支付是一种货币性支出，整个社会的总收入并没有发生改变。因此，政府转移支付不计入国内生产总值中。

4. 净出口，是指进出口的差额，即 $X - M$，其中 X 表示出口，M 表示进口。进口应从本国总购买中减去，因为它表示收入流到国外，同时，也不是用于购买本国产品的支出；出口则应加进本国总购买量之中，因为出口表示收入从外国流入，是用于购买本国产品的支出，因此，净出口应计入总支出。净出口可能是正值，也可能是负值。

把上述四个项目加起来，就是用支出法计算 GDP 的公式：

$$GDP = C + I + G + (X - M) \tag{7.2}$$

利用支出法计算 GDP，应注意以下两个问题：第一，有些支出项目不应计入 GDP 中。这些项目包括：（1）对过去时期生产的产品的支出（如购买旧设备）；（2）非产品和劳务支出，如购买股票、债券的支出，这只是所有权的转移而不涉及最终产品与劳务的生产；（3）对进口产品和劳务的收入；（4）政府支出中的转移支付；（5）人们自己生产自己消费的产品或劳务不发生市场交易，没有明确的市场价值，因此不能反映在国内生产总值中。第二，避免重复计算，这主要是因为最终产品和中间产品往往无明显的区分，因而容易造成重复计算。

（二）用收入法核算 GDP

用收入法核算 GDP，是从生产要素收入的角度，把生产要素在生产中所得到的各种收入相加计算的 GDP，即把劳动所得到的工资、土地所有者得到的地租、资本所得到的利息以及企业家才能得到的利润相加计算 GDP，这种方法又叫作要素支付法、要素成本法。严格来说，现实经济中，最终产品市场价值除了生产要素构成的成本，还有间接税、折旧、公司未分配的利润等内容。因此，用收入法计算 GDP 不要从字面上狭隘理解成只包括工资、地租、利息、企业家才能四个项目，还有其他的一些项目不要忘记。

1. 工资、利息和租金等生产要素的报酬。工资从广义上说应当包括所有对工作的酬金、补助和福利费，其中包括工资收入者必须缴纳的所得税及社会保险税。利息在这里指人们储蓄所提供的货币资金在本期的净利息收入，但政府公债利息及消费信贷的利息不计入国民生产总值，只能被当作转移支付。租金包括个人出租的土地、房屋等租赁收入。

2. 非公司企业收入，指各种类别的非公司型企业的纯收入，如医生、律师、农民和店铺等的收入。他们被自己雇用，使用自有资金，因此他们的工资、利息、利润和租金等混在一起作为非公司企业收入。

3. 公司税前利润，包括公司利润税（公司所得税）、社会保险税、股东红利及公司未分配利润等。

4. 企业转移支付和企业间接税。企业转移支付指公司对非营利组织的社会慈善捐款和消费者赊账。企业间接税指企业缴纳的货物税或销售税、周转税。这些税收虽然不是生产要素创造的收入，但要通过产品加价转嫁给购买者，故应看作成本。这和直接税不同，直接税（公司所得税、个人所得税等）包括在工资、利润及利息中，故不能再计入 *GDP* 中。

5. 资本折旧。这是资本的耗费，不是生产要素的收入，但由于包括在支出法中的总投资中，故这里应计入 *GDP* 中。

如此，按收入法核算所得的国民收入等于工资＋利息＋利润＋租金＋间接税和企业转移支付＋折旧。利用收入法计算 *GDP*，应注意三个问题：第一，销售上一期生产的产品和劳务取得的收入不计算在内。第二，与生产无关的收入不计在内，如出售股票和债券只是一种金融交易。第三，政府的转移支付不能算作接受者的收入。

（三）用生产法核算 *GDP*

用生产法核算 *GDP*，是指按提供物质产品与劳务的各个部门的产值来计算国内生产总值。生产法又叫部门法。这种计算方法反映了国内生产总值的来源。其优点是核算思路清楚；缺点是核算工作量大，难以避免重复计算。

GDP 最终产品定义决定了运用这种方法进行计算时，各生产部门要把使用的中间产品的产值扣除，只计算所增加的价值。商业和服务等部门也要按增值法计算。卫生、教育、行政、家庭服务等部门无法计算其增值，故按工资收入计算其服务的价值。

例如：把小麦加工成面包，其中间环节要经历面粉的生产过程，假定小麦为最初产出，其最初的增加值为4000元；将其加工成面粉，对面粉而言，小麦是中间产品，其增加值为2000元；对面包而言，面粉是中间产品，其增加值为4000元（见表7－2）。最终出售的面包市场价值为10000元（小麦最初的增加值4000元＋面粉的增加值2000元＋面包的增加值4000元）。运用生产法旨在剔除了中间产品的重复计算影响。

按生产法核算国内生产总值，可以分为下列部门：农林渔业，矿业，建筑业，制造业，运输业，邮电和公用事业，电、煤气、自来水业，批发、零售商业，金融、保险、不动产，服务业，政府服务和政府企业。把以上部门生产的国内生产总值加总，再与国外要素净收入相加，考虑统计误差项，便可以得到用生产法计算的 *GDP* 了。

表 7 - 2   生产法核算 *GDP*   单位：元

产品	总产出	中间投入	增加值	*GDP*
小麦	4000	—	4000	—
面粉	6000	2000	2000	—
面包	10000	6000	4000	10000

从理论上说，按支出法、收入法与生产法计算的 *GDP* 在量上是相等的，但实际核算中经常有误差，因而要加上一个统计误差项来进行调整，使其达到一致。在实际统计中，一般以国民经济核算体系的支出法为基本方法，即以支出法所计算出的国内生产总值为标准。

【思考】下列各项是否计入 GDP？为什么？（1）政府转移支付；（2）购买一辆旧车；（3）购买普通股票。

三、名义 *GDP* 与实际 *GDP*

国内生产总值是一个市场价值概念，其价值的大小用货币来衡量，国内生产总值为最终产品和劳务数量与价格的乘积。因此，国内生产总值不仅受实际产量的影响，还受价格水平的影响。换言之，国内生产总值的变动可能是实际产量的变动而引起，也可能是产品和劳务价格变动而引起。为了排除价格因素，能确切反映经济实际变动，必须区分实际国内生产总值与名义国内生产总值。

名义国内生产总值是按当年价格（P_t）计算的国内生产总值，是用生产物品和劳务的当年价格计算的全部最终产品的市场价值。名义 *GDP* 的变动既反映了实际产量变动的情况，又反映了价格变动的情况。

实际的国内生产总值是按不变价格计算出来的全部最终产品的市场价值。不变价格是指统计时确定的某一年（称为基年）的价格（P_0）。实际 *GDP* 的变动仅仅反映了实际产量变动的情况。

计算实际国内生产总值使我们了解到从一个时期到另一个时期产量变化到什么程度。如果使用的都是基年的价格，则两个时期国内生产总值的差额可表现出这个变化。如果仅比较两个时期的名义国内生产总值，则我们无法判断这两个时期国内生产总值的差额究竟是由产量变化引起的，还是由价格变化引起的。

某个时期名义国内生产总值与实际国内生产总值之间的差别，可以反映出这一时期和基期相比的价格变动的程度。因为通过计算名义国内生产总值和实际国内生产总值的比率，可以计算出价格变动的百分比。名义 *GDP* 与实际 *GDP* 之比，称为 *GDP* 折算指数。

第二节 国民收入指标体系

一、国内生产净值

国内生产净值（NDP），是指一个国家一年内新增加的产值，即在国内生产总值中扣除了折旧之后的产值，即从 GDP 中扣除资本折旧，就得到了 NDP。

二、国民收入

国民收入（NI），有广义和狭义之分。广义的国民收入泛指国民收入的五个总量，即国内生产总值、国内生产净值、国民收入、个人收入和个人可支配收入。国民收入决定理论中所讲的国民收入是指广义的国民收入。本书所提到的国民收入，也是指广义的国民收入。狭义的国民收入是指一个国家一年内用于生产各种生产要素所得到的全部收入，即工资、利润、利息和地租的总和，也就是按生产要素报酬计算的国民收入。

从国内生产净值中扣除间接税和企业转移支付再加上政府补助金，可得到一国生产要素在一定时期内所得报酬即狭义的国民收入。间接税是指可以转嫁给消费者的税收，企业转移支付包括企业捐赠和呆账。间接税和企业转移支付虽然构成产品价格，但不成为要素收入；相反，政府给企业的补助金虽不列入产品价格，但成为要素收入。故在国民收入中应扣除间接税和企业转移支付，而应加上政府补助金。

三、个人收入

个人收入（PI），是指一个国家一年内个人所得到的全部收入。生产要素报酬意义上的国民收入并不会全部成为个人收入。一方面，利润收入中要向政府缴纳公司所得税，公司还要留下一部分利润用作积累，只有一部分利润才会以红利和股息形式分给个人，并且职工收入中也有一部分要以社会保险费的形式上缴有关部门。另一方面，人们也会以失业救济金、职工养老金、职工困难补助、退伍军人津贴等形式从政府那里得到转移支付。因此，从国民收入中减去公司所得税、公司未分配利润、社会保险税（费），加上政府给个人的转移支付，即为个人收入。

四、个人可支配收入

个人可支配收入（DPI），是指一个国家一年内个人可以支配的全部收入即人们可以用来消费或储蓄的收入。因为要缴纳个人所得税，所以缴纳个人所得税以后的个人收入才是个人可支配收入，即个人可用来消费与储蓄的收入。

总结以上内容，国民收入核算中的这五个总量之间的关系是：

$NDP = GDP - 折旧$

$NI = NDP - 间接税 - 企业转移支付 + 政府补助金$

$PI = NI - 公司所得税 - 公司未分配利润 - 社会保险税 + 政府对居民的转移支付$

$DPI = PI - 个人所得税 = 消费 + 投资$

第三节　国民收入核算中的恒等式

从支出法、收入法与生产法所得出的国内生产总值的一致性，可以说明国民经济中的一个基本平衡关系。总支出代表了社会对最终产品的总需求，总收入和总产量代表了社会对最终产品的总供给。因此，从国内生产总值的核算方法中可以得出这样一个恒等式：

$$总需求 = 总供给$$

该恒等关系在宏观经济学中十分重要。继续分析，我们会发现在国民经济的核算中存在一个基本平衡关系：

$$储蓄 = 投资$$

这一恒等关系在接下来的宏观经济学研究分析中十分重要，我们可以从国民经济的运行来分析与推出这个恒等式。理论研究是从简单到复杂、从抽象到具体的，所以，从两部门经济入手研究国民经济的收入流量循环模型与国民经济中的恒等关系，进而研究三部门经济与四部门经济。

一、两部门中的投资—储蓄恒等式

两部门经济是指一个经济体系中只存在厂商与居民户两个主体的经济。在两部门经济中，居民户向厂商提供各种生产要素，并得到各种要素报酬收入；厂商用各种生产要素进行生产并向居民户提供产量与劳务，居民户用收入购买产量与劳务。

（一）两部门经济假设

这是指由厂商和居民户这两种经济单位所组成的经济。在这种经济中，没有折旧，没有间接税收，没有政府支出，没有进出口贸易，是一种最简单的经济。

（二）两部门经济条件下的国民收入构成

1. 从支出（总需求）角度看。由于把企业库存作为存货投资，因此：

$$国内生产总值 = 总需求$$
$$= 消费需求 + 投资需求$$
$$= 消费支出 + 投资支出$$
$$= 消费 + 投资$$

即：

$$AD = C + I \qquad (7.3)$$

2. 从收入（总供给）角度看。由于把利润看作最终产品卖价超过工资、利息与租金的余额，因此，国内生产总值等于总收入，总收入的一部分用作消费，另一部分则当作储蓄。于是，国民收入构成为：

$$国民收入 = 总供给$$
$$= 产量的总和$$
$$= 各种要素供给的总和$$
$$= 各种生产要素所得到的收入的总和$$
$$= 工资 + 利息 + 租金 + 利润$$
$$= 消费 + 储蓄$$

即：

$$AS = C + S \qquad (7.4)$$

（三）储蓄—投资恒等式

当两部门经济达到均衡时，即满足总供给 = 总需求时，即有两部门经济的基本均衡条件就是：$C + S = C + S$，则：

$$I = S$$

即：

$$投资 = 储蓄 \qquad (7.5)$$

二、三部门中的投资—储蓄恒等式

（一）三部门经济假设

三部门经济是除了厂商、居民户，还包括政府这三种经济单位组成的经济。在这种经济中，政府通过税收与居民户及厂商发生联系。

政府在现实经济生活中的作用主要有两个方面：（1）政府收入（T）：即通过对居民户和厂商征税，形成财政收入；（2）政府支出（$G = G_1 + G_2$）：即通过向居民户和厂商购买产品、劳务，以及转移支付形成政府需求。政府购买（G_1）是指政府为了满足政府活动的需要而进行的对产品与劳务的购买；转移支付（G_2）是指政府不以换取产品与劳务为目的支出，如各种补助金，救济金等。

（二）三部门条件下的国民收入构成

1. 从支出（总需求）角度看。

$$国内生产总值 = 消费需求 + 投资需求 + 政府需求$$
$$= 消费支出 + 投资支出 + 政府支出$$
$$= 消费 + 投资 + 政府购买$$

即：

$$AD = C + I + G \tag{7.6}$$

说明：政府的转移支付事实上将转化为居民消费与企业投资，因而可放在 $C + I$ 中考虑，而不需要将它单独列出。

2. 从收入（总供给）角度看。国内生产总值等于所有生产要素收入总和。总收入的一部分用作消费，一部分用作储蓄，一部分用作纳税。但居民还要得到政府的转移支付收入。于是总供给构成为：

$$AS = C + S + T \tag{7.7}$$

（三）储蓄—投资恒等式

当三部门经济达到均衡时，即满足总供给 = 总需求时，即有三部门经济的基本均衡条件就是：

$$C + I + G = C + S + T$$

则：

$$I + G = S + T$$
$$I = S + (T - G) \tag{7.8}$$

即：

$$投资 = 储蓄 - 私人储蓄 + 政府储蓄$$

三、四部门中的投资——储蓄恒等式

（一）四部门经济假设

四部门经济是指除了厂商、居民户、政府之外，还包括本国以外的所有国家和地区这四种经济单位所组成的经济。国外部门在现实经济生活中的作用主要有两个方面：作为国外生产要素的供给者，向国内各部门提供产品与劳务，对国内来说，是进口；作为国内产品与劳务的需求者，向国内购买，对国内来说，是出口。

（二）四部门经济条件下的国民收入构成

1. 从支出（总需求）角度看。由于有了对外贸易，因此进口（M）：国外部门购买厂商与居民的商品和劳务，向政府缴纳关税，形成总需求；出口（X）：政府、厂商、居民购买国外部门的产品和劳务，形成总供给。于是：

$$国内生产总值 = 消费需求 + 投资需求 + 政府需求 + 国外需求$$
$$= 消费支出 + 投资支出 + 政府支出 + 国外支出$$
$$= 消费 + 投资 + 政府购买 + 净出口$$

即：

$$AD = C + I + G + (X - M) \tag{7.9}$$

2. 从收入（总供给）角度看。国内生产总值等于所有生产要素收入总和。总收入的一部分用作消费，一部分用作储蓄，一部分用作纳税，一部分用作进口。进口即本国对外国的转移支付，于是，从收入看的国民收入构成为：

$$国民收入 = 各种生产要素的供给$$
$$= 工资 + 利息 + 租金 + 利润$$
$$= 消费 + 储蓄 + 税收$$

即：

$$AS = C + S + T \tag{7.10}$$

（三）储蓄—投资恒等式

当四部门经济达到均衡时，即满足总供给 = 总需求时，即有四部门经济的均衡条件就是：

$$C + I + G + X - M = C + S + T$$

则：

$$I = S + (T - G) + (M - X) \tag{7.11}$$

其中，S 代表居民私人储蓄，$(T - G)$ 代表政府储蓄，$(M - X)$ 代表外国对本国的储蓄。即：投资 = 储蓄 = 私人储蓄 + 政府储蓄 + 国外储蓄。

说明：上面分析国民收入构成的基本公式时没有考虑折旧与企业间接税，实际上，即使将它们考虑进来，上述收入构成公式及储蓄与收入恒等公式仍然是成立的。

【拓展阅读 7 −2】

GDP 有多重要

GDP 是到目前为止，经济学家们找到的最好的表示一个国家经济实力的指标。比如美国是世界上经济实力最强的国家，指的主要是其 *GDP* 是世界最高。

以上说的是 *GDP* 的微观算法，在宏观上，*GDP* 是四部分的和：消费、投资、政府购买、净出口。

因为 *GDP* 所要统计的，不过就是生产的东西的价值，而所有的东西都是为了出售，也都必须要出售，因此，所有的购买的和应该等于 *GDP*。都有谁购买中国的 *GDP*？共有四类买者：第一，国内的消费者，他们的购买总额，是消费；第二，国内的企业，它们的购买总额，是投资；第三，政府部门，购买总额是政府的购买支出；第四，跟外国人有关，外国人也会购买中国的产品。

外国人买的中国货，是中国的出口，当然是中国的 *GDP*。但是，问题的复杂性在于，在国内的消费者、企业和政府的购买中，肯定有进口的东西这一部分，不能算咱们的，必须扣除。

一些人说 *GDP* 不科学。有一个流行的笑话，讽刺 *GDP*。说是甲乙打赌，甲对乙说，把垃圾吃掉，给你 100 万元，乙吃掉了，于是得到了 100 万元；乙后来觉得挺没面子，就对甲说，把垃圾吃掉，给你 200 万元，于是甲照做得到了 200 万元。

因为有价格，而且是当期发生的行为，也不违法，所以经济中多了 300 万元的 *GDP*。这个笑话因此说，*GDP* 是个荒唐的概念。

经济学研究的是理性人的行为，*GDP* 是个福利的概念，生产的目的是增加人类的福利。吃垃圾并不会增加正常人的福利，这是个无聊的笑话。

没有比 *GDP* 更重要的经济指标了！

资料来源：王福重. 写给中国人的经济学 [M]. 北京：机械工业出版社，2009.

复习与思考题

一、单项选择题

1. （　　）不列入国内生产总值的核算。

A. 出口到国外的一批货物

B. 政府给贫困家庭发放的一笔救济金

C. 经纪人为一座旧房买卖收取的一笔佣金

D. 汽车厂购建一条汽车生产线

2. 在下列项目中，（　　）不属于政府购买支出。

A. 地方政府办立三所中学

B. 政府给低收入者提供一笔住房补贴

C. 政府订购一批军火

D. 政府给公务人员增加薪水

3. 中国境内企业所雇用的美籍员工的工资收入应计入（　　）。

A. 中国的 GDP、美国的 GNP

B. 中国的 GNP、美国的 GDP

C. 中国的 GDP、美国的 GDP

D. 中国的 GNP、美国的 GNP

4. 如果当期价格低于基期价格，那么（　　）。

A. 实际 GNP 等于名义 GNP

B. 实际 GNP 小于名义 GNP

C. 实际 GNP 大于名义 GNP

D. 实际 GNP 和名义 GNP 是同一回事

5. 在三部门经济中，如果用支出法来衡量，GDP 等于（　　）。

A. 消费 + 投资

B. 消费 + 投资 + 政府支出

C. 消费 + 投资 + 政府支出 + 净出口

D. 消费 + 投资 + 净出口

二、简答题

1. 在计算国内生产总值时，为什么要把中间产品剔除在外？如果计算了这些产品，结果会如何？

2. 说明国内生产总值（GDP）与国民生产总值（GNP）的区别及联系。

三、计算题

1. 假设国内生产总值是 5000 元，个人可支配收入是 4100 元，政府预算赤字是 200 元，消费是 3800 元，贸易赤字是 100 元，试计算：（1）个人储蓄；（2）投资；（3）政府支出。

2. 假定一国的国民收入统计资料如表 7 - 3 所示。

表 7 - 3　　　　　　　　　　国民收入资料　　　　　　　　　　单位：亿元

项目	金额
国内生产总值	4800
总投资	800
净投资	300

续表

项目	金额
消费	3000
政府购买支出	960
政府转移支付	240
政府预算盈余	30

试计算：（1）国内生产净值；（2）净出口；（3）政府税收；（4）个人可支配收入；（5）个人储蓄。

3. 假设某国只生产面包和上衣两种最终产品。2020 年（基期）和 2021 年（当期）的产量和价格如表 7 - 4 所示。

表 7 - 4　　　　　　　　　　2020 年和 2021 年的产量和价格

年份	面包		上衣	
	数量（万斤）	价格（元/斤）	数量（万件）	价格（元/件）
2020	15	1.5	5	40
2021	20	2.0	6	50

计算该国的：（1）以 2020 年为基期，计算 2020 年和 2021 年的名义 GDP 和实际 GDP；（2）2021 年的实际 GDP 增长率；（3）2021 年的 GDP 折算指数；（4）该时期的通货膨胀率。

四、讨论题

某出版社出版了一本《宏观经济学》教科书。决定下述各项交易是否应计入一国的 GDP，如果计入，说明属于哪一类。将所属类别的代码填入每小题前的括号内。A 表示应计入 GDP 的个人消费支出，B 表示应计入 GDP 的私人投资支出，C 表示应计入 GDP 的政府购买支出，D 表示应计入 GDP 的净出口，E 表示不应计入 GDP。

（　　）（1）你从书店购买的该教科书。

（　　）（2）你从朋友那儿购买的他已用过的该教科书。

（　　）（3）你所在学校的图书馆从出版社购买了 300 本新的该教科书。

（　　）（4）印刷厂购买了两吨白纸用于印刷该教科书。

（　　）（5）印刷厂购买了一台新的印刷机用于印刷该教科书。

（　　）（6）你仔细研读了该教科书，以此增进了你对宏观经济学的了解。

（　　）（7）该出版社今年印了 500 本该教科书，但还未出售。

（　　）（8）新加坡某大学采用该教科书，新加坡的学生购买了 100 本该教科书。

第八章　国民收入决定理论

学习目标与要求

1. 理解和掌握消费函数与储蓄函数及其关系。
2. 熟悉总需求、总供给与均衡国民收入的含义。
3. 学会两部门国民收入决定的条件及其图示说明。
4. 理解和掌握乘数原理。
5. 了解 $IS-LM$ 模型。
6. 掌握凯恩斯的货币需求理论。

【案例导入】

我国经济增长减速的原因

一是将原因归于"外部冲击"。目前全球经济复苏乏力，中国作为重要的开放型新兴经济体，更是不能"独善其身"，中国经济正在遭遇数十年来最严峻的挑战。"欧债危机"的深度演化对中欧双边贸易造成较为不利的影响。复苏缓慢的美国经济对中国出口的容纳能力明显下降。此外，其他主要发达经济体（如日本）经济缩水及新兴经济体（如巴西）的经济增长减速也进一步抑制了中国的出口需求，令中国经济的国际环境变得更加困难。

二是中国潜在经济增长率下降说。随着人口拐点的出现、改革红利的逐渐消失、资本劳动等生产要素供给增速放缓、土地和能源等资源短缺的加剧以及技术进步贡献低下难以在短期内得到改善，我国潜在经济增长率存在持续下降的可能。

三是经济收敛说。根据"收敛假说"，低收入经济体比高收入经济体具有更高的经济增长速度。与"前沿经济体"差距越大的国家会具有越高的潜在经济增长率。而经过近40年的高速增长，中国经济离"前沿经济体"的相对距离越来越近，增长速度也会越来越慢，减速也是经济发展规律所致。

四是把解释的重心转移到了国内。（1）经济红利的逐渐消失。首先是人口红利。第六次人口普查显示，自2010年中国的劳动年龄人口（15～59岁）已出现绝对下降，人口抚养比也停止下降并上升，人口红利正逐渐丧失。其次是改革红利。目前的改革已经到了矛盾重重的攻坚阶段，很多领域的改革进展缓慢，改革对生产率提高的贡献能力正在逐渐减弱。再次是开放红利。在当前世界经济低迷的大背景下，自顾不暇、经济困顿的欧洲、日本和美国等主要经济体正严重地影响着我国的对外开放形势、通过外需环节拖累中国经济增长、减弱开放带给我国的增长动力。最后是资源红利。长期以来，对自然资源不加节制开发的经济模式、透支资源环境的生产体系带来的资源短缺、环境保护及低碳发展的诉求正制约着中国经济的高速增长。（2）内需不足。一是投资需求不足。经过几十年的发展，土地、劳动力、各种资源不再便宜，投资成本激增、投资风险加大，再加上企业自主研发能力弱、创新力不强，投资需求自然就降下来了。二是消费需求不足。收入增长缓慢，且增长的福利大部分被少数人所分享，收入分配不合理，整个国家的总社会消费函数处于较低位置，消费很难增长。（3）总供给下降。要素跨部门流动通道趋于狭窄导致生产率只能下降，而下降的劳动生产率（总供给的下降）是导致目前中国经济减速的关键。

资料来源：李影. 理性看待中国经济"减速"［J］. 生产力研究，2015（9）：28 – 30.

在凯恩斯之前，经济学家信奉"供给创造需求"的萨伊定律。也就是说，只要有供给，就有需求。但20世纪30年代的大危机使萨伊定理遭到了来自现实的挑战，凯恩斯否定了萨伊定理，建立了在总需求分析基础上的国民收入，即凯恩斯主义宏观经济分析的重点是短期中的宏观经济状况。凯恩斯从"蜜蜂的寓言"中得到启示，悟出了需求的重要性，并建立了以需求为中心的国民收入理论，并在此基础上引发了经济学上著名的"凯恩斯革命"。这场革命的结果就是建立了现代宏观经济学。

第一节　消费、储蓄和投资

一、消费

在现实生活中，影响各个家庭消费的因素很多，有家庭收入水平、商品价格水平、利率水平、社会的收入分配状况、消费者的偏好、家庭财产状况、可提供的消费信贷状况、消费者的年龄构成以及社会的各种制度、风俗习惯等。凯恩斯认为，这些因素最有决定意义的是家庭收入水平。统计表明，除了收入之外，其他因素对消费的影响都很小；而且，这些因素的影响有正有负，加在一起可以相互抵消一部分。因此，从较长时期来看，它们可以忽略不计；从理论分析上来看，更有必要这样做。

凯恩斯认为，在收入和消费的关系方面，存在一条基本的心理规律，即："我们可以具有很大的信心来使用一条基本心理规律。该规律为：在一般情况下，平均来说，当人们收入增加时，他们的消费也会增加，但消费的增加不像收入增加得那样多。"消费和收入之间的这种关系就是凯恩斯所说的消费函数或消费倾向。这种关系表示为：

$$C = C(Y) \tag{8.1}$$

我们以某个家庭的消费函数为例加以说明。表 8 - 1 中的数字表明：当该家庭收入为 9000 元时，消费为 9110 元。这意味着是借贷消费，或者消费它以前的储蓄。当收入为 10000 元时，消费为 10000 元，收支平衡。当收入逐渐增加到 11000 元、12000 元、13000 元、14000 元和 15000 元时，消费依次增加到 10850 元、11600 元、12240 元、12830 元和 13360 元。由此可以看出，家庭收入增加时，消费也会随之增加，但增加得越来越少。表 8 - 1 中，收入依次增加 1000 元时，消费依次增加 890 元、850 元、750 元、640 元、590 元和 530 元。增加的消费与增加的收入之比，也就是每增加的 1 单位收入中用于增加的消费部分所占的比率，叫作边际消费倾向。边际消费倾向可以表示为：

$$MPC = \frac{\Delta C}{\Delta Y} \quad \text{或者} \quad b = \frac{\Delta C}{\Delta Y} \tag{8.2}$$

当收入增量和消费增量都极小时，上述公式也可以写为：

$$MPC = \frac{\mathrm{d}C}{\mathrm{d}Y} \tag{8.3}$$

平均消费倾向指任意一个收入水平上的消费支出在收入中所占的比率。平均消费倾向的公式是：

$$APC = \frac{C}{Y} \tag{8.4}$$

表 8 - 1　　　　　　　　　　　**某个家庭的消费函数**

(1) 收入（元）	(2) 消费（元）	(3) 边际消费倾向（MPC）	(4) 平均消费倾向（APC）
9000	9110	—	1.01
10000	10000	0.89	1.00
11000	10850	0.85	0.98
12000	11600	0.75	0.97
13000	12240	0.64	0.94
14000	12830	0.59	0.92
15000	13360	0.53	0.89

根据表 8 - 1，可以大致画出一条消费曲线（见图 8 - 1）。在图 8 - 1 中，横轴表

示收入 Y，纵轴表示消费 C，45 度线上任一点到纵轴和横轴的垂直距离都相等，表示收入全部用于消费。$C = C(Y)$ 曲线是消费曲线，表示消费和收入之间的函数关系。E 点是消费曲线和45°线的交点，它表示这时的消费支出和收入相等。E 点左方消费曲线上的点，表示消费大于收入，E 点右方消费曲线上的点，表示消费小于收入。随着消费曲线向右延伸，这条曲线和45°线的距离越来越大，表示消费随收入增加而增加，但增加的幅度越来越小于收入增加的幅度。消费曲线上任意一点的斜率，就是与这一点相对应的边际消费倾向，而消费曲线上任意一点与原点相连而成的射线的斜率，则是与这一点相对应的平均消费倾向。

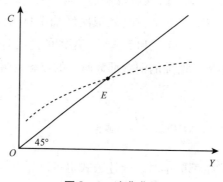

图 8 - 1　消费曲线

从图 8 - 1 消费曲线的形状可以知道，随着这条曲线向右延伸，曲线上各点的斜率越来越小，说明边际消费倾向递减，同时消费曲线上各点与原点连线的斜率也越来越小，说明平均消费倾向也在递减，但平均消费倾向始终大于边际消费倾向，这和前面表 8 - 1 中的数据也是一致的。由于消费增量只是收入增量的一部分，所以边际消费倾向总是大于 0 和小于 1，但平均消费倾向则可能大于 1、等于 1 或小于 1，因为消费可能大于、等于或小于收入。如果消费和收入之间存在线性关系，则边际消费倾向就是一个常数，消费函数就可以表示为：

$$C = a + bY \qquad (8.5)$$

其中，a 为自发消费部分，它表示即使收入为 0 时，消费者通过举债或使用其原先的储蓄也必须要进行的消费；b 为边际消费倾向；b 和 Y 的乘积表示随收入变动所引起的消费，即引致消费。

因此，式（8.5）的经济含义就是：总消费等于自发消费与引致消费之和。例如：$a = 300$，$b = 0.75$，则 $C = 300 + 0.75Y$。这表示，当收入增加 1 单位时，其中就有 75% 用于增加消费，所以只要知道就 Y 可计算出全部消费支出量。

当消费和收入之间呈线性关系时，消费函数就是一条向右上方倾斜的直线，消费函数上每一点的斜率都相等，并且大于 0 而小于 1（见图 8 - 2）。

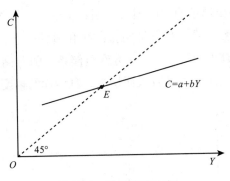

图 8 - 2　线性消费函数

当消费函数为线性时，更容易看出 $APC > MPC$，因为消费函数上任意一点与原点相连所形成的射线的斜率都大于消费曲线（这里是直线）的斜率。

【思考】除了上述提到的可支配收入因素之外，影响家庭消费的因素还有哪些？这些因素是怎么影响的？

二、储蓄

（一）储蓄函数

储蓄函数是与消费函数相联系的概念。储蓄是收入中没有被消费的部分。由于消费随收入增加而增加的比率是递减的，可以想到储蓄随收入增加而增加的比率是递增的。储蓄与收入的这种数量关系就是储蓄函数，其公式是：

$$S = S(Y) \tag{8.6}$$

根据表 8 - 1 列出的某个家庭消费函数表中的数据，可以在表 8 - 2 中列出储蓄函数的数字。

表 8 - 2　　　　　　　　　　　　　　　某个家庭的储蓄函数

(1) 收入（元）	(2) 消费（元）	(3) 储蓄（元）	(4) 边际储蓄倾向 （MPC）	(5) 平均储蓄倾向 （APC）
9000	9110	− 110	—	− 0.01
10000	10000	0	0.11	0
11000	10850	150	0.15	0.01
12000	11600	400	0.25	0.03
13000	12240	760	0.36	0.06
14000	12830	1170	0.41	0.08
15000	13360	1640	0.47	0.11

　　根据表 8-2，可画出储蓄曲线的图形（见图 8-3）。在图上，$S=S(Y)$ 曲线表示储蓄和收入之间的函数关系。E 点是储蓄曲线和横轴交点，表示消费和收入相等，即收支平衡，E 点右方有正储蓄，E 点左方有负储蓄。随着储蓄曲线向右延伸，它和横轴的距离越来越大，表示储蓄随收入而增加，且增加的幅度越来越大。

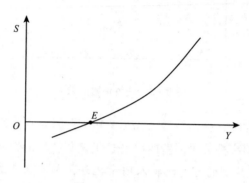

图 8-3　储蓄曲线

　　储蓄曲线上任意一点的斜率就是边际储蓄倾向，它是该点上的储蓄增量对收入增量的比率，其公式是：

$$MPS = \frac{\Delta S}{\Delta Y} \tag{8.7}$$

　　如果收入与储蓄增量都极小，上述公式就可写成：

$$MPS = \frac{\mathrm{d}S}{\mathrm{d}Y} \tag{8.8}$$

这也是储蓄曲线上任意一点的斜率。

　　储蓄曲线上任意一点与原点相连而形成的射线的斜率，则是平均储蓄倾向（APS）。平均储蓄倾向是指任意一个收入水平上的储蓄在收入中所占的比率，其公式是：

$$APS = \frac{S}{Y} \tag{8.9}$$

　　以上所列的某个家庭的储蓄函数表和储蓄曲线图所表示的储蓄与收入的关系是非线性的。如果二者呈线性关系，消费曲线和储蓄曲线就都是一条直线，那么，由于 $S=Y-C$，而且 $C=a+bY$，于是有：

$$S = Y - C = Y - (a + bY) = -a + (1-b)Y \tag{8.10}$$

这就是线性储蓄函数的方程式。线性储蓄函数如图 8-4 所示。

　　【思考】 除了上述提到的可支配收入因素外，影响家庭储蓄的因素还有哪些？这些因素是怎么影响的？

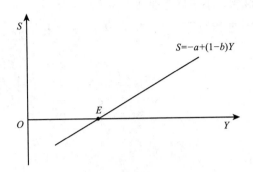

图 8 - 4　线性储蓄函数

（二）消费函数和储蓄函数的关系

由于储蓄被定义为收入和消费之差，因此，消费函数和储蓄函数的关系表现出：第一，消费函数和储蓄函数互补，两者之和等于总收入，即：

$$C = a + bY \quad 而 \quad S = -a + (1-b)Y$$

所以：

$$C + S = Y$$

这种关系可以在图 8 - 5 中表示出来。当收入为 Y_0 时，消费支出等于收入，储蓄为 0，在 A 点左方，消费曲线 C 位于 45°线之上，表明消费大于收入，因此，储蓄曲线 S 相对应的部分位于横轴下方；在 A 点右方，消费曲线 C 位于 45°线之下，因此，储蓄曲线 S 位于横轴上方。

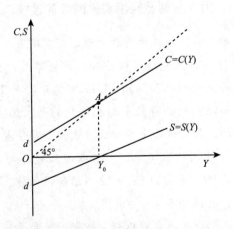

图 8 - 5　消费曲线与储蓄曲线的关系

第二，APC 和 MPC 都随收入增加而递减，但 $APC > MPC$，而 APS 和 MPS 都随收入增加而递增，但 $APS < MPS$。从图 8 - 5 上看，在 Y_0 的右方，储蓄曲线上任意一点

与原点连成的射线的斜率总小于储蓄曲线上该点的斜率:

第三,APC 和 APS 之和恒等于 1,MPC 和 MPS 之和恒等于 1。对此,可以证明如下:

$$\because \qquad Y = C + S$$

$$\therefore \qquad \frac{Y}{Y} = \frac{C}{Y} + \frac{S}{Y}$$

即:

$$APC + APS = 1 \qquad (8.11)$$

再看 MPC 和 MPS 的情况:

$$\because \qquad \Delta Y = \Delta C + \Delta S$$

$$\therefore \qquad \frac{\Delta Y}{\Delta Y} = \frac{\Delta C}{\Delta Y} + \frac{\Delta S}{\Delta Y}$$

即:

$$MPC + MPS = 1 \qquad (8.12)$$

根据以上特点,消费函数和储蓄函数只要有一个被确定,另一个就会随之被确定,当消费函数已知时,就可求出储蓄函数;当储蓄函数已知时,也可求出消费函数。

【拓展阅读 8-1】

国人重储蓄轻消费何时才能改变

根据央行的数据显示,我国人民币存款余额已经突破百亿元大关,达到创纪录的 100.91 万亿元,当然,这些存款包括了机关和各类企事业单位的存款。如果计算个人存款的话,我国个人存款金额已经达到 44.17 万亿元,而 2012 年国内生产总值不过才 51.93 万亿元。与如此高额的存款余额相对应的是,2012 年我国社会消费品零售总额仅为 20.71 万亿元,且增速比上年回落了 2.8 个百分点。

目前,我国居民的消费热情依旧低迷。根据国家统计局的数字显示,2013 年 5 月我国消费者信心指数为 99,是自 2011 年 12 月后的最低值。究竟是什么样的原因让国人如此重储蓄轻消费,有钱却不花?

如果按照消费时间来划分,消费可以分为即期消费和远期消费,即期消费即把钱现在就花了,远期消费就是把钱存起来将来花。换言之,大量国人之所以选择远期消费而非近期消费,是因为这些远期消费项目比即期消费项目更具有必需性,且以当前收入来看,短时间内难以筹措起这笔远期消费资金,不得不节省日常消费以用于长期储蓄。能有如此大的"必需性"，且花费不菲的远期消费，对于大部分普通百姓而言，不外乎就是教育、医疗、养老和住房。

也就是说，对于普通百姓而言，由于在教育、医疗、养老和住房问题上的保障机制不够健全，百姓不得不为自己和家人的将来准备足够的储蓄以备不时之需。而居民的实际收入预期增幅明显低于消费品价格预期增幅，更使得居民消费倾向降低，且不论住房等高额消费品，单说百姓生活息息相关的柴米油盐，亦有较大幅度的上涨。2013 年 6 月，全国鲜果价格比上年同月上涨了 11.4%，鲜菜价格上涨了 9.7%。

面对上涨的物价，居民不得不选择减少消费品购买以保证足够的储蓄数额，而教育、医疗、养老和住房的价格上涨，亦使得居民不得不增加储蓄，以便让自己的存款数额跟上远期消费的预期价格。

对于收入较高的居民而言，虽然不至于为了教育、医疗、养老和住房等问题大量存款，但是在当下楼市限购、股市不振、贵金属跌跌不休的情况下，可供投资的渠道寥寥无几，他们除了选择能够保本的存款以外，亦没有更多选择。许多大宗消费品，例如汽车消费等出现限制，也使得这些高收入群体面临"有钱没处花"的尴尬境地。为了能把钱消费出去，不少高收入人群不得不选择赴境外消费，2012 年，中国观光客成为全世界消费额第二大游客群体，在海外消费达到 850 亿美元。从巴黎的时装店到纽约的奢侈品店，随处可见国人在强悍扫货。

一方面是内需不足，另一方面却是高收入群体的储蓄无处投资，中等收入群体的储蓄无处消费，低收入群体则是不敢消费。对于这样的困境，有关部门应当在加大民生投入，完善相应保障机制的同时，进一步放开市场，取消在消费市场中的各种不合理限制，通过市场手段调节资源配置中的各种矛盾，让老百姓可以自主选择把钱花到哪里。另外，加大金融和不动产体系的改革力度，创新机制，让经济上有所余力的居民能有更多投资手段将自己的积蓄保值增值，获得更多财产性收入。

另外，还有一个问题，在 100 万亿元的存款总额中，只有 44 亿元是居民存款，那剩下的 56 亿元又是谁存的呢？如何激发这些来自机关和不同性质企事业单位的存款的消费能力，也考验着相关部门的智慧。

资料来源：赵昂. 国人重储蓄轻消费何时才能改变［N］. 工人日报，2013 - 07 - 24（005）.

三、投资

（一）投资以及投资的种类

投资是指资本的形成，是指在一定时期内社会实际资本的增加，这里所说的实际资本包括厂房、设备、存货和住宅，不包括有价证券。

根据投资包括范围的不同，可以划分为重置投资、净投资和总投资。重置投资又称折旧的补偿，是指用于维护原有资本存量完整的投资支出，也就是用来补偿资本存量中已耗费部分的投资。净投资则是指为增加资本存量而进行的投资支出，即实际资本的净增加，包括建筑、设备与存货的净增加。净投资的多少取决于国民收入水平及利率等变化情况。重置投资与净投资的总和即总投资。

根据投资内容的不同，可以划分为非住宅固定投资、住宅投资和存货投资。非住宅固定投资是指企业购买厂房和设备的投资支出。住宅投资是指建造住宅和公寓的投资支出。存货投资是指厂商持有存货价值的变动。

根据投资形成原因的不同，可以划分为自发投资和引致投资。自发投资是指由于人口、技术、资源等外生因素的变动所引起的投资。引致投资是指由于国民收入的变动所引起的投资。自发投资和引致投资之和就是总投资。

（二）投资的决定因素

国民收入是决定投资的主要因素，一方面，国民收入的总体水平决定着投资的总量规模；另一方面，国民收入的预期变动要求投资的相应变动。这时，投资与国民收入的关系可表示为：

$$I = I_0 + KY \tag{8.13}$$

利率是决定投资成本的主要因素。如果投资使用的是借贷资本，则支付的贷款利息是投资成本；如果投资使用的是自有资本，则损失的利息收入是投资成本。因而，利率越高，投资成本越高，投资需求相应减少；利率越低，投资成本越低，投资需求相应增加，即投资是利率的减函数。

另外，投资是为了获得利润，利润率必须高于利率。预期利润与投资同方向变动。利率与利润率反方向变动。折旧与投资同方向变动。折旧是现有设备、厂房的损耗，资本存量越大，折旧也越大，越需要增加投资以更换设备和厂房，这样，需折旧的量越大，投资也越大。预期的通货膨胀率与投资同方向变动，在发生通货膨胀的情况下，短期内是对企业有利的，因为可以增加企业的实际利润总量，减少实际工资总量，因而在预期即将到来的通货膨胀，即预期价格即将上涨的情况下，企业会增加投资，反之则相反。此外，通货膨胀过快会降低实际利率，因而会刺激投资。实际利率越低，越能刺激投资。

除了上述经济因素外，还有各种非经济因素：政治因素、意识形态因素、法律因素、人文环境因素、劳动力素质因素、政府管理因素、公共设施因素、生活设施因素、教育环境因素等。

（三）投资函数

在影响投资的其他因素都不变，而只有利率发生变化时，投资与利率之间的函数关系为投资函数。投资用 I 表示，利率用 r 表示，则：

$$I = I(r) \tag{8.14}$$

投资是利率的减函数，即投资与利率反方向变动。线性投资函数为：

$$I = e - dr \quad （满足~\mathrm{d}I/\mathrm{d}r < 0）\tag{8.15}$$

其中，e 为即使 $r = 0$ 时也会有的投资量，即自主投资。d 是利率对投资需求的影响系数，表示利率变化一个单位，投资会变化的数量。

【思考】针对工资成本对投资的影响目前经济学者主要有两种观点：一是工资成本的上升会使企业减少投资；二是工资成本的上升会增加企业投资。就你对投资概念的理解，解释以上两种观点。

第二节　简单的国民收入决定理论

整个宏观经济体系中包括了两个子系统，即商品和劳务运行的市场、货币及金融产品运行的市场，前者简称为产品市场，后者简称为货币市场。国民收入的决定同时受到产品市场和货币市场运行的影响，为了便于理解，本节有以下假定：第一，各种资源没有得到充分利用，因此，总供给可以适应总需求的增加而增加，也就是不考虑总供给对国民收入决定的影响。第二，价格水平是既定的。第三，利息率水平既定，这也就是说，不考虑利息率变动对国民收入水平的影响。第四，投资水平既定，即在总需求中只考虑消费对国民收入的影响。第五，假定不存在国际部门，只研究封闭经济系统。

一、均衡产出

国民收入核算中的恒等式既衡量了国民收入的总量水平，又揭示了它的内部结构。但是，恒等式本身没有也不可能解释决定国民收入的过程和原因。为了说明国民收入的决定，需要把国民收入恒等式发展为国民收入均衡式。

国民收入核算中的恒等式为：

$$GDP = C + I + G + (X - M) = C + S + T\tag{8.16}$$

这一恒等式是一种事后的恒等关系，即在一年的生产与消费之后，从国民收入核算表中所反映出来的恒等关系。这里的需求是一种实现的需求，它并不总等于人们意愿的或者事前计划的需求。

事实上，实现需求可以分解为四个部门的支出，即实现的消费、投资、政府购买和净出口；同样地，也可以把意愿需求分解为四个部分，即意愿的消费、投资、政府购买和净出口。已经假定，简单国民收入决定理论研究的是由需求不足引起的低于充分就业经济。在这种经济中由于需求相对不足，除了企业部门外，其余三个部门在

"买"的方面则非常自由：愿意买就可以买，不愿意买就可以不买，从而其意愿购买即意愿需求支出都等于其各自相应的实现支出。于是，有如下关系：

$$意愿消费 = 实现消费 = C$$
$$意愿政府购买 = 实现政府购买 = G$$
$$意愿净出口 = 实现净出口 = X - M$$

企业部门所以例外是因为它固然能够"愿意买就可以买"，但却"不愿意买就可以不买"；它卖不出去的产品，不得不自己"买进来"，成为非计划的存货增加部分。因此，企业部门的意愿支出（投资需求）不一定等于其实现支出（投资需求），只有在非计划存货增量等于零时，企业部门的意愿投资才等于其实现投资，从而意愿需求等于实现需求，此时国民收入处于所谓"均衡"状态。

可见，国民收入核算的恒等关系的投资是实现投资，从而总需求是实现需求，而国民收入均衡关系的投资是意愿投资，从而总需求是意愿需求。为了便于使用，我们仍用 I 表示意愿投资，因为总需求与总供给相等时的国民收入是均衡的国民收入。当不考虑总供给这一因素时，均衡的国民收入水平就是由总需求决定的。如前所述，国民收入均衡公式为：

$$Y = C + I + G + (X - M) \quad 或 \quad I + G + (X - M) = S + T \qquad (8.17)$$

这反映了整个四部门的经济情况。显然，一开始就分析四部门模型比较困难，因此，要尽可能把它简化。我们假定不存在国际部门，只研究封闭经济系统。该假定意味着出口 X 与进口 M 都等于零。于是，均衡公式成为：

$$Y = C + I + G \quad 或 \quad I + G = S + T \qquad (8.18)$$

二、两部门经济中国民收入的决定

如果假定不存在政府部门，只研究两部门经济的经济系统，则政府购买 G 与税收 T 也都等于零。均衡公式进一步简化为：

$$Y = C + I \quad 或 \quad I = S \qquad (8.19)$$

这就是两部门的国民收入均衡公式。我们分析就从这种简单的两部门模型开始。首先讨论国民收入和变动的基本原理，然后加入政府因素分析三部门经济。在两部门模型中，无论哪个国民收入均衡公式都只包含两个因素：或者是 C、I，或者是 S、I。在两部门经济模型中，计划支出由消费和投资构成，即 $Y = C + I$。由于假定计划净投资是一个固定的量，即投资 I 是一个常数 I_0。这样，只要把收入恒等式和消费函数结合起来就可以求出均衡的国民收入：

$$Y = C + I_0 \ (\text{收入恒等式})$$
$$C = a + bY \ (\text{消费函数})$$

求解上述联立方程，就可以得到均衡的国民收入：

$$Y = \frac{a + I_0}{1 - b} \tag{8.20}$$

可见，在两部门经济模型中，如果知道了消费函数和投资量，就可得均衡的国民收入。假定消费函数 $C = 1000 + 0.8Y$，自发的计划投资始终为 600 亿元，那么，均衡的国民收入就是：$Y = \dfrac{1000 + 600}{1 - 0.8} = 8000$ 亿元。

均衡国民收入的决定也可以用图形来表示。如图 8 - 6 所示，用消费曲线加投资曲线和 45°线相交的交点可以决定均衡的国民收入。

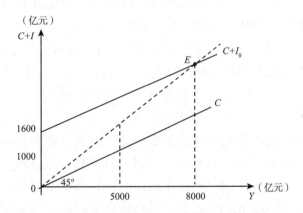

图 8 - 6 消费加投资的曲线与 45°线的交点决定国民收入

图 8 - 6 中横轴表示收入，纵轴表示消费加投资。在消费曲线 C 上加投资曲线 I 就可得到消费投资曲线 $C + I_0$，这条曲线也是总支出曲线。由于投资被假定为始终等于 600 亿元的自发投资，因此，消费曲线加投资曲线所形成的总支出曲线与消费曲线相平行，二者之间的垂直距离等于 600 亿元投资，总支出线和 45°线相交于 E 点，E 点决定的收入水平就是均衡国民收入 8000 亿元，这时，家庭意愿的消费支出与企业意愿的投资支出的总和，正好等于国民收入（即产量）。如果经济离开了这个均衡点，企业的销售量就会大于或小于它们的产量，从而被迫进行存货负投资或存货投资，也就是说，会出现意外的存货减少或增加，这就会引起生产的扩大或收缩，直至回到均衡点为止。

三、三部门经济中国民收入的决定

在有政府参与其中的三部门经济模型中，从总支出的角度看，国民收入包括消费、投资和政府支出，而从总收入角度看，则包括消费、储蓄和税收。不过这里的税收是净税收，即从总税收中减去政府转移支付以后所得到的净纳税额。所以加入政府部门后的均衡国民收入应该是计划的消费、投资和政府支出的总和，它也是同计划的消费、储蓄和净税收的总和相等时的国民收入，即：

$$C + I + G = C + S + T$$

消去等式两边 C，可以得到：

$$I + G = S + T \tag{8.21}$$

这就是三部门经济模型中宏观均衡的条件。

一般来说，税收有两种情况：一种是定量税，即税收量不随收入而变动，用 T 来代表；另一种是比例税，即随收入增加而增加的税收量。如果按一定税率从收入中征税，我们可用 $T = t(Y)$ 来表示。在这两种情况下，所得到的均衡国民收入是不相同的。

假设消费函数为 $C = 100 + 0.75Y_d$，Y_d 表示可支配收入，定量税收为 $T = 80$，投资为 $I = 100$，政府购买支出为 $G = 200$。根据这些条件，先求出可支配收入 $Y_d = Y - T = Y - 80$，然后根据消费函数求出储蓄函数 $S = Y_d - C = -a + (1 - b)Y_d = -100 + 0.25(Y - 80) = 0.25Y - 120$，最后将 I、G、S 和 T 代入经济均衡的条件 $I + G = S + T$，可以得到：$100 + 200 = 0.25Y - 120 + 80$。那么，$Y = 1360$，即均衡国民收入为 1360。

如果其他条件不变，把税收从定量税改为比例税，税率 $t = 0.2$，则税收 $T = 0.2Y$，于是可支配收入 $Y_d = Y - t(Y) = Y - 0.2Y = 0.8Y$，在这种情况下，储蓄为 $S = -a + (1 - b)Y_d = -100 + (1 - 0.75) \times 0.8Y = -100 + 0.2Y$，得到：$I + G = S + t(Y)$，那么，$100 + 200 = -100 + 0.2Y + 0.2Y$，可以得到 $Y = 500$，即均衡国民收入为 500。可见，如果把根据定量税求出的均衡国民收入写作 Y_1，把根据比例税求得的均衡国民收入写作 Y_2，Y_1 显然大于 Y_2。这种情况可用图 8 - 7 表示。

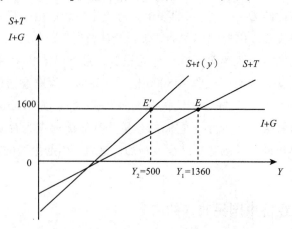

图 8 - 7　三部门经济中均衡国民收入的决定

$Y_1 > Y_2$ 是因为 $S + t(Y)$ 线的斜率大于 $S + T$ 线的斜率。但 $I + G$ 线是一条与横轴相平行的直线，因此，E 点必定位于 E' 点的右方，这决定了 $Y_1 > Y_2$。为什么 $S + t(Y)$ 线的斜率较大呢？因为这条线意味着储蓄和税收会随着收入的增加而增加，而在 $S + T$ 线上，税收不随收入增加而增加。

不过，在求税收直接作用下的均衡国民收入时，如果采用的是比例税，则税率的改变会改变 $S + t(Y)$ 线的斜率。这一情况可以通过图 8 – 8 表示。

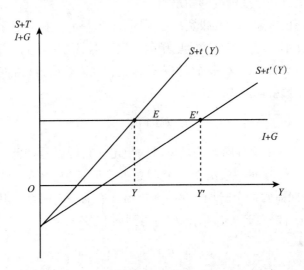

图 8 – 8　税率变动使 $S + t(Y)$ 线斜率改变

如果采用定量税 t，则税收量变动只会使 $S + T$ 线平行移动，即改变 $S + T$ 线的截距。图 8 – 9 表明了这种情况。

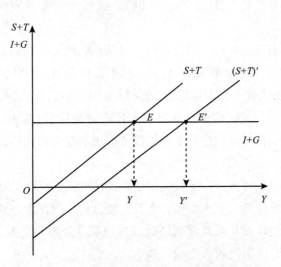

图 8 – 9　定量税变动改变 $S + T$ 线的截距

四、乘数论

(一) 乘数及乘数原理

$I=S$ 是宏观经济均衡的条件,若 $I>S$,生产会增加,若 $I<S$,生产会减少,并最终达到均衡收入水平。不过,投资的增加引起生产和国民收入的增加,并不是一下子就实现的。这里有一个逐渐变动的过程。

假设本期生产由本期消费和投资决定,即 $Y_t = C_t + I_t$(右下角标 t 表示时期)。但本期的消费支出并不一定是本期收入的函数。假设本期消费是上一期收入的函数。这是考虑到居民进行消费时,必须先有收入,而这种收入被认为只能来自上一时期的生产。这样,消费函数就可以表示为:

$$C_t = a + bY_{t-1} \tag{8.22}$$

这里的"时期"并没有确切的具体时间规定。它可以是一天、一星期、一月或一年,究竟代表多长时间,取决于研究问题的实际需要。t 的符号表明某一时期,$(t-1)$ 则为某时期前的一个时期,$(t+1)$ 为其后的一个时期,其余情况,依此类推。将 $C_t = a + bY_{t-1}$ 代入 $Y_t = C_t + I_t$,就可得到如下方程:

$$Y_t = a + bY_{t-1} + I_t \tag{8.23}$$

该方程可以反映国民收入决定的变动过程。假如消费函数是 $C = 1000 + 0.8Y$。这实际上是假定居民在任何时期的消费支出都是本期国民收入的函数。在这种情况下,如果投资 $I = 600$ 亿元,就可求出均衡的国民收入 $Y = 8000$ 亿元。

假定投资 I 从 600 亿元增至 700 亿元时,收入从原先的 8000 亿元增加到 8500 亿元。

在上面的例子中已经提到,当自发投资量从 600 亿元增加到 700 亿元时,均衡的国民收入就从 8000 亿元增加到 8500 亿元。这里,投资增加 100 亿元,国民收入增加 500 亿元,增加的国民收入是增加的投资的 5 倍。由此可见,总投资量增加时,国民收入的增量将是投资增量的数倍。如果以 k 代表这个倍数,k 就是投资乘数。所以,投资乘数指收入的变化与带来这种变化的投资支出的变化的比率,在上述例子中,投资乘数为 5。

投资乘数产生的主要根源在于社会经济各部门之间的相互关联性。当某一个部门投资增加,不仅会使本部门收入增加,而且会使其他部门发生连锁反应,从而导致这些部门投资与收入也增加,最终使国民收入的增加量是最初自发投资增加量的数倍。同理,当投资减少时,国民收入也成倍减少。

举例说明如图 8 - 10 所示。

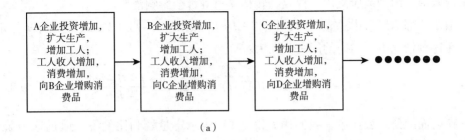

（a）

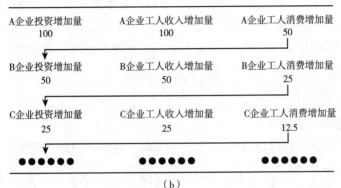

（b）

图 8 – 10　投资乘数作用机理

这种连锁反应直至最后企业的收入、投资、消费趋向于 0，此时：

$$\Delta Y = 100 + 100 \times 50\% + 100 \times 50\%^2 + 100 \times 50\%^3 + \cdots + 100 \times 50\%^n$$

$$= \frac{100}{1 - 50\%} = 200（万元）$$

同理，当投资减少 100 万元时，国民收入减少 200 万元。这就是乘数的反作用。因此投资乘数是两个方面同时发生作用的：一方面，当投资增加时，它所引起的收入增加要大于所增加的投资；另一方面，当投资减少时，它所引起的收入减少也要大于所减少的投资。因此，经济学家常常将乘数称作一把"双刃剑"。

实际上，乘数作用不仅限于投资。总需求的任何变动，如消费的变动、政府支出的变动、税收的变动、净出口的变动等，都会引起国民收入若干倍的变动。比如消费，假定原来的消费函数为 $C = 1000 + 0.8y$，投资 $I = 600$ 亿元，则均衡收入为 8000 亿元，如果自主消费由于人们的节俭而从 1000 亿元减为 800 亿元，则国民收入将变为 7000 亿元。可见，消费需求减少 200 亿元，就会使国民收入减少 1000 亿元，也减少了 5 倍。

（二）三部门经济中的乘数

当经济中加入政府部门以后，政府支出、税收和政府转移支付的变动，同样都具有乘数效应，因为政府支出、税收、转移支付等都会影响消费。

由于三部门经济中总支出为：$Y = C + I + G = a + b(Y - t) + I + G$，这里，$t$ 是定量税。在这种情况下，均衡的国民收入为：

$$Y = C + I + G = a + b(Y - t) + I + G = \frac{a + I + G - bt}{1 - b} \tag{8.24}$$

在前面的公式表述中，我们用 t 和 $t(Y)$ 表示定量税和比例税。通过这个公式，可以求出下述几个乘数。

1. 政府购买支出乘数。政府购买支出乘数，是指国民收入变动对引起这种变动的政府购买支出变动的比率。如果以 ΔG 表示政府支出变动，以 ΔG 表示国民收入变动，以 k_G 表示政府购买支出乘数，则政府购买支出乘数就可以表示为：

$$k_G = \frac{\Delta Y}{\Delta G} = \frac{1}{1 - b} \tag{8.25}$$

其中，b 代表边际消费倾向。

我们可以发现支出乘数和投资乘数是相等的。这可以做如下理解：

在 $Y = \dfrac{a + I + G - bt}{1 - b}$ 的公式中，如果其他条件不变，只有政府购买支出 G 发生变动，那么，政府购买支出从 G_0 变为 G_1 时的国民收入就分别是：

$$Y_0 = \frac{a_0 + I_0 + G_0 - bt_0}{1 - b}$$

$$Y_1 = \frac{a_0 + I_0 + G_1 - bt_0}{1 - b}$$

$$Y_1 - Y_0 = \Delta Y = \frac{G_1 - G_0}{1 - b} = \frac{\Delta G}{1 - b}$$

所以得到：

$$k_G = \frac{\Delta Y}{\Delta G} = \frac{1}{1 - b} \tag{8.26}$$

由此可见，k_G 为正值时，它等于 1 减去边际消费倾向的倒数。

2. 税收乘数。税收乘数指国民收入变动对税收变动的比率。税收乘数有两种：一种是税率变动对总国民收入的影响；另一种是税收绝对量变动对总国民收入的影响，即定量税对总国民收入的影响。我们首先讨论后一种税收乘数，即定量税对总国民收入的影响。

假定在 $Y = \dfrac{a + I + G - bT}{1 - b}$ 中，只有税收 T 发生变动。这样当税收分别为 T_0 和 T_1 时的国民收入分别是：

$$Y_0 = \frac{a_0 + I_0 + G_0 - bT_0}{1 - b}$$

$$Y_1 = \frac{a_0 + I_0 + G_0 - bT_1}{1 - b}$$

$$Y_1 - Y_0 = \Delta Y = \frac{-bT_1 + bT_0}{1 - b} = \frac{-b\Delta T}{1 - b}$$

所以得到：

$$k_T = \frac{\Delta Y}{\Delta T} = \frac{-b}{1 - b} \tag{8.27}$$

其中，k_T 为税收乘数。

税收乘数为负值，表示国民收入随税收增加而减少，随税收减少而增加。因为税收增加时，人们可支配收入会减少，从而使消费相应减少，于是税收变动和总支出变动方向是相反的。税收乘数等于边际消费倾向对 1 减去边际消费倾向之比，或边际消费倾向对边际储蓄倾向之比。

3. 政府转移支付乘数。政府转移支付乘数指国民收入变动对政府转移支付变动的比率。政府转移支付增加会增加人们的可支配收入，因而消费会增加，最终会导致总支出增加和国民收入的增加。因而政府转移支付乘数为正值。如果用 k_{TR} 表示政府转移支付乘数，则政府转移支付乘数可以表示为：

$$k_{TR} = \frac{b}{1 - b}$$

这是因为，有了政府转移支付后，$Y_d = Y - T + TR$，因此：

$$Y = C + I + G = a + b(Y - T + TR) + I + G$$

所以：$Y = \dfrac{a + I + G - bT + bTR}{1 - b}$。

在其他条件不变，只有 TR 变动时，转移支付为 TR_0 和 TR_1 时的国民收入分别为：

$$Y_0 = \frac{a_0 + I_0 + G_0 - bT_0 + bTR_0}{1 - b}$$

$$Y_1 = \frac{a_0 + I_0 + G_0 - bT_0 + bTR_1}{1 - b}$$

$$Y_1 - Y_0 = \Delta Y = \frac{-bTR_0 + bTR_1}{1 - b} = \frac{b\Delta TR}{1 - b}$$

所以得到：

$$k_{TR} = \frac{\Delta Y}{\Delta TR} = \frac{b}{1 - b} \tag{8.28}$$

可见，政府转移支付乘数也等于边际消费倾向对 1 减去边际消费倾向之比，或边际消费倾向对边际储蓄倾向之比，其绝对值和税收乘数相同，但符号相反。

比较一下政府购买支出乘数、税收乘数和政府转移支付乘数，就可以看到，政府购买支出乘数大于税收乘数和政府转移支付乘数。因为政府支出（这里专指政府购买）增加 1 元时，一开始就会使总支出（即总需求）增加 1 元，但是减税 1 元，却只能使居民的可支配收入增加 1 元，这 1 元中又只有一部分（在上面的例子中是 80 分）用于增加消费，另一部分（20 分）增加了储蓄。所以，减税 t 元只使总需求增加了 80 分，由于总产出（或者总收入）由总支出（即总需求）决定，因而，减税 1 元对国民收入变化的影响没有增加政府购买支出 1 元对国民收入变化的影响大。

由于政府购买支出乘数大于税收乘数和政府转移支付乘数，所以西方学者认为，改变政府购买水平的变化对宏观经济活动的效果要大于改变税收和转移支付的效果。改变政府购买水平是财政政策中最有效的手段。

同时由于政府购买支出乘数大于税收乘数，所以当政府购买和税收各自增加相同的数量时，也会使国民收入增加，不过其增加的幅度要小得多。这就是所谓平衡预算乘数的作用。

4. 平衡预算乘数。平衡预算乘数指政府收入和支出同时以相等的数量增加或减少时，国民收入变动对政府收支变动的比率。比如，政府购买和税收同时增加 200 亿元时，从政府预算来看是平衡的，但国民收入增加了 200 亿元，即收入增加了一个与政府支出和税收变动相等的数量。这种情况可以用公式来表示。如果我们用 ΔY 代表政府支出和税收各增加同一数量时国民收入的变动量，那么，它就可以表示为：

$$\Delta Y = k_G \Delta G + k_T \Delta T$$

由于假定了 $\Delta G = \Delta T$，所以：

$$\Delta Y = \frac{\Delta G - b\Delta G}{1 - b} = \Delta G$$

于是：

$$\frac{\Delta Y}{\Delta G} = \frac{\Delta Y}{\Delta T} = 1 = k_b \tag{8.29}$$

乘数理论在凯恩斯的经济理论中占有重要的地位。借助于乘数理论，凯恩斯说明了作为总需求中最重要部分的投资和政府支出，对于一国经济的增长和就业具有成倍增加的巨大作用。

【拓展阅读 8 - 2】

"东数西算"将释放算力资源"乘数效应"

数据中心是数字经济发展的重要基础设施,是建设数字中国、网络强国的关键支撑力量。近日,国家发展改革委等部门联合发文,正式全面启动"东数西算"工程,顺利完成了全国一体化大数据中心体系总体布局设计。可以预见,"东数西算"工程将积极提升数字中国建设效能。

当前,我国东西部数据中心布局存在较大不平衡,与能源资源和生产力等布局之间失配、错配矛盾较为突出。土地和能源等资源日趋紧张的东部地区集中了全国绝大部分数据中心,难以继续大规模发展数据中心,而能源和土地等资源相对富集的西部地区、经济欠发达地区的数据中心在全国占比相对较低,具备发展数据中心、承接东部算力需求的潜力。这种不平衡的数据中心布局,不仅难以满足实现碳达峰碳中和目标的要求,不利于区域协调发展,也造成能源、资源等极大浪费,亟须国家宏观层面的引导。因此,实施"东数西算"工程,推动算力资源有序向西转移,构建全国一体化算力网络国家枢纽节点,可以充分发挥区域比较优势和我国体制机制优势,优化资源配置,增强国家整体算力效能,促进绿色发展,扩大有效投资,推动区域协调发展,释放算力资源"乘数效应"和数据要素"倍增效应"。

宏观来看,"东数西算"工程是我国又一重大跨区域资源配置工程,是数字时代全面扛起数字中国脊梁的世纪性重大战略工程。该工程的全面启动,标志着数字中国、网络强国建设按下了"快进键",也意味着我国区域协调发展迈开新步伐。该工程的实施将更好地发挥数据中心、云计算等数字新型基础设施的战略性、基础性和先导性作用,打通我国经济社会发展的数据信息"任督二脉",不仅有助于纵深推进数据要素市场化配置改革,实现数据和算力资源在全国乃至全球优化配置,构筑"数字丝绸之路"的主骨干,还有助于抢抓数字化发展机遇,全面优化我国数字经济生产力布局,充分激活数字经济发展潜能,从而为构建新发展格局、推动经济高质量发展、构筑国家竞争新优势、抢占全球战略竞争制高点提供不懈动力和有力支撑。

需要强调的是,"东数西算"工程涉及多地域、多省份、多领域、多目标,规模宏大,系统复杂,任务艰巨,是新时代关乎区域协调、共同富裕以及新发展格局构建等中国式现代化重大战略目标实现的重大工程。我们必须围绕数字中国和网络强国建设的目标,坚持系统观念,加强前瞻性思考、全局性谋划、战略性布局、整体性推进,充分发挥我国有效市场与有为政府相结合的制度性优势,扎实推进"东数西算"工程高质量高标准建设,强化能源、通信网络、数据中心等基础设施一体化联动布局,做好存量和增量网络基础设施统筹建设和互联互通,打造国家数据和算力资源配置的主骨架和大动脉，加快形成"系统完备、安全可靠，集约高效、绿色智能，循环通畅、治理有力"的全国一体化大数据中心体系新格局，培育发展强大的数字经济发展生态。

尤其需要注意的是，在推进"东数西算"工程建设过程中，必须遵循经济规律、自然规律、社会规律，按规律办事，强化统筹和政策引导，稳步推进，推动全国数据中心适度集聚和集约发展，形成梯次布局和合理分工，合理划分物理边界和强化绿色节能、上架率等硬约束，避免一哄而上、盲目发展。

资料来源：王磊，曾铮. "东数西算"将释放算力资源"乘数效应"[N]. 经济参考报，2022 - 02 - 21（001）.

第三节 *IS - LM* 模型

一、产品市场均衡——*IS* 曲线

（一）*IS* 曲线的含义和推导

1. *IS* 曲线的推导。*IS* 曲线表示在物品市场达到均衡（即 $I = S$）时，利率和国民收入之间的关系。或者说，*IS* 曲线是表明这样一条曲线，在它上面的每一点，利率与国民收入的组合是不同的，但是投资都等于储蓄。下面从两部门经济进行推导。

在分析 *IS* 曲线时，具有以下几方面的假设：（1）投资与利率呈反方向变动，投资量是利率的递减函数。（2）在两部门国民收入决定中，国民经济的平衡要求投资等于储蓄。（3）储蓄是国民收入的函数。一般来说，两者同方向变化。

根据以上几个假设，可以描述出在利率和国民收入的不同组合条件下，储蓄等于投资的轨迹。即 *IS* 曲线是指产品市场均衡时，利率和国民收入组合的轨迹。产品市场均衡是指产品市场上总供给与总需求相等。在两部门经济中，总需求 $AD = C + I$，总供给 $AS = C + S$，产品市场均衡的条件是 $I = S$，如果消费函数是 $C = a + bY$，则均衡的国民收入是：

$$Y = \frac{a + I}{1 - b}$$

在上述均衡国民收入决定模型中，是假定经济中不存在货币市场的，因而投资支出 I 是一个既定的量，而在一个包括产品市场和货币市场的两部门经济中，投资不再是一个既定的量，而是利率的函数 $I = e - dr$，在这种情况下，均衡国民收入的决定模型就变成：

$$Y = \frac{a + e - dr}{1 - b}$$

$$\Rightarrow r = \frac{a+e}{d} - \frac{1-b}{d}Y \tag{8.30}$$

由式（8.30）可以看出，要使产品市场保持均衡，即投资等于储蓄，则均衡的国民收入和利率之间存在着反向变化的关系。现在举例来说明这一点，假设投资函数 $I = 1250 - 250r$，消费函数 $C = 500 + 0.5Y$，将上述数据代入上式，可得：

$$r = \frac{a+e}{d} - \frac{1-b}{d}Y = 7 - \frac{1}{500}Y$$

则利率 r 与均衡国民收入 Y 之间的反向变动关系和一一对应关系可用表8-3来描述。

表8-3　　　　　　　　　*IS* 曲线中利率与国民收入之间的对应关系

r	1	2	3	4	……
Y	3000	2500	1500	1000	……

以纵轴代表利率，以横轴代表收入，则可以得到一条反映利率和收入间相互关系的曲线，如图8-11所示。这条曲线上任何一点都代表一定利率和收入的组合，在这样的组合下，投资和储蓄是相等的，也就是说产品市场是均衡的，因此这条曲线就是 *IS* 曲线。*IS* 曲线是一条向下方倾斜的曲线，其经济含义是：在其他条件不变的情况下，利率下降，投资需求增加，总需求增加，均衡国民收入增加。反之，当利率上升后，投资需求下降，总需求减少，均衡国民收入减少。

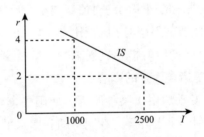

图8-11　两部门的 *IS* 曲线

2. *IS* 曲线的经济含义。

（1）*IS* 曲线是一条描述商品市场达到宏观均衡即 $I = S$ 时，总产出与利率之间关系的曲线。

（2）在商品市场上，总产出与利率之间存在着反向变化的关系，即利率提高时总产出水平趋于减少，利率降低时总产出水平趋于增加。

（3）处于 *IS* 曲线上的任何点位都表示 $I = S$，即商品市场实现了宏观均衡。反之，偏离 *IS* 曲线的任何点位都表示 $I \neq S$，即商品市场没有实现宏观均衡。如果某一点位处于 *IS* 曲线的右边，表示 $I < S$，即现行的利率水平过高，从而导致投资规模小于储蓄规模。如果某一点位处于 *IS* 曲线的左边，表示 $I > S$，即现行的利率水平过低，从而导致投资规模大于储蓄规模。

（二）IS 曲线的斜率和移动

1. IS 曲线的斜率（以两部门经济为例）。将 $Y = \dfrac{a+e-dr}{1-b}$ 改写成：$r = \dfrac{a+e}{d} - \dfrac{1-b}{d}Y$。

式中 Y 前面的系数 $-\dfrac{1-b}{d}$ 就是 IS 曲线的斜率。由于收入是利率的减函数，故 IS 曲线的斜率为负。为了更方便地比较 IS 曲线斜率的大小，取斜率 $-\dfrac{1-b}{d}$ 的绝对值 $\left| -\dfrac{1-b}{d} \right|$。显然，IS 曲线的斜率既取决于 b，也取决于 d。b 是边际消费倾向。如果 b 较大，意味着投资乘数就大，即投资较小的变动会引起收入较大的增加，因而 IS 曲线就较平缓，表明 IS 曲线的斜率就小。反之，b 较小，IS 曲线的斜率就大。所以，IS 曲线的斜率与 b 成反比。d 是投资对利率变动的反应程度，表示利率变动一定幅度时投资的变动程度。如果 d 较大，表示投资对利率反应比较敏感，即利率较小的变动引起投资较大的变动，进而引起收入的更多增加，IS 曲线就较平缓，IS 曲线的斜率就小。反之，d 较小，IS 曲线的斜率就大。所以，IS 曲线的斜率与 d 成反比。

另外，在三部门经济中，由于存在政府购买支出与税收，则 IS 曲线的斜率就变为：$-\dfrac{1-b(1-t)}{d}$。在 b 和 d 既定时，t 越小，投资乘数就越大，收入增加就越多，IS 曲线就越平缓，于是 IS 曲线的斜率的绝对值就越小。反之，t 越大，IS 曲线的斜率的绝对值就大。因此，IS 曲线的斜率与 t 成正比。

2. IS 曲线的移动。从 IS 曲线的推导过程来看，IS 受到了投资（储蓄）、政府购买、政府转移支付和税收等诸多因素的影响。

首先是投资（储蓄）变动。由于某种原因，如国外资本进入，或者企业家对未来的预期转好，或者投资利润率上升等，在同样的利率水平下，投资需求增加，导致总需求随之增加，从而导致国民收入上升。这种情况在图中即是 IS 曲线向右上方移动，表明在同样的利率水平下，收入增加了。相反，如果由于某种原因导致储蓄增加（即投资下降），则 IS 曲线将向左下方移动，说明在同样的利率水平下，收入下降了。

其次是政府购买支出和转移支出变动。政府购买支出的增加导致总需求增加，国民收入随之增加，在图中即是 IS 曲线向右上方移动；相反，政府购买支出下降将会导致 IS 曲线向左下方移动。政府转移支付并不能直接增加总需求，但由于政府转移支付多为向弱势群体的单方面无偿支付，如支付给失业人员的失业金、支付给穷人的救济金等，弱势群体在接收到政府转移支付后多用于当期消费以改善生活，所以政府转移支付也会间接增加社会总需求。所以，当政府转移支付增加时，IS 曲线向右上方移动，政府转移支付减少时，IS 曲线向左下方移动。

最后是税收变动。政府税收的变动对社会总需求的影响极大，如果政府增加税收，则会使得企业和居民的生产积极性下降，同时也会让企业和居民的实际消费和投资下降，因而总需求下降，*IS* 曲线向左下方移动；反之，如果政府减税，则总需求上升，*IS* 曲线向右上方移动。

二、货币市场均衡——*LM* 曲线

（一）利率决定理论

1. 货币的需求函数。以上两节内容说明了投资的决定因素是利率，但利率又是由什么因素决定的呢？对这个问题，凯恩斯以前的古典学派认为，投资与储蓄都与利率相关，投资是利率的减函数，即利率越高，投资越少，利率越低，投资越多；储蓄是利率的增函数，即利率越高，储蓄越多，利率越低，储蓄越少；投资与储蓄相等时，利率就被确定下来。但是，宏观经济学的奠基人凯恩斯认为，利率不是由投资与储蓄决定的，而是由货币的供给量与货币的需求量决定的。由于货币的实际供给量是由代表国家对金融运行进行管理的中央银行控制，因而，实际供给量是一个外生变量，在分析利率决定时，只需分析货币的需求。

（1）货币的三个需求动机。货币需求是指人们在不同条件下出于各种考虑对货币的需要，或者说是个人、企业和政府对执行流通手段（或支付手段）和价值储藏手段的货币的需求。人们接受货币不是因为货币本身，而是因为用货币能够购买到所需求的产品和劳务。货币与其他非货币形态的金融资产（如股票、债券、商业票据）的区别在于其具有使用上的灵活性，即可以直接购买到产品和劳务。非货币形态的金融资产与现金相比有利有弊，有利的一面是指其可以获取收益（如股票可以获得股息、债券可以获得利息等），不利的一面是指非货币形态的金融资产不能直接实现和产品、劳务的交换，先要变成现金（即通常所说的金融资产的流动性），变现时可能会面临时间的拖延和实际购买力上的损失。因此，凯恩斯认为人们对货币有"流动性偏好"，即人们宁愿牺牲利息、股息等收入而持有一定量的不生息的货币来保持财富的心理倾向。凯恩斯认为个人与企业需要货币出于三种动机。

首先是交易动机。交易动机是指个人与企业为了正常的交易活动而需要货币的动机。比如，个人购买消费品需要货币，企业购买生产要素也需要货币。尽管收入、商业制度、交易惯例等都影响着交易所需的货币量，但出于交易动机的货币需求量主要决定于收入，收入越多，用于交易的货币量就越多；收入越少，用于交易的货币量就越少。

其次是谨慎动机或预防性动机。谨慎动机或预防性动机是指为预防诸如事故、疾病、失业等意外开支而需要事先持有一部分货币的动机。交易动机下的货币交易需求主要用于即时支出，预防性动机下的货币需求则用于以后的支出。货币的预防性需求

产生于个人今后收入与支出的不确定性，其量的多少尽管取决于个人的预期与判断，但从全社会来看，出于预防性动机的货币需求仍然取决于收入，其量的多少与收入成正比。

最后是投机动机。投机动机是指人们为了抓住有利的购买有价证券的机会而持有货币的动机。假定财富的形式有两种：一种是货币；另一种是有价证券。人们在货币与有价证券之间进行选择以确定保留财富的形式。对货币与有价证券进行选择，就是利用利率与有价证券价格的变化进行投机。有价证券的价格与有价证券的收益成正比，与利率成反比，即：

$$有价证券的价格 = \frac{有价证券收益}{利率}$$

可见，有价证券的价格会随着利率的变化而变化，人们对有价证券和货币的选择随利率的变化而变化。市场利率越高，意味着有价证券的价格越低，当预计有价证券的价格不会再降低而是将要上升时，人们会抓住有利的机会，用货币低价买进有价证券，以便今后证券价格升高后高价卖出，于是，人们手中出于投机动机而持有的货币量就会减少。相反，市场利率越低，则意味着有价证券的价格越高，当预计有价证券的价格再也不会上升而将要下降时，人们就会抓住时机将手中的有价证券卖出，于是，人们手中出于投机动机而持有的货币量就会增加。由此可见，对货币的投机需求取决于利率，其需求量与利率成反比。

（2）货币的交易需求函数。由于出于交易动机与预防性动机的货币需求量都取决于收入，则可以把出于交易动机与预防性动机的货币需求量统称为货币的交易需求量，并用 L_1 来表示，用 Y 表示实际收入，那么货币的交易需求量与收入的关系可表示为：

$$L_1 = f(Y)$$

具体表达式为：

$$L_1 = kY \tag{8.31}$$

其中，k 为货币的交易需求量对实际收入的反应程度，也可叫货币需求的收入弹性。

式（8.32）反映出货币的交易需求量与实际收入的同方向变动关系。

（3）货币的投机需求函数。货币的投机需求取决于利率，如果用 L_2 表示货币的投机需求，用 r 表示利率，则货币的投机需求与利率的关系可表示为：$L_2 = f(r)$，具体表达式为：

$$L_2 = L_0 - hr \tag{8.32}$$

其中，h 为货币的投机需求量对实际利率的反应程度。

式（8.33）反映出货币的投机需求量与实际利率的反方向变动关系。

（4）货币的需求函数和需求曲线。对货币的总需求就是对货币的交易需求与对货币的投机需求之和，因此，货币的需求函数 L 就表示为：

$$L = L_1 + L_2 = kY + L_0 - hr \tag{8.33}$$

函数可用图 8-12 表示。图 8-12（a）中的横轴表示货币需求量或货币供给量，纵轴表示利率。L_1 为货币的交易需求曲线，由于 L_1 取决于收入，与利率无关，故其是一条垂线。L_2 为货币的投机需求曲线，它最初向右下方倾斜，表示货币的投机需求量随利率的下降而增加，即货币的投机需求与利率呈反方向变动关系；货币投机需求曲线的右下端为水平状，在这一区段，即使货币供给增加，利率也不会降低。图 8-12（b）中的曲线 L 为包括货币的交易需求与投机需求在内的货币需求曲线，其上的任何一点表示的货币需求量都是相应的货币交易需求量与投机需求量之和。L 曲线向右下方倾斜，表示货币需求量与利率的反方向变动关系，即利率上升时，货币需求量减少，利率下降时，货币需求量增多。

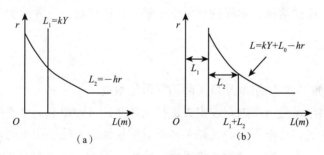

图 8-12　货币需求曲线

对货币的需求函数 $L = L_1 + L_2 = kY + L_0 - hr$ 中的货币需求量与收入的同方向变动关系、货币需求量与利率的反方向变动关系，可用图 8-13 和图 8-14 表示。

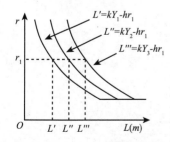

图 8-13　不同收入下的货币需求曲线

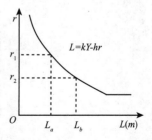

图 8-14　不同利率下的货币需求曲线

图 8-13 中有代表无数条货币需求曲线的三条货币需求曲线 L'、L''、L'''，分别代表收入水平为 Y_1、Y_2、Y_3 时的货币需求量。货币需求量与收入的同方向变动关系表现为三条货币需求曲线的左移与右移，货币需求量与利率的反方向变动关系则都表现为

三条货币需求曲线的向右下方倾斜。图 8 – 13 表示，利率同为 r_1 时，由于收入水平不同，实际货币需求量分别为 L'、L''、L'''，即 $Y = Y_1$ 时，$L = L'$；$Y = Y_2$ 时，$L = L''$；$Y = Y_3$ 时，$L = L'''$。图 8 – 14 表示，收入水平相同，比如都为 Y_1 时，由于利率水平不同，实际货币需求量也不同，即 $r = r_1$ 时，$L = L_a$；$r = r_2$ 时，$L = L_b$。

2. 均衡利率的决定。货币供给是一个存量概念，是指一个经济社会在某一时点上所保持的不属于政府与银行的硬币、纸币与银行活期存款的总和。

货币供给分狭义与广义两种。狭义的货币供给是指硬币、纸币与银行活期存款的总和，狭义的货币供给用 M 或 M_1 表示。由于银行活期存款可以随时提取，并可当作货币在市场上流通，因而属于狭义的货币供给。狭义的货币供给加上银行定期存款便是广义的货币供给，广义的货币供给用 M_2 表示。如果 M_2 加上个人与企业持有的政府债券等流动资产或"货币近似物"，就是意义更广泛的货币供给 M_3。以后分析中使用的货币供给是指狭义的货币供给即 M_1。

另外，分析中所使用的货币供给量是指实际的货币供给量。如果用 M、m、P 分别表示名义的货币供给量、实际的货币供给量、价格指数，三者的关系为：

$$m = \frac{M}{P} \tag{8.34}$$

以后所提到的货币供给就是指实际的货币供给量。

由于货币供给量是一个国家或中央银行来调节的，因而是一个外生变量，其多少与利率无关，因此，货币供给曲线是一条垂直于横轴的直线。货币的供给与需求决定利率，在图 8 – 15 中，作为垂线的货币供给曲线 m 与向右下方倾斜的货币需求曲线 L 在 E 点相交，交点 E 决定了利率的均衡水平 r_0，它表示，只有当货币需求与货币供给相等时，货币市场才达到了均衡状态。因而，均衡利率就是货币供给数量与需求数量相等时的利率。

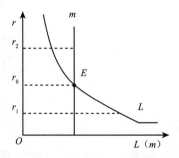

图 8 – 15 均衡利率的决定与形成

货币市场的调节，会使货币供求关系发生变化，从而形成均衡利率。图 8 – 15 说明了均衡利率的形成。如果市场利率 r_1 低于均衡利率 r_0，说明货币需求大于货币供给，人们感到手持货币量少，此时，人们会售出手中的有价证券。随着证券供给量的增加，证券价格下降，利率相应上升，货币需求逐步减少。货币需求的减少、证券价格的下降与利率的上升一直持续到货币供求相等、均衡利率 r_0 的形成为止。反之，如果市场利率 r_2 高于均衡利率 r_0，说明货币需求小于货币供给，人们认为手持货币量太多，此时，人们就会利用手中多余的货币购买有价证券。随着证券需求量的增加，证券价格上升，利率下降，货币需求逐步增加。货币需求的增加、证券价格的上升与利率的下降会一直持续到货币供求相等、形成均衡利率 r_0 为止。只有当货币供求相等时，利率才会相对静止不变。

3. 流动偏好陷阱。在分析投机动机时，可看到利率会影响人们对有价证券和货币的选择。当利率非常低时，人们认为利率不会再降低而只能上升，或者说有价证券的价格不会再上升而只会跌落，因而会将所持有的有价证券售出来换成货币，即使手中又另外新增了货币，也绝不肯再去购买有价证券，以免证券价格下跌而遭受损失，即人们不管有多少货币都会持在手中，这种情况叫作"凯恩斯陷阱"，也叫"流动偏好陷阱"。流动偏好是指人们持有货币的偏好，即人们愿意以货币形式保留财富，而不愿以有价证券形式保留财富的心理。对货币产生偏好，是因为货币流动性很强，货币随时可以用于交易、应付不测、投机等，故把人们对货币的偏好就称为流动偏好。利率极低时，人们不论有多少货币，都要留在手中而不会去购买有价证券，流动偏好趋于无限大，此时，即使银行增加货币供给，也不会使利率下降。

图 8-16 中，货币供给曲线 m_1 与货币需求曲线 L 相交于 A 点，由此决定的均衡利率为 r_0。由于货币需求曲线 L 上的 A 点之右呈现水平状，当货币供给增加、货币供给曲线由 m_1 右移至 m_2 时，利率并没有降低，仍然是 r_0。货币需求曲线 L 上 A 点之右的水平区段，就是"流动偏好陷阱"。

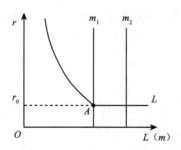

图 8-16　流动偏好陷阱

（二）LM 曲线

1. LM 曲线的定义及推导。LM 曲线表示在货币市场达到均衡（即 $L=M$）时，利率和国民收入之间的关系。或者说，LM 曲线是表明这样一条曲线，在它上面的每一点，利率与国民收入的组合都是不同的，但是货币供给都等于货币需求。在分析 LM 曲线时，具有以下几方面的假设：（1）利率与货币的投资需求呈反方向变动。（2）货币的交易需求和预防的需求是国民收入的函数。（3）货币的供给由中央银行外生决定，在一定时期内为既定的常数。

根据以上假设，可以描述出在利率和国民收入的不同组合条件下，货币供给等于货币需求的轨迹。所谓货币市场的均衡，是指货币市场上货币需求等于货币供给的状态。根据前述的分析，我们已经知道：第一，货币市场的均衡条件为货币需求量等于货币供给量，即 $L = M$。第二，货币需求函数可表示为：$L = L_1(Y) + L_2(r)$。其中，$L_1(Y)$ 为货币的交易需求函数，表示为满足人们对货币的交易需求和预防需求而引起的对货币的需求量，它依存于国民收入水平，是国民收入的增函数；$L_2(r)$ 为货币的投机需求函数，表示为满足人们对货币的投机需求而引起的对货币的需求量，它依存于利率，是利率的减函数。第三，在一定的价格水平下，一定时期内的货币供应量 M 是由政府的货币政策决定的。因此，M 与利率无关，为一既定的常数 M_0。在这种情况下，货币市场的均衡模型可表示为：

货币市场均衡条件 $L = M$

货币需求函数 $L = L_1(Y) + L_2(r) = kY - hr$

货币供给函数 $M = M_0$

由此可得 LM 曲线的公式为：

$$r = kY/h - M_0/h \qquad (8.35)$$

式（8.35）表示了在货币市场达到均衡时，利率与国民收入之间的关系。在通常情况下随着国民收入 Y 的增加，货币的交易需求 $L_1(Y)$ 将增加，在货币供给不变（$M = M_0$）的条件下，为保持货币市场均衡（$L = M$），货币的投机需求 $L_2(r)$ 必须减少，而 $L_2(r)$ 是利率的减函数，L_2 要减少，r 必须上升。因此，国民收入 Y 增加，利率必然要上升；反之，Y 减少，r 必然要下降，这样才能在货币供给量既定的情况下，通过使 Y 与 r 保持同方向变化关系来调整对货币的需求，使调整后的货币需求等于既定的货币供给，保持货币市场的均衡。所以，在货币市场均衡时，国民收入与利率之间存在着同方向变化的关系。

2. LM 曲线的斜率与其三个区域。从 LM 曲线的推导过程中可以知道，当货币市场达到均衡时，利率与国民收入是正方向变动，LM 曲线的斜率为正值。利率变动对国民收入的影响程度，即 LM 曲线斜率的大小，或 LM 曲线倾斜的程度，取决于下列两个因素：

第一，当货币交易需求函数一定时，LM 曲线的斜率取决于货币的投资需求。如果货币的投机需求对利率的变动很敏感，即 h 值较大，则利率变动一定幅度，L_2 变动的幅度就较大，从而 LM 曲线较平缓，其斜率也比较小。反之，如果货币的投机需求对利率的变动不敏感，即 h 值较小，投机需求曲线较陡峭，则 LM 曲线也较陡峭，其斜率比较大。

第二，当投机需求函数一定时，LM 曲线的斜率取决于货币的交易需求。如果货币的交易需求对收入的变动很敏感，即 k 值较大，则利率变动一定幅度，收入只需变动较小幅度，从而 LM 曲线较陡峭，其斜率也比较大。反之，如果货币的交易需求对收入的变动不敏感，即 k 值较小，交易需求曲线较平缓，则 LM 曲线也较平缓，其斜率比较小。

例如，在 LM 曲线表达式中，LM 曲线的斜率即为 k/h，其中 k 表示交易需求对收入的敏感程度，h 表示投机需求对利率的敏感程度。因此，k 与 LM 曲线斜率的大小成正比，k 越大，LM 曲线斜率越大，LM 曲线斜率越陡峭，即利率变动一定幅度，国民收入只需变动较小幅度，就可保持货币市场的均衡；而 h 与 LM 曲线斜率的大小成反比，h 越大，LM 曲线斜率越小，LM 曲线越平缓，即为可保持货币市场的均衡，利率变动一定幅度，要求国民收入变动较大幅度来配合。

在实际生活中，由于货币交易需求比较稳定，所以一般认为 LM 曲线的斜率主要取决于投机需求。根据不同的利率水平下货币投机需求的大小，可将 LM 曲线划分为三个区域，如图 8 – 17 所示。

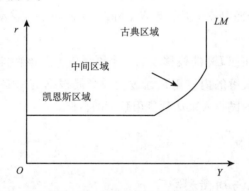

图 8 – 17 LM 曲线的三个区域

在图 8 – 17 中 LM 曲线是一水平线，然后向右上方倾斜，当利率上升到一定高度后，则成一垂直线。凯恩斯认为，当利率下降到很低水平时，不管手中有多少货币，人们都不肯去买债券，担心买了债券价格下跌时要亏损，因而货币的投机需求成为无限大，即存在流动性陷阱，于是货币投机需求对利率无限大的敏感，LM 曲线成了一条水平线，故 LM 曲线的水平区域称为"凯恩斯区域"。相反，如果利率上升到足够的高度以后，货币的投机需求变为零，不管利率如何再上升，货币需求不再变动，原因是这时债券价格极低，人们估计债券价格只会上涨，不会再跌，因此很愿意用货币去买债券，不愿再为投机而持货币。于是，投机需求不再受利率变动的影响，LM 曲线成了一垂直线。由于古典学派认为，人们只有货币的交易需求，而无货币的投机需求，因而 LM 曲线的垂直区域也称为"古典区域"。介于凯恩斯区域和古典区域之间的是"中间区域"。在这一区域中，货币投机需求量随利率上升而减少。在货币供给既定的情况下，为保持货币市场均衡，交易需求量必须随利率上升而增加，即收入必须相应增加。因此，在这一区域，利率和收入必须同方向变化，才会使货币市场均衡，这使 *LM* 曲线在这一区域向右上方倾斜。

3. *LM* 曲线的移动。由于 *LM* 曲线的形成是由货币供给、货币的投机需求和交易需求共同决定的，因此，*LM* 曲线的位置移动，主要取决于这三个因素的变化。

首先，货币供给的变动。如果其他条件不变，货币供给量的变动将导致 *LM* 曲线的同方向移动，即货币供给增加使 *LM* 向右下方移动，货币供给减少使 *LM* 向左上方移动。

其次，货币投机需求变动。如果其他条件不变，货币投机需求增加，*LM* 曲线将向左上方移动，如投机需求减少，则 *LM* 曲线将向右下方移动。这是因为，货币供给不变时，货币投机需求增加，货币市场上将出现供不应求，这导致利率上升，同时导致收入下降，从而 *LM* 向左上方移动；反之，货币投机需求减少，则 *LM* 曲线将向右下方移动。

最后，货币交易需求变动。如果其他条件不变，货币交易需求增加，货币市场上也会供不应求，同样会导致利率上升，收入下降，*LM* 向左上方移动，反之，则向右下方移动。

需要指出的是，在使 *LM* 曲线移动的三个因素中，应该特别重视货币供给变动这个因素。因为，货币政策的内容正是通过货币当局根据货币需求情况调节货币供给量，从而调节利率和国民收入来达到货币政策的目标。

三、*IS – LM* 分析

（一）均衡收入与均衡利率

1. *IS – LM* 模型的提出与发展。1936 年凯恩斯发表了他的划时代著作《就业、利息和货币通论》，简称《通论》。在这本著作中，凯恩斯说明了均衡的国民收入决定于与总供给相等的总有效需求。由于凯恩斯的理论在逻辑推理中出现了循环推理的矛盾，即利率通过投资影响国民收入，而国民收入又通过货币需求影响利率；反过来说，国民收入依赖于利率，而利率又依赖于国民收入。为了解决循环推理的矛盾，凯恩斯的后继者把产品市场和货币市场结合起来，建立了一个产品市场和货币市场的一般均衡模型，即 *IS – LM* 模型，通过产品市场均衡与货币市场均衡这两者之间的相互作用，得出两个市场同时达到均衡状态时会有的国民收入和利率水平。

IS – LM 模型最初是由英国经济学家 J. 希克斯（1904～1989 年）在 1937 年发表的《凯恩斯先生与古典学派》一文中提出的。美国经济学家 A. 汉森（1887～1975 年）1948 年在《货币理论与财政政策》中以及 1953 年在《凯恩斯学说指南》中对这一模型作出了解释。因此，这一模型又被称为"希克斯—汉森模型"，通称修正凯

恩斯模型。此外，对这一模型作出解释、补充与发展的还有 F. 莫迪尼安尼在 1944 年发表的《流动偏好与利息和货币理论》，克莱因在 1947 年写的《凯恩斯革命》，以及萨缪尔森在 1948 年写的《收入决定的简单数学表述》等。

2. 均衡收入与均衡利率的求解。$IS-LM$ 模型是凯恩斯宏观经济学的核心，凯恩斯主义的全部理论与政策分析都是围绕这一模型而展开的。把 IS 曲线与 LM 曲线结合在一起，就可以得出产品市场和货币市场同时均衡时的 $IS-LM$ 模型。产品市场和货币市场同时达到均衡时，均衡利率和均衡收入的值可以通过 IS 曲线和 LM 曲线的联立方程求得。

例如，已知产品市场和货币市场的均衡模型分别为：

$I = 1250 - 250r$ $L = 0.5Y + 1000 - 250r$

$S = -500 + 0.5Y$ $M = 1250$

$I = S$ $L = M$

据此可求得 IS 曲线和 LM 曲线的方程分别为：

IS：$Y = 3500 - 500r$

LM：$Y = 500 + 500r$

当产品市场和货币市场同时均衡时，有 $IS = LM$。因此，联立这两个 r 与 Y 的方程，求得的利率与收入的对应值必将满足产品和货币两个市场的同时均衡，即：

$r = 3$ $Y = 2000$

当 $r = 3$ 及 $Y = 2000$ 时，同时可满足 $I = S$、$L = M$ 及 $IS = LM$，因此，$r = 3$ 和 $Y = 2000$ 是产品市场及货币市场同时均衡时的均衡利率及均衡收入。均衡利率与均衡收入也可用图形来表示。如图 8－18 所示，在 IS 线上任何一点有 $I = S$；在 LM 线上任何一点有 $L = M$；IS 与 LM 相交于 E 点，则 E 点能同时满足两个条件：$I = S$，$L = M$，即在 E 点两个市场同时达到均衡。这时决定了均衡的利率水平为 r_0，均衡的国民收入水平为 Y_0。也只有在利率水平为 r_0，国民收入水平为 Y_0 时，两种市场才能同时达到均衡。

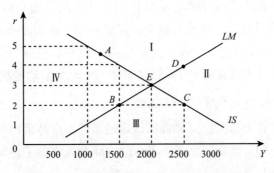

图 8－18 产品市场与货币市场的一般均衡

（二）两个市场的失衡及其调整

以上我们讨论了产品市场和货币市场同时达到均衡时，其均衡点处于 IS 曲线与 LM 曲线的交点 E 上。因此，任何偏离 E 点的利率和国民收入的对应点都不能达到产品市场和货币市场的同时均衡。如图 8 - 18 所示，IS 曲线和 LM 曲线相交后将整个坐标平面分为四个区域，综合后可将产品市场和货币市场的失衡分为以下情况：

在 A 点：A 点处于 IS 线上，有 $I=S$，产品市场达到均衡；但 A 点处于 LM 曲线的左方，有 $L<M$，货币市场上货币需求小于货币供给，货币市场失衡。在 I 区域：位于 IS 线右方，有 $I<S$，产品市场上总需求小于总产出；同时位于 LM 曲线左方，有 $L<M$，货币市场上货币需求小于货币供给，产品、货币市场同时失衡。同理有：

在 B 点：$L=M$，但 $I>S$。在 II 区域：$I>S$，且 $L<M$。

在 C 点：$I=S$，但 $L>M$。在 III 区域：$I>S$，且 $L>M$。

在 D 点：$L=M$，但 $I<S$。在 IV 区域：$I<S$，且 $L>M$。

因此在四个不同的区域内，失衡状况各不相同，具体如表 8 - 4 所示。

表 8 - 4   **产品市场与货币市场的失衡**

区域	产品市场	货币市场
区域 I	$I<S$ 有 ESG	$L<M$ 有 ESM
区域 II	$I>S$ 有 EDG	$L<M$ 有 ESM
区域 III	$I>S$ 有 EDG	$L>M$ 有 EDM
区域 IV	$I<S$ 有 ESG	$L>M$ 有 EDM

注：ESG 为产品供给过剩，即 $I<S$；EDG 为产品需求过度，即 $I>S$；ESM 为货币供给过剩，即 $L<M$；EDM 为货币需求过度，即 $L>M$。

总之，只要投资函数、储蓄函数、货币需求函数和货币供给量既定不变，就可以确定产品市场、货币市场同时达到均衡的均衡点，即 IS 曲线与 LM 曲线的交点。任何不在均衡点上的利率与收入的组合都属于失衡状态，而这种失衡状态在市场作用下，都是不稳定的，最终都将趋向均衡。这是因为，从产品市场来看，$I>S$ 会导致生产和收入增加，$I<S$ 会导致生产和收入减少，直至 $I=S$；从货币市场来看，$L>M$ 会导致利率上升，$L<M$ 会导致利率下降，直至 $L=M$。这样，任何非均衡的 r 与 Y 终将经过充分的调整，逐步从失衡回复到 $I=S$、$L=M$、$IS=LM$ 的均衡状态。

（三）均衡收入与均衡利率的变动

以上我们讨论了在 IS 曲线与 LM 曲线既定的条件下产品市场与货币市场的均衡状态以及失衡的调整过程。然而，如果 IS 曲线与 LM 曲线变动了，则均衡利率和均衡收入就会发生相应的变化。

首先，假定 LM 曲线不变，IS 曲线变动。从前述关于影响 IS 曲线位置的因素分析中已知，投资、消费、政府支出等变动都会引起 IS 曲线的移动。现假定政府实行扩张性的财政政策，增加政府支出，则 IS 曲线将向右上方移动，如图 8 - 19 所示，IS_0 移动到 IS_1。随着政府支出增加，即总需求的增加，将使生产和收入增加。但是随着收入增加，对货币交易需求 $L_1(Y)$ 也将增加。由于假定 LM 曲线不变（即货币供给量不变），因此，人们只能通过出售有价证券来获取从事交易所需的货币，这就导致利率上升及货币的投机需求 $L_2(r)$ 下降，部分地抵消了因政府支出增加而面临的总需求增加的压力。最终使利率 r_0 上升到 r_1，国民收入由 Y_0 增加到 Y_1，宏观经济在 E_1 点达到均衡。同样地，如果因消费、投资、政府支出减少，使总需求减少，将使 IS 曲线向左下方移动，当 LM 曲线不变时，导致利率与国民收入同时减少。

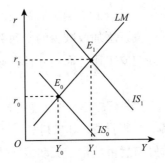

图 8 - 19　假定 LM 曲线不变，IS 曲线变动

其次，假定 IS 曲线不变，LM 曲线变动。从前述关于影响 LM 曲线位置的因素分析中已知，货币供给量以及货币需求函数的变化等因素都将引起 LM 曲线的移动。现假定政府实行扩张性的货币政策，增加货币供给量，则 LM 曲线将向右下方移动，如图 8 - 20 所示，LM_0 移动到 LM_1。随着货币供给量的增加，将使货币市场供给大于需求，利率下降。由于假定 IS 曲线不变，因此，利率下降将使投资增加，进而导致国民收入增加。最终使利率 r_0 下降到 r_1，国民收入由 Y_0 增加到 Y_1，宏观经济在 E_1 点达到新的均衡。同样地，如果因货币供给减少，或者因货币需求量增加，将使 LM 曲线向左上方移动，当 IS 曲线不变时，导致利率上升，国民收入减少。

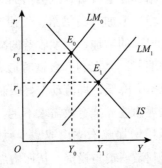

图 8 - 20　假定 IS 曲线不变，LM 曲线变动

最后，若 *IS* 曲线与 *LM* 曲线因各种因素的共同作用而同时变动，则 *IS* 曲线与 *LM* 曲线新的交点将随 *IS* 曲线、*LM* 曲线变动的方向与程度的不同而不同。在各种情况下，利率与收入的变动，可以从上面两种情况中推导出来。

（四）凯恩斯宏观经济学基本理论要点

第一，国民收入决定于消费与投资。消费与投资是总需求或总支出的组成部分，凯恩斯认为总需求决定国民收入，也就是消费与投资决定国民收入。

第二，消费由消费倾向与收入决定。消费倾向包括平均消费倾向与边际消费倾向。边际消费倾向大于 0 且小于 1，因此，收入增加时，消费也增加，但在增加的收入中用来增加消费的部分会越来越少，用于储蓄的部分会越来越多。

第三，国民收入的变动主要受投资的影响。消费倾向相对比较稳定，故投资成为影响国民收入变动的主要因素。投资增加或减少的变动引起国民收入增加或减少的成倍变动。投资乘数与边际消费倾向成正比，而边际消费倾向大于 0 且小于 1，故投资乘数大于 1。

第四，投资由利率与资本边际效率决定。投资与利率成反比，与资本边际效率成正比。如果利率小于资本边际效率，值得投资；如果利率大于资本边际效率，不值得投资。

第五，利率决定于流动偏好与货币数量。流动偏好是货币需求，由对货币的交易需求与对货币的投机需求组成，其中，对货币的交易需求来自交易动机与谨慎动机，对货币的投机需求来自投机动机。货币数量是货币供给，由满足交易动机、谨慎动机的货币数量和满足投机动机的货币数量组成。

第六，资本边际效率由投资的预期收益与资本资产的供给价格或重置成本决定。资本边际效率与预期收益成正比，与重置成本成反比。

第七，凯恩斯认为，资本主义经济萧条的根源在于由消费需求与投资需求组成的总需求不足，而总需求不足的原因是三大基本心理规律。边际消费倾向递减规律决定了消费需求不足。边际消费倾向小于 1，人们不会把增加的收入全部用来增加消费，并且增加的收入用于增加的消费会越来越少，这就会造成消费不足。资本边际效率递减规律决定了投资需求不足。增加一笔投资，既会增加对资本资产的需求，增加重置成本，又会在将来形成生产能力、增加产品供给、促使产品价格下降后，收益减少。因此，资本边际效率会随重置成本的增加、预期收益的减少而降低，从而使得投资需求不足。作为货币需求的流动偏好，会在利率极低时形成"流动性陷阱"，从而使利率在货币供给增加的情况下也不会降低，即流动偏好限制了利率的降低，最终抑制投资需求。这样，三大基本心理规律造成了有效需求不足。为解决有效需求不足，必须发挥政府的作用。政府应当运用增加政府支出或减少税收的财政政策和增加货币供给、降低利率的货币政策，以刺激消费与投资，从而增加收入，实现充分就业。由于"流动性陷阱"的存在，货币政策效果有限，增加收入应主要靠财政政策。

【拓展阅读 8 – 3】

凯恩斯的主要理论和政策主张

一、主要理论

1. 就业理论。就业理论是凯恩斯宏观经济理论体系的核心，凯恩斯曾声称他写《通论》的最终目的是阐明失业的原因和寻求解决失业的办法。凯恩斯认为对于资本主义经济来讲，"充分就业均衡"只是一种特殊情况，而常态却是一种"小于充分就业的均衡"。资本主义之所以存在"小于充分就业均衡"的原因在于有效需求不足。所谓有效需求（包括投资需求和消费需求），首先是指有支付能力的需要；其次，更重要的是就决定就业水平而言，是指与社会总供给相一致的社会总需求，因为只有社会总供给曲线与总需求曲线的交点，才能决定社会的就业量，因而才能说得上是"有效"的需求。那么，为什么社会就业量决定于总供给曲线和总需求曲线的交点呢？凯恩斯认为，这是由于社会产量的总供给价格和总需求价格都是一定就业量的函数由于各个厂商都是以追求利润最大化为目标，当总供给大于总需求，从而利润低于平均水平时就减少供给，解雇工人；当总供给小于总需求，从而利润高于平均水平时，就增加供给，增雇工人。因此，社会就业量就由总供给曲线和总需求曲线的交点来决定。而在现实经济生活中，社会总供给曲线和总需求曲线决定的均衡就业量往往不是充分就业量，或者说是小于充分就业量的均衡，即有效需求不足。

2. 投资乘数理论。凯恩斯在寻求解决失业和经济危机问题的过程中发现，增加投资可以解决有效需求不足问题，从而提高就业水平，因此他认为投资有乘数效应。所谓投资乘数，是指在一定的边际消费倾向条件下，投资的增加可导致国民收入和就业量若干倍的增加。凯恩斯认为这是由于各个生产部门之间连锁反应的结果，当一个部门投资增加，就必然引起对另一个部门产品需求的增加，从而又使另一个部门投资增加，如此连锁影响以致使一系列部门的收入、就业都会随之增加，所以，全社会的收入、就业量将成倍增长。凯恩斯这里所说的投资主要是指国家投资，其中包括增加政府投资兴办公共工程，因此，可以说投资乘数理论为凯恩斯推行国家干预经济的政策提供了理论基础。

此外，凯恩斯的工资理论、利息理论、物价理论等无不是从有效需求不足出发，通过对投资和消费的刺激来提高就业量，消除经济危机的影响，因此，对这些理论笔者不一一赘述。

二、主要政策主张

1. 财政政策和货币政策。针对20世纪30年代资本主义世界的经济危机和大批工人失业的局面，凯恩斯政策主张的主要目标是实现充分就业，克服经济危机。凯恩斯认为经济危机和失业的根本原因在于有效需求不足，而有效需求不足又是由不易改变的三个基本心理规律引起的，因此，就不可能像传统经济学家所主张的那样排斥国家干预，而仅仅依靠市场机制的自发调节作用来解决。相反，他认为必须依靠政府干预来提高社会的消费倾向和加强投资引诱，以扩大社会有效需求。具体来说政府干预形式主要有两个方面，一是运用财政政策，二是运用货币金融政策。

财政政策的主要内容是，在经济衰退时，应扩大政府开支（如兴建公共工程）和实行减税。凯恩斯特别强调政府举债支出的作用，他认为，政府如果靠增加税收来扩大政府支出的来源，则会减少私人投资和私人消费，结果将达不到扩大社会有效需求的目的，因此，实行举债支出以弥补赤字的财政政策"虽然浪费，但结果可以使社会致富"。这样凯恩斯便突破了从亚当·斯密以来传统的平衡预算的财政政策观点。货币政策的主要内容是，通过中央银行调节货币供应量，以影响利息率的变动来间接影响社会总需求。在经济衰退时期要设法降低利息率来刺激投资；在经济高涨期则要设法提高利息率抑制投资需求。由于货币政策是通过利息率而间接影响社会总需求，不如财政政策作用来得直接和有力，因此，他更注重财政政策，认为货币政策只起辅助作用。

2. 社会改良主义。凯恩斯在《通论》中还指出，导致有效需求不足的原因除了三个基本心理规律外，资本主义的分配制度不公也是一个重要原因。为解决财富与所得的分配不公问题，凯恩斯提出了两方面的设想。（1）加强对富人直接税的征收。可以通过征收所得税、超额所得税、遗产税等直接税来消除社会分配不公的不利影响。（2）消灭食利者阶级。凯恩斯根据自己的有效需求理论和投资理论，认为妨碍投资引诱的主要因素是利息率，因此如果使利息率降到极低程度就必然会大大加强投资引诱，从而扩大社会需求。这样一来，单靠利息为生的食利者阶级就自然而然的被消灭了。

资料来源：闫贵壮. 当代资本主义的救世主——约翰·梅纳德·凯恩斯［J］. 辽宁财专学报，2003（6）：53 – 55.

第四节　AD – AS 模型

一、总需求理论

一国的宏观经济，并不是总处于充分就业的状态下，常常是在繁荣和衰退的交替中运行。一国经济的周期性波动是宏观经济理论的一个核心课题。本节将建立一个简单的总需求与总供给模型来分析宏观经济的波动和均衡。我们在微观经济学中运用产品的需求曲线和产品的供给曲线分析个别产品市场的波动和均衡。在本节的学习中，我们要掌握利用总需求与总供给模型分析整个宏观经济的波动和均衡。总需求曲线表示在任何一个价格水平时，家庭、企业、政府和外国经济想要购买的最终产品与劳务的总量。总供给曲线表示在任何一个价格水平时，企业生产并销售的最终产品与劳务的总量。根据总需求—总供给模型，进一步分析价格水平与产出的调整如何使社会的总需求与总供给达到均衡。

（一）总需求

总需求是经济社会对产品和劳务的需求总量。在宏观经济学中，总需求是指整个社会的有效需求，它不仅指整个社会对物品和劳务需求的愿望，而且指该社会对这些物品和劳务的支付能力。因此，总需求实际上就是经济社会的总支出。由总支出的构成可知，在四部门经济条件下，总需求由消费需求、投资需求、政府需求和国外需求构成，其中，国外需求由国际经济环境决定，而政府需求主要是一个政策变量，因此消费需求和投资需求是决定总需求量的基本因素。

（二）总需求曲线

总需求函数是指产出（收入）和价格水平之间的关系，它表示在某个特定的价格水平下，经济社会需要多高水平的收入。它一般同产品市场与货币市场有关，可以从产品市场与货币市场的同时均衡中得到。总需求函数的几何表示称为总需求曲线。

总需求曲线表明了在产品市场和货币市场同时实现均衡时国民收入与价格水平的结合，描述了与每一物价总水平相适应的均衡支出或国民收入的关系的图形。总需求曲线可由下述方法导出：从同时满足产品市场和货币市场的均衡条件出发，寻求国民收入与价格水平的关系。也可以用图 8 – 21 说明如何从 *IS* – *LM* 模型图中得出，在既定条件下，总需求量与价格水平之间的相反变动关系。

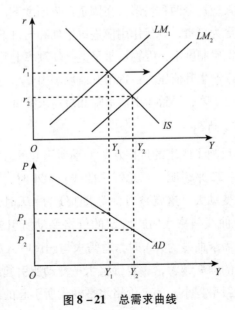

图 8 – 21　总需求曲线

从以上关于总需求曲线推导中看到，总需求曲线表示社会的需求总量和价格水平之间反方向的关系，即总需求曲线是向右下方倾斜的。向右下方倾斜的总需求曲线表示，价格水平越高，需求总量越小；价格水平越低，需求总量越大。总需求曲线向右下方倾斜的原因主要有以下四个：一是财富效应（庇古效应）。庇古效应是由英国古典经济学家阿瑟·庇古在 1943 年提出，物价水平的变化将引起既定数量的金融资产的实际价值上升或下降。如果物价水平的上升与家庭现有可支配货币收入的上升相对应，则可使其实际收入不变；但是，由于物价水平变动对所拥有的资产的实际抑制效应，仍可能促使家庭实际消费支出减少。相反地，如果物价水平的下降与家庭现有可支配货币收入下降比例相对应，那么它仍可以由于所拥有资产的实际价值上升产生刺激效应，从而增加消费支出：$P\downarrow\rightarrow$财富的实际价值$\uparrow\rightarrow$人们不急于增加储蓄$\rightarrow C\uparrow\rightarrow$总需求$\uparrow$。二是利率效应（凯恩斯效应）。凯恩斯效应是指价格水平的变动会影响实际货币供给量，进而影响利率与投资，最终影响总需求：$P\downarrow\rightarrow M/P\uparrow\rightarrow M/P > L\rightarrow r\downarrow\rightarrow I\uparrow\rightarrow AD\uparrow$。在 $IS-LM$ 模型中，假设其他条件都不变，唯一变动的是价格水平。价格水平的变动并不影响产品市场的均衡，即不影响 IS 曲线。但是，价格水平的变动却要影响货币市场的均衡，即要影响 LM 曲线。这是因为，LM 曲线中所说的货币供给量是实际货币供给量，如果以 M 代表名义货币供给量，M/P 就是实际货币供给量。当名义货币供给量不变而价格水平变动时，实际货币供给量就会发生变动。实际货币量的变动会影响货币市场的均衡，引起利率的变动，而利率的变动就会影响总需求变动。三是税收效应。价格总水平上升时，人们的名义收入水平增加，会使人们进入更高的纳税等级，从而增加人们的税收负担，减少可支配收入，进而减少消费。四是蒙代尔—弗莱明汇率效应。分两种情形：在固定汇率制度下，物价水平上升使国内产品与进口产品相比变得更为昂贵，替代作用使进口增加和出口下降，从而使净出口下降和总需求减少。在浮动汇率制度下，因物价水平上升使利率上升，受套利动机驱使的资本流入增加，对本国货币产生升值压力；货币升值使国内产品与进口产品相比变得更为昂贵，使进口增加和出口下降，导致净出口下降和总需求减少。

（三）总需求曲线的斜率

总需求曲线的斜率反映了既定的价格水平变动所引起的总需求与国民收入的不同变动情况，可以用图 8-22 来说明。当总需求曲线斜率小时，既定的价格变动所引起的总需求与国民收入的变动大，这就是当总需求曲线为 AD_0 时，总需求与国民收入的变动为 Y_0Y_2；当总需求曲线斜率大时，既定的价格变动所引起的总需求与国民收入的变动小，这就是当总需求曲线为 AD_1 时，总需求与国民收入的变动为 Y_0Y_1。

因此，总需求曲线的斜率越大，一定价格水平变动所引起的总需求与国民收入变动越小；总需求曲线的斜率越小，一定价格水平变动所引起的总需求与国民收入变动越大。

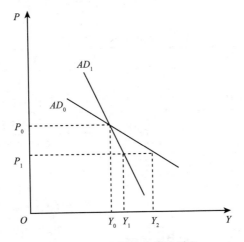

图 8－22　总需求曲线的斜率

总需求曲线的斜率取决于这样一些因素：

第一，货币需求对利率的敏感性。货币需求对利率的敏感性越小，价格变动所引起的实际货币供给量的变动对利率和总需求的影响就越大，从而总需求曲线的斜率也就越小（即总需求曲线越平坦）。相反，货币需求对利率的敏感性越大，价格变动所引起的实际货币供给量的变动对利率和总需求的影响就越小，从而总需求曲线的斜率也就越大（即总需求曲线越陡峭）。

第二，投资需求对利率的敏感性。投资需求对利率的敏感性越大，既定的利率变动所引起的投资与总需求的变动就越大，从而总需求曲线的斜率也就越小。相反，投资需求对利率的敏感性越小，既定的利率变动所引起的投资与总需求的变动就越小，从而总需求曲线的斜率也就越大。

第三，货币需求对收入的敏感性。货币需求对收入的敏感性越小，既定的实际货币供给量变动所引起的总需求的变动就越大，从而总需求曲线的斜率也就越小。相反，货币需求对收入的敏感性越大，既定的实际货币供给量变动所引起的总需求的变动就越小，从而总需求曲线的斜率也就越大。

第四，乘数。乘数越大，既定实际货币供给量变动所引起的最终总需求（与国民收入）的变动就越大，从而总需求曲线的斜率也就越小。相反，乘数越小，既定实际货币供给量变动所引起的最终总需求（与国民收入）的变动就越小，从而总需求曲线的斜率也就越大。

（四）总需求曲线的移动

总需求曲线是由 $IS-LM$ 模型决定的，所以，IS 曲线和 LM 曲线的位置决定了总需求曲线的位置，IS 曲线和 LM 曲线的移动也会改变总需求曲线的位置。当物价水平不变时，仍有许多影响总需求曲线的因素，可以把这些因素总结如表 8 – 5 所示。

表 8 – 5　　　　　　　　　引起总需求曲线移动的因素

引起总需求增加的因素	引起总需求减少的因素
利率下降	利率上升
预期的通货膨胀率上升	预期的通货膨胀率下降
汇率下降	汇率上升
预期的未来利润增加	预期的未来利润减少
货币量增加	货币量减少
总财产增加	总财产减少
政府对物品与劳务的支出增加	政府对物品与劳务的支出减少
税收减少或转移支付增加	税收减少或转移支付减少
国外收入增加	国外收入减少
人口增加	人口减少

以上只是一般而言的总需求曲线位置的移动。我们知道，财政政策的变动会改变 IS 曲线的位置，货币政策的变动会改变 LM 曲线的位置，因此，总需求曲线位置的决定与变动就要受财政政策与货币政策的影响。下面再分别说明财政政策与货币政策是如何决定总需求曲线的位置移动的。

财政政策并不直接影响货币市场的均衡，从而也就不影响 LM 曲线的位置。但财政政策影响产品市场的均衡，从而也就要影响 IS 曲线的位置。这样，财政政策就通过对 IS 曲线位置的影响而影响总需求曲线的位置。我们以扩张性财政政策为例，用图 8 – 23 来说明财政政策如何影响总需求曲线的位置。

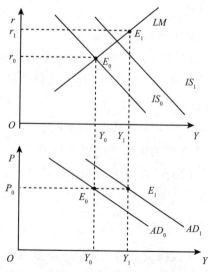

图 8 – 23　财政政策对总需求曲线的影响

货币政策并不直接影响产品市场的均衡，从而也就不影响 *IS* 曲线的位置。但货币政策影响货币市场的均衡，从而也就要影响 *LM* 曲线的位置。这样，货币政策就通过对 *LM* 曲线位置的影响而影响总需求曲线的位置。我们以扩张性货币政策为例，用图 8 – 24 来说明货币政策如何影响总需求曲线的位置。

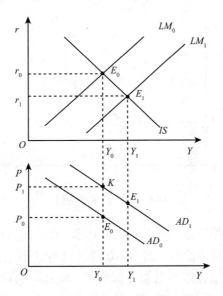

图 8 – 24　货币政策对总需求曲线的影响

应该指出的是，在价格不变的情况下，名义货币供给量增加所引起的总需求曲线的移动与名义货币供给量的增加是同比例的。由于实际货币供给量取决于名义货币供给量和价格水平，所以，如果价格水平的上升与名义货币供给量和价格的增加是同比例的，那么，名义货币供给量的变动就不会引起实际货币供给量的变动。在图 8 – 24 中，在 AD_1 的 K 点上，价格水平 $P_1 > P_0$，所以 K 点时的实际货币供给量与 AD_0 上 E_0 点的实际货币供给量是相同的。

二、总供给理论

总供给是经济社会的总产量（或总产出），它描述了经济社会的基本资源用于生产时可能有的产量。一般而言，总供给主要是由生产性投入（最重要的是劳动与资本）的数量和这些投入组合的效率（即社会的技术）的决定的。总供给函数是指总供给（或总产出）和价格水平之间的关系。在以价格为纵坐标，总产出（或总收入）为横坐标的坐标系中，总供给函数的几何表示为总供给曲线。

（一）总供给曲线和三种形态

1. 总供给曲线。总供给曲线表明了价格与产量的相结合，即在某种价格水平时整个社会的厂商所愿意供给的产品总量。所有厂商所愿意供给的产品总量取决于它们在提供这些产品时所得到的价格，以及在生产这些产品时所必须支付的劳动与其他生产要素的费用。因此，总供给曲线反映了要素市场（特别是劳动市场）与产品市场的状态。各派经济学家对总供给有不同的分析。这里，我们只从总需求—总供给模型的角度对总供给曲线进行简单说明，如图8 – 25所示。

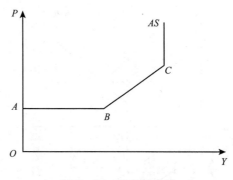

图 8 – 25　总供给曲线

2. 总供给曲线的三种形态。从图8 – 25中可以看出，总供给曲线有三种情况：

第一，资源未充分利用阶段，即 A—B 段，这时总供给曲线是一条与横轴平行的线，这表明总供给的增加不会引起价格水平的变动。造成这种情况的原因只有一个，即社会上有大量资源闲置，所以可以在不提高价格水平情况下增加总供给。这种情况是由凯恩斯提出来的，所以这种水平的总供给曲线也称为凯恩斯总供给曲线。

凯恩斯认为，之所以存在这种情况是因为，当社会上存在较为严重的失业时，厂商可以在现行工资水平之下得到它们所需要的任何数量的劳动力。当仅把工资作为生产成本时，这就意味着生产成本不会随产量的变动而变动，从而价格水平也就不会随产量的变动而变动。厂商愿意在现行价格之下供给任何数量的产品。隐含在凯恩斯主义总供给曲线背后的思想是，由于存在着失业，企业可以在现行工资下获得它们需要的任意数量的劳动力。它们生产的平均成本因此被假定为不随产量水平的变化而变化。这样，在现行价格水平上，企业愿意供给任意所需求的产品数量。

第二，资源接近充分利用阶段，即 B—C 段，这时总供给曲线是一条向右上方倾斜的线，这表明总供给的增加会引起价格的变动。这是因为资源接近充分利用的情况下，产量增加会引起生产要素价格的上升，从而成本增加，进而导致总价格水平上升。这种情况是在短期中存在的，所以这种向右上方倾斜的总供给曲线被称为短期总供给曲线。

短期总供给之所以与物价水平同方向变动，可以用黏性工资理论、黏性价格理论和价格错觉理论来解释这一点。

　　黏性工资理论是指短期中名义工资的调整慢于劳动供求关系的变化。因为企业根据预期的物价水平决定工人的工资。如果以后实际的物价水平低于预期的水平，即发生了通货紧缩，那么，工人的名义工资仍然不变，但实际工资水平却上升了。工资的增加使企业实际成本增加，从而减少就业，减少生产，总供给减少。相反，如果以后实际的物价水平高于预期的水平，即发生了通货膨胀，那么，工人的名义工资仍然不变，但实际工资水平却下降了。工资的减少使企业利润增加，从而增加就业，增加生产，总供给增加。因此，总供给与物价水平仍是同方向变动。

　　新凯恩斯主义者黏性价格理论强调，不仅名义工资在某一时期内调整是缓慢的，而且一些产品与劳务的价格对经济状况的变动也是缓慢的。例如，企业的原材料一般都是大宗产品，如钢材、石油等，大宗产品的交易通常采取合同方式进行，因此在一定程度上会缺乏伸缩性。这样，由于企业的成本（工资、原材料价格等）在短期内表现出相对的稳定性，当市场价格水平上升时，企业的利润增加，扩大生产，社会总供给也就随之增加。

　　新古典的价格错觉理论是指物价水平的变动会使企业在短期内对其产品的市场变动发生错觉，从而作出错误决策。物价水平下降实际是各种物品与劳务价格都下降，但企业会更关注自己的产品，没有看到其他产品的价格下降，而只觉得自己的产品价格下降了。由产品价格下降得出市场供大于求的悲观判断，从而减少生产，引起总供给减少。同样，当物价水平上升时，企业也没有看到其他产品的价格上升，而误以为只有自己的产品价格上升，从而作出市场供小于求的乐观判断，从而增加生产，引起总供给增加。当物价水平变动时，企业产生的这些错觉会使物价水平与总供给同方向变动。这些错觉是因为企业家并不是完全理性的，并不能总拥有充分的信息，判断发生失误，在长期中，他们当然会纠正这些失误，但在短期中这些失误是难免的。

　　第三，资源充分利用阶段，即 C 以上部分，这时总供给曲线是一条垂线，这表明无论价格水平如何上升，总供给也不会增加。这是因为从长期来讲，人类所拥有的资源总是有限的，当资源已得到充分利用时，即经济中实现了充分就业①，无论如何提高价格，总供给也不会增加。从长期的角度来看，资源总是会实现充分就业的，因此，这种垂直的总供给曲线被称为长期总供给曲线。

　　古典总供给曲线基于下面的假定：货币工资具有完全的伸缩性，它随劳动供求关系的变化而变化。当劳动市场存在超额劳动供给时，货币工资就会下降；反之，当劳动市场存在超额劳动需求时，货币工资就会提高。简单地说，在古典总供给理论的假定下，劳动市场的运行毫无摩擦，总能维护劳动力的充分就业。即在劳动市场，在工资的灵活调整下充分就业的状态总能被维持，因此，无论价格水平如何变化，经济中

---

　　① 宏观经济学中的充分就业是指包括资本、劳动和自然资源在内的所有生产要素都得到充分利用的状态，而不仅仅是指劳动人口的充分就业状态。

的产量总是与劳动力充分就业下的产量即潜在产量相对应，这也就是说，因为全部劳动力都得到了就业，即使价格水平再上升，产量也无法增加，即国民收入已经实现了充分就业，无法再增加了。故而总供给曲线是一条与价格水平无关的垂直线。

（二）总供给曲线的移动

对于总供给曲线的移动，仍然要分别考虑短期和长期两种情况。在长期，由于一个社会的潜在产出水平是由这个社会的生产技术水平和生产要素的存量所决定的。而一个社会的总体生产技术水平和生产要素的存量一般在短期很难发生根本的变化，所以一般在对宏观经济短期分析中把长期总供给曲线看成是既定不变的。在长期中，如果一个社会没有受到环境变动的影响，如自然灾害、战争、社会动乱等，在一般情况下，资本存量是不断增加的，生产技术水平也是不断提高的，因而可以认为长期总供给曲线是不断地向右移动的。美国的经济学家们分析，美国的潜在产出水平每年的增长率大约在3%。相对于总需求曲线和短期总供给曲线，长期总供给曲线是最为稳定的一种曲线。

对于短期总供给曲线，影响的因素很多，其中主要有成本的变化、生产技术的进步、风险承受能力的变化和环境的变化。其中，如果有某一种因素发生了变化，就会引起短期总供给曲线的移动，如图 8 - 26 所示。

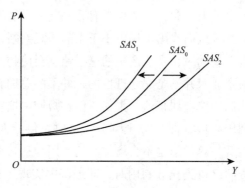

图 8 - 26　短期总供给曲线的移动

1. 成本的变化。企业对生产成本的变化极其敏感。当一个社会的工资水平普遍上升或原材料价格上升，就会引起企业生产成本的提高，如果这时产品和劳务的价格不变，企业的利润率就会下降，企业就会减产。如果市场状况允许企业在不降低产量的情况下提高价格，那么在既定的产出水平上，价格水平将上升。因此，无论是产品价格不变而减少产量还是产出水平不变而提高产品价格，都会导致短期总供给曲线向左移动；反之，如果生产成本降低，则短期总供给曲线就会向右移动。

2. 生产技术的进步。生产技术的进步会导致劳动生产率的提高，这就意味着单位投入将生产出更多的产品和劳务，也意味着生产单位产出的成本下降了。如果这时市场需求较为旺盛，企业就可以大量增产，导致社会总的产出水平提高。即使市场需求不变，企业也可以通过削价的方法来竞争，这时市场上总体的价格水平就会下降。因此，生产技术的进步会引起短期总供给曲线向右移动。与单纯的成本变动不同的是，一个社会的生产技术水平总是不断提高的，因而在正常情况下，生产技术的变化总是引起短期总供给曲线向右移动，只是程度不同而已。

3. 风险承受能力的变化。生产总是伴随着风险，当经济进入衰退期时，风险增加，而企业承担风险的意愿和能力将下降，企业如果继续生产，销售量难以保持，则企业将会出现超额的存货，并且还必须为所借的债务支付利息。由于这些风险的存在，经济的不确定性的上升使企业更加谨慎。这样，企业将在未来的经营中削减产量和存货，这就使得短期总供给曲线向左移动。

4. 环境的变化。对总供给曲线移动的各种非经济原因中影响最大的是自然或人为的灾害。自然灾害和战争能极大地减少经济中生产要素的存量，这就使得短期总供给曲线向左移动。并且，对于这种移动，各种经济措施都难以为力。

三、*AD – AS* 模型分析

总需求—总供给模型（*AD – AS* 模型）是将总需求曲线和总供给曲线结合在一起来说明均衡国民收入与均衡的价格水平如何决定的一个模型，可以用图 8 – 27 来说明总需求—总供给模型。

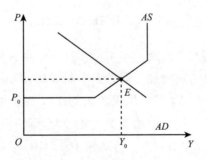

图 8 – 27　总需求—总供给模型

在图 8 – 27 中，总需求曲线 *AD* 与总供给曲线 *AS* 相交于 *E* 点，此时总需求等于总供给，国民经济处于均衡状态，*E* 点对应的 Y_0 即为均衡国民收入，均衡的价格水平为 P_0。

与 *IS – LM* 模型不同的是，总需求—总供给模型综合考虑了产品市场、货币市场和劳动市场三个市场的均衡，同时也分析了国外对于本国的需求情况（即净出口 *X – M* 部分），因而更加接近现代宏观经济体系的实际运行情况，对于一个对外开放的国家的经济运行状况也更有解释能力。

（一）总需求变动对国民收入与价格水平的影响

由于总供给曲线由三个部分组成，所以利用总需求—总供给模型分析总需求变动对国民收入和价格水平的影响时，必须考虑到总供给曲线的不同情况，依据总供给曲线的不同情况，可以将其分成三种情况。

1. 资源未充分利用阶段。此时经济运行一般处于萧条时期。经济萧条时期是指实际国民收入水平低于潜在国民收入的时期，此时大量的资源闲置。因而此时总供给曲线的形态是一条水平直线，即前文所说的凯恩斯主义总供给曲线，如图 8 – 28 所示，由于有多余的资源，因而总需求的增加不会引起价格水平的增加，而只会使得国民收入水平增加。

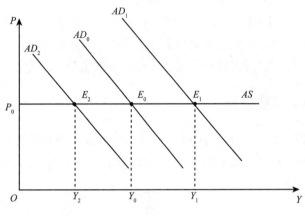

图 8 – 28　凯恩斯总供给曲线

在图 8 – 28 中，AS 为水平直线，与 AD_0 相交于 E_0 点，决定了国民收入为 Y_0，价格水平为 P_0。此时如果总需求增加，即总需求曲线从 AD_0 向右上方平行移动到 AD_1，AD_1 与 AS 相交于 E_1 点，决定了新的国民收入为 Y_1，而价格水平仍为 P_0，这就说明了总需求的增加使国民收入由 Y_0 增加到 Y_1，而价格水平不变。相反，如果总需求减少，即总需求曲线从 AD_0 向左下方平行移动到 AD_2，AD_2 与 AS 相交于 E_2 点，决定了国民收入为 Y_2，而价格水平还是 P_0，这表明了总需求减少使国民收入从 Y_0 下降到 Y_2。总之，在有大量资源闲置的情况下，总需求增加会导致国民收入增加，总需求减少会导致国民收入减少，而价格均保持不变。

2. 资源接近充分利用阶段，即短期总供给曲线阶段。在此阶段，总需求的增加会使国民收入增加，价格水平也会上升；总需求的减少会使国民收入减少，价格水平也会下降。也就是说，总需求的变动会引起国民收入与价格水平的同方向变动。图 8 – 29 中，AS 为短期总供给曲线，AS 与 AD_0 相交于 E_0 点，决定了国民收入为 Y_0，价格水平为 P_0。如果总需求增加，总需求曲线由 AD_0 移动到 AD_1，这时 AD_1 与 AS 相交于 E_1 点，决定了国民收入为 Y_1，价格水平为 P_1，这就表明，总需求增加使国民收

入由 Y_0 增加到 Y_1，使价格水平由 P_0 上升为 P_1。如果总需求减少，总需求曲线由 AD_0 移动到 AD_2，这时 AD_2 与 AS 相交于 E_2 点，决定了国民收入为 Y_2，价格水平为 P_2，这就表明，总需求减少使国民收入由 Y_0 减少到 Y_2，使价格水平由 P_0 下降为 P_2。

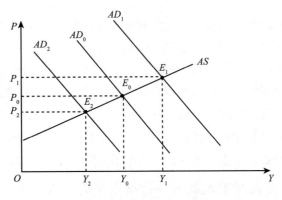

图 8 - 29　短期总供给曲线

3. 资源充分利用阶段，即长期总供给曲线阶段。由于资源已得到充分利用，总供给曲线为一条垂直于横轴的直线，所以总需求的增加只会使价格水平上升，而国民收入不会变动；同样，总需求的减少也只会使价格水平下降，而国民收入不会变动。即总需求的变动会引起价格水平的同方向变动，而不会引起国民收入的变动。可用图 8 - 30 来说明这种情况。

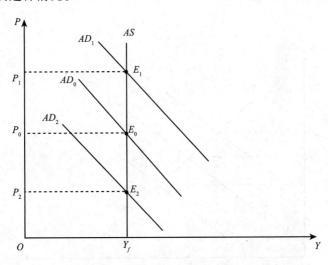

图 8 - 30　长期总供给曲线

在图 8 - 30 中，AS 为长期总供给曲线，AS 与 AD_0 相交于 E_0 点，决定了充分就业的国民收入水平为 Y_f，价格水平为 P_0。如果总需求增加，总需求曲线由 AD_0 移动到 AD_1，这时 AD_1 与 AS 相交于 E_1 点，决定了国民收入仍为 Y_f，价格水平为 P_1，这就表明，总需求增加使价格水平由 P_0 上升为 P_1，而国民收入仍为 Y_f。如果总需求减少，总需求曲线由 AD_0 移动到 AD_2，这时 AD_2 与 AS 相交于 E_2 点，决定了国民收入仍为 Y_f，价格水平为 P_2，这就表明，总需求减少使价格水平由 P_0 下降为 P_2，而国民收入仍为 Y_f。

综合上面的三种情况，总需求变动会对国民收入和价格水平产生如下影响：当总供给曲线处于水平阶段时（凯恩斯主义总供给曲线），总需求变动不会引起价格水平的变动，总需求增加会导致国民收入增加，总需求减少会导致国民收入减少；当总供给曲线处于向右上方倾斜阶段时（短期总供给曲线阶段），总需求增加会导致国民收入和价格水平同时上升，总需求下降会导致国民收入和价格水平同时下降；当总供给曲线处于垂直阶段时（长期总供给曲线），总需求变动不会引起国民收入变动，总需求增加，价格水平增加，总需求下降，价格水平下降。

（二）总供给变动对国民收入和价格水平的影响

前文提到过，凯恩斯主义总供给曲线和长期总供给曲线是两种极端情况，现实经济中较常见的是短期总供给曲线。因此，在讨论总供给变动对国民收入和价格水平的影响时通常只讨论短期总供给变动的情况。

短期总供给是会变动的，这种变动同样会影响国民收入与价格水平，在总需求不变时总供给的增加，即产量的增加会使国民收入增加，价格水平下降；而总供给的减少，即产量的减少会使国民收入减少，价格水平上升。可用图 8 – 31 来说明这种情况。

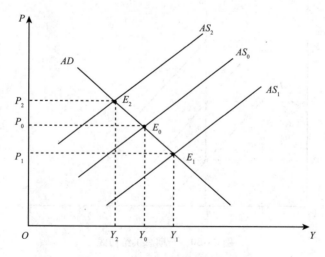

图 8 – 31 短期总供给变动的影响

在图 8 – 31 中，AS_0 与 AD 相交于 E_0 点，决定了国民收入水平为 Y_0，价格水平为 P_0。当总供给增加时，总供给曲线由 AS_0 移动到 AS_1，AS_1 与 AD 相交于 E_1 点，决定了

国民收入为 Y_1，价格水平为 P_1，这表明由于总供给的增加，国民收入由 Y_0 增加到 Y_1，而价格水平由 P_0 下降为 P_1。当总供给减少时，总供给曲线由 AS_0 移动到 AS_2，AS_2 与 AD 相交于 E_2 点，决定了国民收入为 Y_2，价格水平为 P_2，这表明由于总供给的减少，国民收入由 Y_0 减少到 Y_2，而价格水平由 P_0 上升为 P_2。

【拓展阅读 8 - 4】

历史上三次石油危机

第一次石油危机（1973～1974 年）

1973 年 10 月第四次中东战争爆发，为打击以色列及其支持者，石油输出国组织的阿拉伯成员国当年 12 月宣布收回原油标价权，并将其基准原油价格从每桶 3.011 美元提高到 10.651 美元，国际市场上的石油价格从每桶 3 美元涨到 12 美元，上涨了 4 倍，从而触发了第二次世界大战之后最严重的全球经济危机。

持续 3 年的能源危机对发达国家的经济造成了严重的冲击。美国的工业生产下降了 14%，GDP 下降了 4.7%；日本的工业生产下降了 20% 以上，GDP 则下降了 7%。

危机之后，以美国为首的一些发达国家组成了国际能源机构，应对可能出现的石油危机。这个机构要求成员国必须保持相当于前一年 90 天进口原油的储备量。

第二次石油危机（1979～1980 年）

1978 年底，伊朗爆发革命后和伊拉克开战，石油日产量锐减，引发第二次石油危机。危机中石油产量从每天 580 万桶骤降到 100 万桶以下，全球市场上每天都有 560 万桶的缺口。油价在 1979 年开始暴涨，从每桶 13 美元猛增至 1980 年的 35 美元。这种状态持续了半年多，此次危机成为 20 世纪 70 年代末西方经济全面衰退的一个主要诱因。

危机带来了全球性的高通胀。西方国家以高利率抑制高通胀使得美元短期利率在 1980～1983 年维持在 12%～14%，引发了第一次拉美债务危机，也使得一些产油国希望借助石油出口收入来推动工业化的梦想破灭。欧佩克国家逐渐意识到，发展经济以致工业化并不单纯由资本推动，与其将石油开采出来换成不断贬值的美元以及不断缩水的美元资产，不如长期储存于地下。危机导致西方主要工业国经济出现衰退，据估计，美国 GDP 下降了 3% 左右。

两次石油危机令西方各工业大国至今仍然心惊肉跳。两次石油危机而引发的全球全面性质的经济危机对各国都有破坏影响，但是由于西方主要工业国对石油的过于依赖，所受的影响最大。也正是这种依赖使得富藏石油的中东成了兵家争夺之地，以色列能够在几次中东战争中得到美国的支持，其含义自然不言而喻。

第三次石油危机（1990 年）

1990 年爆发的海湾战争——专家形容海湾战争更是一场石油战争。时任美国总统的老布什表示，如果世界上最大石油储备的控制权落入萨达姆手中，那么美国人的就业机会、生活方式都将蒙受灾难。对美国而言，海湾石油是其"国家利益"，直接导致了世界经济的第三次危机。来自伊拉克的原油供应中断，油价在三个月内由每桶14 美元急升至 42 美元。美国经济在 1990 年第三季度加速陷入衰退，拖累全球 *GDP* 增长率在 1991 年降到 2% 以下。

随后，国际能源机构启动了紧急计划，每天将 250 万桶的储备原油投放市场，油价一天之内暴跌 10 多美元，欧佩克也迅速增产。因此，这次高油价持续时间并不长，与前两次危机相比，对世界经济的影响要小得多。

资料来源：陆寒寅. 亚洲石油秩序的演绎：浅析三次石油危机对亚洲经济的影响 [J]. 东北亚论坛，2006（3）：36 – 42.

复习与思考题

一、单项选择题

1. 边际储蓄倾向若为 0. 25，则边际消费倾向为（   ）。

A. 0. 25　　　　　　B. 0. 75　　　　　C. 1. 0　　　　　　　D. 1. 25

2. 投资乘数在（   ）的情况下较大。

A. 边际消费倾向较大　　　　　　　　B. 边际消费倾向较小

C. 边际储蓄倾向较大　　　　　　　　D. 通货膨胀率较高

3. *IS* 曲线表示（   ）的关系。

A. 产品市场均衡条件下，收入与利率呈同方向变动

B. 产品市场均衡条件下，收入与利率呈反方向变动

C. 货币市场均衡条件下，收入与利率呈同方向变动

D. 货币市场均衡条件下，收入与利率呈反方向变动

4. *LM* 曲线表示（   ）的关系。

A. 产品市场均衡条件下，收入与利率呈同方向变动

B. 产品市场均衡条件下，收入与利率呈反方向变动

C. 货币市场均衡条件下，收入与利率呈同方向变动

D. 货币市场均衡条件下，收入与利率呈反方向变动

5. 总需求曲线是一条（   ）。

A. 向右下方倾斜的曲线　　　　　　　B. 向右上方倾斜的曲线

C. 平行于数量轴的直线　　　　　　　D. 垂直于数量轴的直线

二、简答题

1. 能否说边际消费倾向和平均消费倾向都总是大于 0 而小于 1？为什么？

2. 石油是重要的工业原料，如果中东政治动荡引起石油产量减少，用总需求—总供给模型说明它会给世界经济带来什么影响。

三、计算题

1. 某经济社会的消费函数 $C = 100 + 0.8Y_d$，投资 $I = 50$，政府购买支出 $G = 200$，政府转移支出 $TR = 62.5$，税收 $T = 250$。试求：（1）均衡的国民收入；（2）投资乘数、政府购买乘数、税收乘数、转移支付乘数、平衡预算乘数。

2. 假定某经济中消费函数 $C = 200 + 0.6Y$，投资函数 $I = 700 - 50r$，政府购买支出 $G = 800$，货币需求 $L = 0.25Y + 200 - 62.5r$，实际货币供给 $m = 700$，价格水平 $P = 1$。试求：（1）IS 曲线；（2）LM 曲线；（3）产品市场和货币市场同时均衡时的利率和收入。

3. 如果总供给曲线为 $Y_s = 500$，总需求曲线为 $Y_d = 600 - 50P$。试求：（1）供求均衡点；（2）如果总需求上升10%新的供求均衡点。

四、讨论题

2008 年 5 月，四川省汶川地区发生特大地震。地震造成了大量的人员伤亡和财产损失。东方锅炉等许多大型骨干企业在地震中遭受重创。救灾过程中花费了大量的人力、物力和财力，震后重建也需要巨额的资金和物资。当时全国的物价正在不断上涨，有人认为地震加剧了物价的上涨势头，因为地震一方面扩大了总需求，另一方面又减少了总供给。

（1）你认为地震对总需求和总供给造成了怎样的影响？

（2）地震对总需求的刺激与消费或投资需求的自主扩大对总需求的扩张有何效果差别？

第九章 失业与通货膨胀

1. 理解经济学对失业的界定。
2. 重点掌握失业的类型、原因及影响。
3. 理解通货膨胀的含义、类型。
4. 重点掌握通货膨胀的原因及影响。
5. 了解菲利普斯曲线。

【案例导入】

新冠肺炎疫情对中国失业与通货膨胀关系的影响

2020年1月，新型冠状肺炎病毒（以下简称"新冠肺炎病毒"）在以武汉为核心的中国地区暴发，在中国政府和全社会各界的共同配合努力下，自2月下旬起，全国现有确诊病例开始回落，至2020年4月，新冠肺炎病毒在中国得到了初步控制。中国疫情暴发期恰逢中国人最重视的农历新年——餐饮娱乐等服务业的需求量在一年中的增长黄金期，居家隔离、停工停产对这些行业无疑造成了极大的重创，众多餐饮企业在抗疫期间遭遇了资金链断裂以致破产倒闭的局面，进而也导致了我国失业率的同期攀升。

根据国家统计局官方数据显示，2020年1~5月，全国城镇调查失业率分别为5.3%、6.2%、5.9%、6.0%、5.9%。同期，31个大城市城镇调查失业率分别为5.2%、5.7%、5.7%、5.8%、5.9%。我国失业率呈现出整体上升的趋势。在我国新冠肺炎疫情暴发的高峰期，市场经济受到了一定程度的重创，失业率发生了不同程度的上升，对居民收入及生活水平造成了一定的负面影响。

同时，国家统计局官方数据显示，2020年1~5月，我国居民消费价格指数（上年同月＝100）分别为105.4、105.2、104.3、103.3、102.4。其中，食品烟酒类居民消费价格指数（上年同月＝100）分别为115.2、116.0、113.6、111.3、108.5。居民消费价格指数均比上年同月发生了一定程度的上升，其中，食品烟酒类居民消费价格指数的同期涨幅始终位于整体居民消费价格指数涨幅之上，月均涨幅高达12.92%。由此可见，我国新冠肺炎疫情暴发高峰期，我国居民各方面的生活开支水平均发生了提高，其中，以食品烟酒等生活必需品的开支涨幅最为突出。

通过以上两个方面的分析可以看出，2020 年 1 ~ 5 月，我国失业率和通货膨胀率发生了同步增长。但传统的西方经济学理论（菲利普斯定理）认为，经济体的失业率与同期的通货膨胀率应为反向变动的关系，这看似违背了经典的经济学理论。

资料来源：范瑞娟. 新冠疫情对中国失业与通货膨胀关系的影响［J］. 中小企业管理与科技（中旬刊），2020（8）：103 - 105.

思考：

1. 造成失业与通货膨胀除了突发事件外还有什么原因？

2. 我国失业率和通货膨胀率的同步增长违背了菲利普斯定理吗？

第一节　失　业

一、失业的界定和衡量

（一）失业的定义

失业是指在一定年龄范围内，有就业能力并且有就业意愿的人口没有就业机会的经济现象。可见，失业不能简单等同于没有工作，并不是每一个没有工作的劳动者都被称为失业者，失业的界定除了没有工作外，同时要符合以下条件：

1. 一定年龄范围内。一般指法定最低工作年龄至退休年龄，各国对就业年龄有不同的规定，但基本上就业年龄从 16 周岁开始，男性退休年龄集中在 60 ~ 65 岁，女性集中在 55 ~ 60 岁。

2. 有工作意愿。如果一个人虽然没有工作，但又不愿意工作或不寻找工作，就不是失业者，经济学称其为自愿失业。按照这种主观愿意与否，经济学将失业区分为自愿失业与非自愿失业，由于自愿失业无法通过经济手段和政策予以消除，因此不是经济学所研究的范围。自愿失业之外的失业称为非自愿失业。

3. 有劳动能力。这样应该排除掉那些"无法被雇用的人"，如身体上有严重残疾或精神有问题而不能工作的人。

（二）失业的必然性

经济中造成失业的原因难以克服，劳动力市场很难完善，失业的存在不仅是必然的，而且是必要的。因为这种失业的存在，既能作为劳动后备军随时满足经济对劳动的需求，又能作为一种对就业者的"威胁"，从而迫使就业者提高生产效率。此外，失业补助、贫困补助等各种福利支出的存在，也使得一定失业水平的存在不会成为影响社会安定的因素，是社会可以接受的。

一定程度的失业是现代社会不可避免的正常现象。不少西方经济学家认为，一个合理的失业率及失业现象的存在，是促进社会发展所必需的条件之一。

1. 有利于人力资源的合理配置。存在一定的失业率，能使劳动者在选择职业时不过分挑剔而选择适度的职业。就业困难，竞争激烈，使在高层次部门求职不成的劳动者，自然而然流向与其自身素质相适应的职位，从而实现人力资源配置合理化。

2. 有利于增强厂商的竞争力。承认失业机制的作用，允许失业现象存在，能够加强厂商对劳动者的约束机制。厂商可以根据经营规模和技术状况变化及时调整劳动力数量，辞退多余人员，或在劳动力市场上选择高素质的劳动力，提高劳动效率，增强其竞争力。

3. 有利于人力资源素质的提高。存在一定的失业率时，就业者只有尽其所能、倾其所有改善和提高自身文化与科学业务素质，才能确保在日益激烈的求职竞争中立于不败之地。失业的风险将成为一种外在的强大压力，促使劳动者努力工作，不断提高自身素质。

4. 有利于劳动力市场的完善。市场经济有效地配置资源，必须有完善的市场体系。劳动力市场运行的前提是必须有一定的劳动力供给与劳动力需求，失业的存在是劳动力市场形成的依托，它能推动劳动力市场的形成和不断完善。

（三）失业的衡量

失业率是衡量失业的指标。失业率是失业人数占劳动力总人数的比率。国际标准的失业率衡量公式为：

$$失业率 = \frac{失业人数}{劳动力总人数} \times 100\% \qquad (9.1)$$

失业率的计算并不是失业人数和总人口的比率，而是失业人数与劳动力总人数的比率。需要注意的是，失业率虽然是经过复杂的统计计算出来的，但仍有其局限性。第一，凡是支付了报酬的劳动者都被统计在就业者之中，而没有明确区分是全日制工作还是打短工。例如，一个每周工作 20 小时的劳动者和每周工作 35 小时的劳动者在计算失业率时是没有区别的。因此，在统计中忽略了实际工作时间少于劳动者愿意提供的劳动时间的情况，低估了实际的失业率。第二，在统计中存在着未能充分发挥劳动者技能的情况。例如，一个高级专家，由于经济原因，找不到合适的工作，而只在做简单的工作，实际是处在一种半失业状态之中，类似情况可能导致失业率低估。第三，劳动者可能由于主客观因素而虚报、谎报就业状况谋取好处，骗取失业救济金等，都可能导致计算的不准确。

失业率的计算虽然有诸多缺陷，但其仍然是显示劳动市场状况的主要指标，是重要的宏观经济指标。

二、失业的种类和原因

(一) 失业的种类

非自愿失业主要有三种类型：摩擦性失业、结构性失业与周期性失业。

1. 摩擦性失业。摩擦性失业指由于劳动力市场功能上的缺陷所造成的临时性失业，如新生劳动力找不到工作，工人转换工作岗位时出现的工作中断等。摩擦性失业是劳动者正常流动过程产生的失业，是市场制度本身决定的，与劳动力供求状态无关，即使实现充分就业也会有摩擦性失业。劳动者流动过程包括劳动者的新老交替，人们出于资源配置优化和判断的原因而转移就业职位等。它是市场对人力资源进行配置不可缺少的条件和代价。由于劳动力市场的动态属性及信息的不对称性，求职者与求才单位之间缺乏媒介工具，或是虽凭借媒介传播仍无法配对，致使失业者与职位空缺的匹配发生时滞。即使劳动供求总量相等，每个时期都会有一些人求职进入劳动力市场，而另一些人辞职退出劳动力市场。劳动需求的随机波动，一方面引起厂商解雇劳动者，另一方面又引起厂商扩大雇用量。可是需求单位不可能迅速获得或评价求职者的特征，而失业者又缺乏职位空缺的信息，失业者与潜在雇主之间的匹配需要时间，正是因为这种供求的"时间差"，致使摩擦性失业不可避免。

2. 结构性失业。结构性失业指由于经济、产业结构变化以及生产形式和规模的变化，促使劳动力结构进行相应调整而导致的失业。

经济结构的变动要求劳动力的流动能迅速适应这些变化，但是劳动力不能改变其技术结构、地区结构和性别结构，不能适应经济结构的这种变化，从而出现失业。在这种情况下，"失业与空位"并存，即一方面存在着有岗无人的"空位"，另一方面存在着有人无岗的"失业"。目前国内失业人口中，以结构性失业最严重。

结构性失业是由于经济结构的变化，劳动力的供给和需求在职业、技能、产业、地区分布等方面的不协调所引起的失业。其最大特点是劳动力供求总量大体相当，但却存在着结构性的供求矛盾，即在存在失业的同时，也存在劳动力供给不足。结构性失业是经济发展不可缺少的必要条件和代价，结构性失业多伴随着经济结构的升级和调整，而这恰好是经济发展的重要前提和标志。

3. 周期性失业。周期性失业又称为非自愿失业，指经济周期性循环产生的波动形成的失业。这是一种最严重、最常见的失业类型。在经济繁荣时期，劳动需求量大，众多的失业被迅速吸收，社会的失业率趋于充分就业状态；当经济衰退时期，劳动力需求量急剧减少，失业率迅速上升。所以，随着经济的周期循环产生的周期波动出现周期性失业。由于人们对经济周期的到来时间、持续时间、影响的深度和广度缺乏足够的认识，因此，这种失业难以预测和防范。2008年，由于金融危机导致机构重组和裁员，不仅冲击了华尔街和银行业，还给实体经济带来冲击，从而导致房地产、建筑、汽车制造、服务以及旅游业等从业人员失业。

除以上三种主要失业类型外，还有因不满意现在的工作，离职去寻找更理想工作的等待性失业；由于使用新机器设备和材料，采用新的生产技术和新的生产管理方式，出现局部劳动力过剩而导致的技术性失业；由于某些行业生产条件或产品受气候条件、社会风俗或购买习惯的影响，对劳动力的需求出现季节性变化而导致的季节性失业；表面上有工作，实际上对生产并没有作贡献的人，即存在有"职"无"工"的人，当减少就业人员而产量仍没有下降状态的隐蔽性失业等。

（二）失业的原因

1. 总需求与失业。凯恩斯认为，社会的就业量取决于有效需求。所谓有效需求，是指商品的总供给价格和总需求价格达到均衡时的总需求。当总需求价格高于总供给价格时，社会对商品的需求超过商品的供给，资本家就会增雇工人，扩大生产；反之，总需求价格低于总供给价格时，就会出现供过于求的状况，资本家或者被迫降价出售商品，或让一部分商品滞销，因无法实现其最低利润而裁减雇员，收缩生产。因此，就业量取决于总供给与总需求的均衡点，由于在短期内，总供给基本是稳定的。由此就业量实际上取决于总需求，这个与总供给相均衡的总需求就是有效需求。凯恩斯用三大心理规律来说明总需求不足的原因。三大心理规律即边际消费倾向递减规律、资本边际效率递减规律和流动偏好规律。

（1）边际消费倾向递减规律。边际消费倾向递减规律是指人们的收入越增加，消费支出占全部收入的比例越小。消费倾向是指消费在收入中所占的比例，它决定消费需求。一般来说，随着收入的增加，消费的增加往往赶不上收入的增加。由于人们不总是将所增加的收入全部消费，而是要留下一部分作为储蓄，其结果是消费增长的速度总是低于收入增长的速度。这样，人们收入越多，消费支出占全部收入的比例就越小，呈现出"边际消费倾向递减"的规律。

边际消费倾向递减规律由人类的天性所决定。由于这一规律的作用，增加的产量在扣除个人增加的消费以后，留下一个缺口，即总需求紧缩性缺口。假如没有相应的投资来填补这个缺口，产品就会有一部分无法销售出去，于是引起消费需求不足，引起生产紧缩和失业。

（2）资本边际效率递减规律。资本边际效率递减规律是指资本投入越增加，利润占资本投入的比例就越小。投资需求是由资本边际效率和利率这两个因素的对比关系所决定的。资本边际效率，是指增加一笔投资所预期可得到的利润率，它会随着投资的增加而降低，从长期看，呈现出"资本边际效率递减"的规律，从而减少投资的诱惑力。由于人们投资与否的前提条件是资本边际效率大于利率（此时有利可图），当资本边际效率递减时，若利率能同比下降，才能保证投资不减，因此，利率成为决定投资需求的关键因素。但是影响利率变动的因素有很多，不可能与资本边际效率同方向变化，使人们对投资前景缺乏信心，必然使投资需求不足。

（3）流动偏好规律。流动偏好规律是人们在心理上总是喜欢以现金的形式保存自己的一部分收入。凯恩斯认为，利率取决于流动偏好和货币数量，流动偏好是指人们愿意用货币形式保持自己收入或财富的一种心理因素，它决定了货币需求。在一定的货币供应量下，人们对货币的流动偏好越强，利率越高，而高利率将阻碍投资。这样在资本边际效率递减和存在流动偏好两个因素的作用下，使得投资需求不足。消费需求不足和投资需求不足将产生大量的失业，形成生产过剩的经济危机。

2. 劳动市场与失业。劳动市场的动态属性和信息的不完全性，是产生失业的原因。劳动市场信息的不完全性，即厂商信息和劳动者信息的不完全性。信息是需要成本的，无论厂商或劳动者要获得劳动就业信息都要付出代价。在多数情况下，获得这种信息的代价很高。一方面，厂商需要劳动者，但缺乏求职劳动者的信息，且从寻求信息中得到的收益不能补偿寻找的成本，所以厂商选择不增加雇用劳动者，而是让原有劳动者加班，或者不增加产量。另一方面，劳动者要找工作，但缺乏厂商招工信息，而且缺乏获得这种信息的能力。因此在现实中形成"空位与失业并存"的状态，结果是经济中必然存在失业。

3. 工资与失业。工资黏性使工资起不到调节劳动市场供求平衡的作用。工资黏性是指工资的变动慢于劳动供求的变动，即工资的变动不能对劳动供求的变动做出及时反应。这并不是说工资不会对劳动供求的变动做出反应，而是这种反应慢，结果是在短期内劳动市场出现失衡，当劳动供给大于劳动需求时，就产生失业。

该理论是以现实中的工资决定机制为依据的。换言之，货币工资通过劳资双方协议，由于工资合约固定下来，在合约内无论劳动市场的供求发生什么样的变动，工资并不能随之变动，只有在签订下个工资合同时才能变更。

工资调节对就业的重要性早就被新古典经济学家所认识到。英国经济学家庇古指出，劳动者不愿接受由劳动市场决定的工资是失业的原因之一，而工会的存在使工资不能随劳动市场供求变化而调节。凯恩斯将这种失业称为"自愿失业"。现代许多经济学家同样将工资的调节迟缓作为失业的原因。当然，对工资不能及时调节也有不同的解释，工资黏性和工会的存在是其中的两种。另外，还有工资刚性论和工资下限论。工资刚性论认为，由于人们的特征和工会的存在，工资存在能升不能降的特性。当劳动市场供大于求时，工资不能下降，失业便难以避免。工资下限论认为，工资有一个最低限，当高于这一界限时，工资可升可降；当低于这一界限时，则只能升不能降。劳动者不愿意接受由劳动市场决定的工资，失业便不可避免。

【思考】结合所学和所了解的关于失业的知识，谈谈如何让自己在大学毕业时不会成为"毕业即失业"的人。

【拓展阅读 9 - 1】

"待业""下岗"与"失业"

在人类经济社会的发展中，每一个经济时代或者经济时期，都会产生和确立相应的经济制度、经济体制以及相应的经济范畴。而在某一特定的经济时代或者经济时期，由于前行制度的惯性和人们思维的惯性，某些本属于不同经济时代或经济时期的经济范畴又会混用起来。研究这种现象，对于廓清经济理论，对于指导现实经济运行都有着无可置疑的积极意义。笔者试对我国劳动就业领域经常使用的"待业""下岗""失业"三个经济范畴进行辨析。

(一) 三范畴产生的时代背景不同

具体来说，"待业"一词产生于我国传统计划经济时代的中晚期，即产生于20世纪70年代。在那个时期，全国有大批知识青年返城需要就业，同时，符合留城条件的中学毕业生也需要就业，但城市却没有那么多的就业岗位，由此产生了知识青年的"待业"现象。

"下岗"这一范畴产生于我国传统计划经济向市场经济过渡的转轨时期，时间大约在20世纪80年代的中期之后，现在在民间依然使用着。由于处于转轨时期，所以传统计划经济的思维惯性依然很大，"失业"二字始终说不出口（在许多人的脑海深处依然认为"失业"只是资本主义的现象），但现实中的社会主义搞了市场经济，劳动者优胜劣汰了，"失业"终于走向了前台。在这种矛盾的碰撞中，就来了一个过渡，来了一个折中，于是乎，"下岗"之说就流行了起来。

最后，我们来看"失业"范畴。笔者认为，"失业"范畴是彻底的商品经济、市场经济的范畴。这是因为，商品经济、市场经济是竞争经济，有竞争，就有优胜劣汰，劳动者的"失业"就是不可避免的。

(二) 三范畴所对应人员的身份不同

就我国现实情况来说，"待业人员"约定俗成特指的是到了就业年龄而未就业，也就是从未就业的青年人；"下岗人员"多指公有企业尤其是国有企业，因企业不景气而离岗的人员；"失业人员"多指被私有企业以及三资企业裁退的人员。至于现实中流入城市工作无着落的农村过剩劳动力，则未列入"失业人员"的范畴。按照马克思的划分，他们属于潜在的过剩人口。马克思说："一部分农村人口转入城市无产阶级或制造业无产阶级的队伍，经常等待着有利于这种转化的条件。因此，相对过剩人口的这一源泉是长流不息的。"

(三) 三范畴所对应人员的待遇保障不同

就我国现实情况来说，"待业人员"的生活待遇及保障主要依靠的是父母。由此，社会上有"啃老一族"之说法。"下岗人员"的生活保障较复杂，主要包括：企业上缴的社会保险、企业再就业服务中心发放的基本生活费、自己的积蓄和亲友的资助。"失业人员"的生活保障主要包括：社会发放的失业保险金、自己的积蓄和亲友的资助。

资料来源：张昆仑. 辨析"待业""下岗"与"失业"[J]. 青海师专学报，2007（2）：34 – 36.

三、失业的影响

失业是世界性的难题，它不仅是经济问题，而且是社会问题。失业是经济问题，因为失业意味着要浪费有价值的、宝贵的劳动力资源；之所以又是社会问题，是由于失业使成千上万失业者面对收入减少的困境，在痛苦中挣扎。在高失业率时期，经济压力笼罩着社会生活，影响着人们的情绪及家庭生活的安定，甚至造成社会动荡不安。

（一）对经济的影响

1. 失业对国民经济的影响。当失业率上升时，经济中原来可以由失业劳动者生产出来的商品及劳务被白白地损失掉了。美国高失业率的经济损失如表9 – 1所示。

表9 – 1　　　　　　　　　　美国高失业率的经济代价一览表

时期	产出损失（以1996年的价格水平为基准）		
	平均失业率（%）	GDP损失（亿美元）	占该时期GDP的比重（%）
大萧条时期（1930~1939年）	18.2	44000	38.5
石油危机时期（1975~1984年）	7.7	12500	2.5
近期稳定时期（1985~1996年）	6.3	5000	0.6

高失业到底造成多少浪费？经济衰退的机会成本有多少？表9 – 1计算了美国半个多世纪中的高失业率期间实际产出GDP的减少量。最大的经济损失发生在20世纪30年代的大萧条时期，产出损失44000亿美元；而20世纪70年代和80年代的石油危机与通货膨胀，使产出损失了12500亿美元；1985~1996年是美国经济稳定增长时期，失业造成的经济损失只有5000亿美元。

高失业时期的损失是现代经济中有据可查的最大损失，它比微观经济中由垄断引起的效率损失或关税和配额所引起的损失都要大许多倍。

2. 失业对人力资源的影响。失业造成人力资源的浪费。人力资源具有社会性、能动性、时效性、资本性、高增值性、自我丰富性等特点。人力资源是社会发展和进步的真正动力和源泉；人力资源在经济活动中发挥着主导作用，离开人的作用，任何土地资源和资本资源都无法发挥作用。一切社会的任何生产过程都需要人的力量来引入、调整和控制，一切经济活动首先是人的活动，由人来带动其他资源的活动，人的活动总是处于中心位置上。人力资源是唯一起创造性作用的因素。经济活动的生命是发展、进取和创新，只有人力资源才能担负起这个发展、进取和创新的任务，其他任何生产要素都不具有这种能力。但失业使人力资源闲置，不能与生产资料相结合，不能创造物质财富，无疑是对人力资源的极大浪费。

3. 失业对社会生产力发展的影响。劳动就业率与社会生产力是一个相辅相成、齐头并进的反映社会文明的标志。一个失业率较高的国家，不可能是一个生产力水平较高的国家。失业人员基本生活来源都受到严重影响，消费需求降至最低点，这样必然减少了产品的社会需求，导致产品流通速度减慢，从而影响社会生产力的发展。同时，由于失业的威胁，迫使在岗人员降低消费水平，增加储蓄，以备不时之需，也对提高社会购买、促进市场繁荣不利。

（二）对社会生活的影响

1. 失业对政权的影响。就业是社会和政治稳定的关键因素。2001 年底，国际劳工组织召开"全球就业论坛"会议通过的《全球就业议程》指出："工作是人们生活的核心。不仅是因为世界上很多人依靠工作而生存，它还是人们融入社会、实现自我以及为后代带来希望的手段。这使得工作成为社会和政治稳定的一个关键因素。"历史经验证明，只有人民安居乐业，国家才能长治久安。第二次世界大战后，西方一些国家政局和社会能够相对比较长时间稳定的重要原因之一，是高度重视和解决社会失业问题，防止了社会矛盾激化。相反，许多国家由于对社会失业等问题重视不够，社会失业率居高不下，往往加剧社会危机，使民众对政府失去信心，甚至导致政权更迭。

2. 失业对国家经济的影响。失业加重了国家的经济负担。一方面，高失业率使社会损失了很多本来就应当并且能够生产的产量，失业率每提高 1%，实际产量会损失 2.5%，一个社会为失业付出的代价可以这样估算：假定某年充分就业的失业率为 5%，则在这样的失业率水平时社会应当生产的产量就是充分就业的产量水平。然后把该年每一季度的实际产量与此产量相比，看一看差多少，就能计算出损失的大小。这些损失的产量是应当生产出来的，但因为存在失业就没有生产出来。没有被利用的自然资源是可以留给将来使用的，但失业中被浪费的劳动力却永远丧失了。另一方面，为了帮助失业人员维持基本生活，政府财政要支付大量经费来补助失业人员的生活，为失业者支付一定的津贴与补助，这项支出占财政支出的一定比例，加重了国家的经济负担。

3. 失业对失业者本人及其家庭的影响。失业给失业者本人及其家庭造成了损失，劳动者收入的减少甚至完全丧失，不仅会使劳动者本人的生存和发展受到威胁，失业者及其家庭的地位和声望也会因失业而下降，而且会影响到他的家庭、后代。同时，长期失业会对失业者造成重大的精神打击，身心健康受到摧残，导致他们丧失再就业的信心、尊严、责任心，从而成为弱势群体、社会负担，甚至可能引发违法犯罪。

4. 失业对社会稳定的影响。在高失业率时，社会秩序也会受到影响。经济学家和社会学家的调查结论是，在严重的经济衰退中，即失业问题尖锐时，心脏病、酒精中毒、婴儿死亡、精神错乱、虐待儿童以及自杀的比率都会上升。由于社会保障制度不完善，失业与下岗人员数量增加、失业与下岗时间延长，增加了贫困人口数量。

（三）失业的成本和奥肯定律

劳动力是经济社会中重要的资源，当出现失业时，意味着经济资源存在浪费和闲置。失业的成本首先是个人成本，就个人而言，失业会带来非常严重的后果，一方面收入减少，生活遇到极大的困难；另一方面会给失业者的心理造成巨大的冲击。如果失业持续时间较长，失业者的工作技能也会贬值，人力资本的积累中断，失业持续时间越长，重新工作的可能性越小，劳动技能的贬值就越严重。这些最终都会形成一笔庞大的成本。

从整个经济来看，失业在经济上最大的损失就是实际国民收入的减少。衡量失业成本的最主要方法是利用奥肯定律，这是美国经济学家阿瑟·奥肯（Arthur Okun）发现的一条经验性定律，说明失业率与实际国民收入增长率之间关系的规律。奥肯在研究美国经济时发现，失业率每降低 1 个百分点，产出能够增加 2.5 ~ 3 个百分点，或者说失业率每提高 1 个百分点，产出将下降 2.5 ~ 3 个百分点，他将失业变化和产出增长与正常水平的背离联系起来。

【思考】请联系你的所见所闻，归纳我国目前存在的失业主要是哪些类型，结合造成失业的原因，谈谈治理失业的合理化对策。

第二节　通货膨胀

一、通货膨胀的界定、衡量和分类

（一）通货膨胀的含义

在经济学上，通货膨胀是指整体物价水平持续而普遍性上升。

认识通货膨胀不能凭感觉。如果一部分物价水平上升，另一部分物价水平下降，则可能会使一般物价水平稳定，甚至下降，则不能称为通货膨胀；如果这个月物价上升，下个月物价下降，从全年来看，一般物价水平也可能稳定，甚至下降，也不能称为通货膨胀。

通货膨胀并不意味着工资、租金以及所有商品和劳务的价格都以同一比例上升。它们之中有的上涨得快，有的上涨得慢，也有一些可能保持不变或下降，但是一般价格水平都是上升的。

从定义中可以看出两点：第一，通货膨胀是指产品和劳务价格普遍上升，是价格总水平的上升，而一种或几种产品或劳务价格上升，不是通货膨胀。第二，通货膨胀是指价格持续上涨，价格总水平的持续上升，产品和劳务价格的一次性或暂时上涨不是通货膨胀。

（二）通货膨胀的衡量

衡量通货膨胀的指标是物价指数。物价指数是衡量报告期的商品价格与基期相比综合变动程度的指标。物价指数不是简单算术平均数，而是加权平均数。其公式为：

$$\pi = \frac{CPI_1 - CPI_0}{CPI_0} \times 100\% \tag{9.2}$$

假定消费品基期价格指数为130，本期消费品价格指数为136，则：

$$\pi = \frac{136 - 130}{130} \times 100\% \approx 4.6\%$$

根据计算物价指数包括的商品范围的不同，物价指数主要可以分为三类：

1. 消费者物价指数（CPI）。消费者物价指数是指衡量各个时期居民个人消费的商品和劳务零售价格变化的指标。它是消费者购买各种消费品和劳务价格的平均变动幅度，主要反映消费者支付商品和劳务的价格变化情况，也是一种度量通货膨胀水平的工具，以百分比为表达形式。我国构成该指标的主要商品共分八大类，包括：食品、烟酒及用品、服装、家庭设备用品及服务、医疗保健及个人用品、交通和通信、娱乐教育文化用品及服务、居住（建房及房屋装修材料费用、租房房租、房屋贷款、物业费、水电燃料费）。

2. 生产者价格指数（PPI）。生产者价格指数是衡量工业企业产品出厂价格变动趋势和变动程度的指数，是反映某一时期生产领域价格变动情况的重要经济指标，也是制定有关经济政策和国民经济核算的重要依据。目前，我国PPI的调查产品有4000多种（含规格品9500多种），覆盖全部39个工业行业大类，涉及调查种类186个。

3. 国民生产总值折算数。国民生产总值折算数是衡量各个时期一切商品与劳务价格变化的指标。

物价是否上涨，西方各国通常用批发物价指数和消费者物价指数（主要用消费者物价指数）作为衡量的标准。

这三种物价指数都能反映出基本相同的通货膨胀率变动趋势，但由于各种指数所包括的范围不同，所以数值并不相同。

【思考】我们经常在新闻中看到或听到"同比""环比"词汇，请简要描述二者的区别，并举例加以说明。

（三）通货膨胀的分类

1. 按通货膨胀严重程度分类。以通货膨胀严重程度为标准，通货膨胀可以分为三类。

（1）温和的通货膨胀。又称为爬行的通货膨胀。这是一种使通货膨胀率基本保持 2% ~ 3%，且始终比较稳定的通货膨胀。其特点是：价格长期地以一个稳定的、较低的速度上涨，一般在两位数以下，上涨率不超过 10%。一些经济学家认为，如果每年的物价上涨率在 2.5% 以下，不能认定是发生了通货膨胀。当物价上涨率达到 2.5% 时，叫作不知不觉的通货膨胀。

一些经济学家认为，在经济发展过程中，搞一点温和的通货膨胀可以刺激经济的增长。因为提高物价可以刺激厂商投资的积极性。同时，温和的通货膨胀一般不会引起社会太大的动乱。温和的通货膨胀将物价上涨控制在 1% ~ 2%，至多 5% 以内，能像润滑油一样刺激经济的发展，这就是所谓的"润滑油政策"。

（2）急剧的通货膨胀。又称为奔腾的通货膨胀、疾驰的或飞奔的通货膨胀。它是一种不稳定的、迅速恶化的、加速的通货膨胀，通货膨胀率高达两位数到三位数，年通货膨胀率为 10% ~ 100%。在这种通货膨胀发生时，通货膨胀率较高（一般达到两位数以上），经济发生严重的扭曲，货币购买力迅速下降，货币真实购买力降低 50% ~ 100%，人们对货币的信心产生动摇，尽可能地少持有货币，囤积商品，金融市场瘫痪，经济社会动荡，所以这是一种较危险的通货膨胀。

（3）恶性的或脱缰的通货膨胀。也称为极度的通货膨胀、超速的通货膨胀。这种通货膨胀一旦发生，通货膨胀率非常高（一般达到三位数以上），并且完全失去控制，其结果是导致社会物价持续飞速上涨，货币大幅度贬值，人们对货币彻底失去信心。此时整个社会处于一片混乱之中，正常的社会秩序遭到破坏，最后容易导致社会崩溃，政府垮台。这种通货膨胀很少见，通常发生于战争或社会大动乱之后。

2. 按通货膨胀预期分类。以人们的预料程度为标准，通货膨胀可以分为两类。

（1）未预期的通货膨胀。即价格以突发的、超出人们预料的或根本没有想到的速度上升。例如，国际市场原料价格突然上涨引起国内价格的上升，或者在长时期价格不变的情况之后突然出现的价格上涨等。以 2008 年为例，受供需不平衡、游资投机炒作和美元不断贬值等多重因素影响，国际大宗商品价格大幅上涨：一是国际原油价格大幅攀升，由年初的每桶 100 美元一度飙升至 145 美元，最高涨幅达到 51%；二是国际铁矿石价格再创新高，澳大利亚力拓公司和中国宝钢达成协议，2008 年粉矿和块矿基准价格分别在 2007 年基础上上涨 79.88% 和 96.5%，涨幅远高于预期；三是国际粮食价格飞速上涨，2008 年一季度国际市场小麦、玉米、大豆、大米价格分别比 2007 年同期上涨 120.9%、29.0%、80.8% 和 42.8%，5 月国际市场小麦、玉米、大豆期货价格同比涨幅均在 60% 以上，大米价格同比涨幅超过 190%。

（2）预期的通货膨胀。即价格的上升速度已在人们预料之中的通货膨胀，又称为惯性的通货膨胀。例如，2020 年某国的物价水平按 5% 的速度上升时，人们预计到

2021 年的物价水平将以同等比例继续上升，即物价按 5% 的比例增长，则该国居民在日常生活中进行经济核算时，将物价上升的这一比例考虑在内。银行贷款的利息率肯定会高于 5%，因为，5% 的利息率仅能起到补偿通货膨胀的作用。由于每个人都把 5% 的物价上涨考虑在内，所以每个人所索取的价格都要上升 5%。每种商品的价格上涨 5%，劳动者所要求的工资、厂商的利润都以相同的速度上涨。可见，预料之中的通货膨胀具有自我维护的特点。在上述的例子中，一切价格都年复一年地维护 5% 的上涨程度，有点像物理学运动中物体的惯性，因此，预期的通货膨胀有时也可以被称为惯性的通货膨胀。

引入预期因素是通货膨胀理论在 20 世纪 70 年代的重大进步。未预期的通货膨胀是突发的、未曾想到的，货币工资率的增长滞后于物价的上涨，从而使利润上升，在短期内具有扩大就业、增加总产值的效应。而预期的通货膨胀是事先已在完全准确的预料之中，各经济主体将按其预期来调整其行为，工会在物价上涨前就要求增加工资，那么，通货膨胀在短期的扩张效应将不复存在。

3. 按市场机制作用分类。以经济模式中市场机制发挥的作用为标准，通货膨胀可以分为两类。

（1）开放的通货膨胀。特点是市场机制对物价的调节作用是充分的、有效的。那么，一般物价水平就是总供给和总需求的函数，任何过度需求都将表现为物价或工资的上升，这种通货膨胀具有开放性。

（2）受抑制的通货膨胀。政府对价格进行某种形式的控制使得物价同市场供求脱离关系，过度需求不会引起物价水平上升，或物价上涨没反映出过度需求的真实水平，此时的通货膨胀被抑制。在抑制性通货膨胀中，过度需求不会因政府对价格的控制而消失，而是转化成商品短缺和供应紧张，形成隐蔽的通货膨胀。隐蔽的通货膨胀严重到一定程度，物价最终还将突破限制而有所上涨。不过，这种上涨一般是滞后的、有限的。

二、通货膨胀的原因

（一）需求拉动的通货膨胀

这是从总需求的角度分析通货膨胀的原因，认为通货膨胀是由于总需求的过度增长，总供给不足，即"大多数的货币追逐较少的货物"，或者是"因为物品与劳务的需求超过按现行价格的供给，所以一般物价水平便上涨"。按照凯恩斯主义的解释，是总需求大于总供给所引起的通货膨胀。

如图 9-1 所示，随着总需求的增加，总需求曲线 AD 向右上方移动，均衡产出和均衡价格水平也逐步上升。当经济接近充分就业水平 Y_f 时，整个社会的经济资源全部得到利用，总需求的增加主要表现为价格水平的上升，不再促进均衡产出的增长。

西方经济学认为，需求方面的冲击主要包括财政政策、货币政策、消费习惯的突然改变、国际市场的需求变动等。无论总需求的过度增长是来自消费需求、投资需求、政府需求还是国外需求，都会导致需求拉动的通货膨胀。

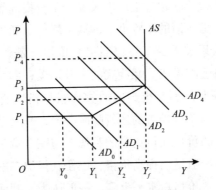

图 9 - 1   需求拉动的通货膨胀

（二）成本推动的通货膨胀

成本推动的通货膨胀又称成本通货膨胀或供给通货膨胀，是指在没有超额需求的情况下由于供给方面成本的提高所引起的一般价格水平持续和显著的上涨。供给就是生产，从总供给的角度看，引起通货膨胀的原因是成本的增加。成本的增加表示只有在高于从前的价格水平上，才能达到与以前同样的产量水平，也就是总供给曲线向左上方移动。在总需求不变的情况下，总供给曲线向左上方移动使国民收入减少、价格水平上升，这种价格上升即为成本推动的通货膨胀，如图 9 - 2 所示。

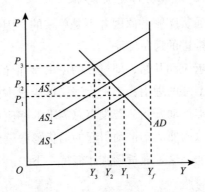

图 9 - 2   成本推动的通货膨胀

在图 9 - 2 中，横轴表示国民收入，纵轴表示价格水平，成本增加时，总供给曲线向左上方移动，在移动的过程中，国民收入减少的同时引起价格水平上升。根据引起成本增加的具体原因，通货膨胀可以分为以下三种：

1. 工资推动的通货膨胀。工资推动的通货膨胀，是指不完全竞争的劳动市场造成的过高工资所导致的一般价格水平的上涨。西方学者认为，在完全竞争劳动市场上，工资率完全取决于劳动的供求，工资的提高不会导致通货膨胀；在不完全竞争劳动市场上，由于工会组织的存在，工资不再是竞争工资，而是工会和雇主集体议价的工资。同时，由于工资的增长率超过生产增长率，工资提高导致成本提高，从而导致一般价格水平上涨，这就是所谓的工资推动的通货膨胀。西方学者进而认为，工资提高和价格上涨之间存在因果关系：工资提高引起价格上涨，价格上涨又引起工资提高。这样工资提高和价格上涨形成了螺旋式的上升运动，即所谓的工资—价格螺旋。

2. 利润推进的通货膨胀。利润推进的通货膨胀是指厂商为谋求更大利润导致的一般价格总水平的上涨，与工资推进的通货膨胀一样，具有市场支配力的垄断和寡头厂商也可以通过提高产品的价格获得更高的利润。与完全竞争市场相比，不完全竞争市场上的厂商可以减少生产数量而提高价格，以便获得更多的利润，为此，厂商都试图成为垄断者。其结果导致价格总水平上涨。一般认为，利润推进的通货膨胀比工资推进的通货膨胀要弱。原因在于，厂商面临着市场需求的制约，提高价格会受到自身要求最大利润的限制，而工会推进货币工资上涨则是越多越好。

3. 进口成本推进的通货膨胀。进口成本推进的通货膨胀是由于进口商品价格上升而引起的通货膨胀。如果一个国家生产所需要的原材料主要依赖于进口，那么，进口商品的价格上升就会造成成本推进的通货膨胀，其形成的过程与工资推进的通货膨胀是一样的。此外，一国的通货膨胀还会通过国际贸易渠道和国际货币体系传导到其他国家。如20世纪70年代的石油危机期间，石油价格急剧上涨，以进口石油为原料的西方国家的生产成本随之大幅度上升，从而引起通货膨胀。

（三）需求和成本混合推进的通货膨胀

在实际情况中，造成通货膨胀的原因并不是单一的，因各种原因同时推进的价格水平上涨，就是供求混合推进的通货膨胀。

假设通货膨胀是由需求拉动开始，即过度的需求增加导致价格总水平上涨，价格总水平的上涨又成为工资上涨的理由，工资上涨又形成成本推进的通货膨胀。

假设通货膨胀是由成本推动开始，若没有总需求的相应增加，那么工资上升最终会减少生产、增加失业，从而使成本推动引起的通货膨胀就此停止。只有在成本推动的同时，又有总需求的增加，这种通货膨胀才能持续下去。

（四）结构性通货膨胀

结构性通货膨胀是指由于一国经济结构发生变化而引起的通货膨胀。在没有需求拉动和成本推动的情况下，只是由于经济结构因素的变动，也会出现一般价格水平的持续上涨。这种价格水平的持续上涨称为结构性通货膨胀。

在整体经济中，不同部门有不同的劳动生产率增长率，却有相同的货币工资增长率。因此，当劳动生产率增长率较高的部门货币工资增长时，就给劳动生产率增长率较低的部门形成了一种增加工资成本的压力，因为尽管这些部门劳动生产率的增长率较低，但各部门的货币工资增长率却是一致的，在成本加成的定价规则下，这一现象必然使整个经济产生一种由工资成本推进的通货膨胀。

此外，以米尔顿·弗里德曼为代表的货币主义学派提出，货币的过量供给会引发通货膨胀。现代货币主义学派认为，实际因素即使对总需求有影响也是不重要的，由此引起的通货膨胀不可能持久，无论供给还是需求，或是供给与需求的综合力量以及经济结构的原因，它们都只会引起局部的、暂时的物价上升，并不足以引起普遍的、持续的通货膨胀。在货币流通速度稳定的假定下，货币量的增加会引起总需求的增加，总需求的增加会引起通货膨胀。引起总需求过度的根本原因是货币的过量发行，即通货膨胀的根源是货币供给量过多。通货膨胀是伴随着货币供给量的增加而发生的。当货币供给量明显增加，且其增加速度超过产量的增长速度时，通货膨胀就会发生。所以弗里德曼说："通货膨胀是发生在货币量增加的速度超过了产量增加速度的情况下，而且每单位产品所配给的货币量增加得越快，通货膨胀的发展就越快……通货膨胀时时、处处是一种货币现象。"

【拓展阅读 9 – 2】

历史上的通货膨胀与国家兴衰

北宋是历史上第一个发行纸币的朝代。纸币的发行有利于商品经济的发展，但也为专制统治者攫取民间财富大开方便之门。在 12 世纪初，北宋所采用的办法就是大量发行纸币。北宋学者李心传写道："崇观间，陕西用兵，增印至二千四百三十万缗，由是引法大坏，每兑界以四引面易其一。"纸币过度发行，造成交子迅速贬值，1107 年，交子价值甚至跌到其面值的 10% 以下。北宋政府最终陷入空前的信用危机，再无财力应付对外战争。

对比通过"增税"来渡过财政危机，发行纸币无疑是更为廉价的方法，"通货膨胀税"来得如此容易，以致一代代君主都难以抗拒这种诱惑。北宋如此，南宋也如此，此后的元、金同样没有逃脱这种命运。以元为例，在不到一百年的统治中，其中统钞在流通中贬值了 80%。到元朝末年，元朝政府像之前的王朝一样，试图通过改革恢复经济增长，其间的措施就包括发行新的铜钱和货币，但人们已经失去了对货币的信心和耐心。1368 年，贸易活动已经倒退到物物交换的时代。

公元 2 世纪的罗马帝国曾是世界上最富饶美丽的国家，掌握着人类最进步发达的文明。当时，罗马已经有了完备的货币体系，罗马金币的含金量一度高达 90% 以上。正是在这个坚挺的金银货币体系下，罗马帝国对周边地区的资源整合能力大大加强，在长达百年的历史中，罗马帝国经济繁荣，物价稳定，贸易发达，商业贷款利率在 4% ~6% 的正常区间。然而，为了应付战争，满足罗马贵族们穷奢极欲的生活，罗马统治者最终还是走上了通货膨胀的道路。

到公元350年左右，罗马银币只相当于奥古斯都时代的1/30000000。通货膨胀使当时罗马工人的工资变得极不稳定，也使与钱币兑换有关的投机活动变得十分猖獗，这给整个罗马经济带来了毁灭性的打击。商人的积极性越来越低，一方面，印度和罗马帝国之间的商业关系几乎完全中断；另一方面，商品交换退回到了最原始的以物易物，城市开始萧条，越来越多的土地荒废了，灌溉排水工程被弃置，帝国的生产力逐步下降。到这时，罗马的灭亡只是一个时间问题。

与此形成鲜明对比的是君士坦丁大帝建立的拜占庭帝国，重建了一种以纯金币为基础的新的坚挺货币制度，这种金币成为拜占庭帝国在四面强敌环伺的恶劣形势下延续上千年的重要保证。不过，到11世纪初的时候，拜占庭黄金货币的纯度开始下降，一个纯度保持了近800年的黄金货币体系逐渐瓦解。正如宋鸿兵先生所说的，随之崩溃的，就是拜占庭的世界贸易中心地位和一个伟大帝国的向心力及其道德体系。

近代以来，英国的崛起也离不开"英镑的稳定"。当其他记账式货币在国家操纵下或在不利的经济形势下不断改变比价时，英镑却从1560～1561年由伊丽莎白女王稳定了以后，其币值直到1920年，乃至1930年始终不变。正如法国历史学家布罗代尔所指出的，"一英镑相当于四盎司纯银或半马克白银，在欧洲货币价值表上英镑令人惊讶地划出一条长达三百多年的直线"。英镑的稳定是英国强盛的一个关键因素，没有稳定的价值尺度，借款给国王的人就没有安全感，也就没有人们可以寄予信赖的信贷，就谈不上国家的强盛。

让·加布里埃尔·托马斯曾指出，法国18世纪的金融改革之所以失败，一个重要的原因常常不被提及，就是作为法国货币的图尔里佛不合时宜的贬值，"这就妨碍了正常的信贷活动，导致信用破产，造成杀鸡取蛋的结果。"抚今追昔，笔者认为，货币的稳定是国家崛起的最基本的条件之一。我国要顺利实现和平崛起，首要的任务就是防止恶性通货膨胀，维护政府信用，保护人民财产安全。

资料来源：彭兴庭. 历史上的通货膨胀与国家兴衰［N］. 经济参考报，2011 - 05 - 04 （007）.

三、通货膨胀的影响

（一）通货膨胀对经济生活的影响

通货膨胀必将对社会经济生活产生影响。如果社会的通货膨胀率是稳定的，人们可以完全预期，那么通货膨胀率对社会经济生活的影响很小。因为在这种可预期的通货膨胀之下，各种名义变量（如名义工资、名义利息率等）都可以根据通货膨胀率进行调整，从而使实际变量（如实际工资、实际利息率等）不变。这时通货膨胀对社会经济生活的唯一影响是人们将减少他们所持有的现金量。但是，在通货膨胀率不能完全预期的情况下，通货膨胀将会影响社会收入分配及经济活动。因为此时人们无法准确地根据通货膨胀率来调整各种名义变量，以及他们应采取的经济行为。

1. 通货膨胀将有利于债务人而不利于债权人。在通常情况下，借贷的债务契约都是根据签约时的通货膨胀率来确定名义利息率，所以当发生了未预期的通货膨胀之后，债务契约无法更改，从而就使实际利息率下降，债务人受益，而债权人受损。其结果是对贷款，特别是长期贷款带来不利的影响，使债权人不愿意发放贷款。贷款的减少会使投资减少。

【思考】年初你借钱给你的朋友 1 万元，由于你们关系很好，你并未要求他付利息，假如年度内发生了 5% 的通货膨胀，年末他还你的 1 万元本金价值是多少？如果约定了 3% 的利息率又会是多少？

2. 通货膨胀将有利于雇主而不利于雇员。这是因为，在不可预期的通货膨胀之下，工资增长率不能迅速地根据通货膨胀率来调整，从而即使在名义工资不变或略有增长的情况下，实际工资下降。而实际工资下降会使利润增加。利润的增加有利于刺激投资，这正是一些经济学家主张以温和的通货膨胀来刺激经济发展的理由。

3. 通货膨胀将有利于政府而不利于公众。由于在不可预期的通货膨胀之下，名义工资总会有所增加（尽管并不一定能保持原有的实际工资水平）。随着名义工资的提高，达到纳税起征点的人数增加了，许多人进入了更高的纳税等级，这样使得政府的税收增加。但公众纳税数额增加，实际收入却减少了。政府由这种通货膨胀中所得到的税收称为"通货膨胀税"。一些经济学家认为，这实际上是政府对公众的掠夺。通货膨胀税的存在，影响了公众纳税的积极性。

（二）通货膨胀对生产的影响

通货膨胀对生产的影响主要表现在两个方面：第一，通货膨胀破坏社会再生产的正常进行。在通货膨胀期间，由于物价上涨的不平衡造成各生产部门和企业利润分配的不平衡使经济中的一些稀有资源转移到非生产领域，造成资源浪费，妨碍社会再生产的正常进行。同时，通货膨胀妨碍货币职能的正常发挥，币值不稳，市场价格信号紊乱，不利于再生产的进行。第二，通货膨胀使生产性投资减少，不利于生产的长期稳定发展。预期的物价上涨会促使社会消费增加、社会储蓄减少，从而缩减社会投资，制约生产发展。

（三）通货膨胀对宏观经济的影响

通过对历史资料的详细分析，就会发现：在短期内，产出和通货膨胀之间是正相关的关系；从长期看，产出的增长和通货膨胀之间存在着一种类似倒"U"形的关系。

表 9-2 是涉及众多国家的一项课题研究。表中的数字来自 127 个国家的年通货膨胀率与人均 *GDP* 增长率之间的关系统计资料。它反映了这些国家的产出增长与通货膨胀的关系。当通货膨胀率最低为 0～10% 时，人均 *GDP* 增长率最高，为 2.4%；而恶性通货膨胀率为 1000% 时，人均 *GDP* 增长率最低，为 -6.5%，说明经济高增长

与低通货膨胀相联系，通货紧缩和温和的通货膨胀伴随着缓慢的经济增长，而恶性通货膨胀则与经济大幅度下滑并行。研究表明：低通货膨胀的国家经济增长最为强劲，高通货膨胀或通货紧缩国家的经济增长趋势则较为缓慢。

表 9 - 2　　　　　　　　　　　通货膨胀和经济增长一览表　　　　　　　　单位:%

年通货膨胀率	人均 GDP 增长率
- 20	0.7
0 ~ 10	2.4
10 ~ 20	1.8
20 ~ 40	0.4
100 ~ 200	- 1.7
1000	- 6.5

那么，通货膨胀对经济发展究竟有利还是不利呢？经济学家对此没有达成一致的看法。大体上可以分为三种观点。

1. 有利论。有利论认为，通货膨胀，尤其是温和的通货膨胀有利于经济发展，在他们看来"通货膨胀是经济发展必不可缺的润滑剂"。理由有三个：第一，通货膨胀引起的有利于雇主不利于工人的影响可以增加利润，从而刺激投资；第二，通货膨胀所引起的"通货膨胀税"可以增加政府税收，从而增加政府支出，刺激经济发展；第三，通货膨胀会加剧收入分配的不平等，而富人的储蓄倾向又大于穷人，所以，通货膨胀可以通过加剧收入不平等而增加储蓄。该理论强调，对于资金缺乏的发展中国家来说，利用通货膨胀发展经济尤为重要。

2. 不利论。不利论认为通货膨胀不利于经济发展。理由有四个：第一，在市场经济中，通货膨胀使价格信号扭曲，无法正常反映社会供求状态，经济无法正常发展；第二，通货膨胀破坏了正常的经济秩序，使投资风险增大，社会动荡，从而导致经济混乱，经济效率低下；第三，通货膨胀引起的紧缩性政策抑制经济发展；第四，在固定汇率下通货膨胀所引起的货币贬值不利于对外经济交往。该理论强调，也许通货膨胀在某个时期可以促进经济发展，但最终结果并不利于经济发展，采用通货膨胀的方法刺激经济无疑是"饮鸩止渴"。

3. 中性论。中性论认为，通货膨胀与经济增长之间没有必然的联系。他们认为货币在经济中是中性的，从长期来看决定经济发展的是实际因素（如劳动、资本、自然资源等），而不是价格水平。长期由于货币量变动引起的通货膨胀，既不会有利于经济也不会不利于经济的发展。因此，没有必要把经济增长与通货膨胀联系在一起。

以上三种观点各有其理论与依据，很难判断哪种观点绝对正确。应该说，在不同国家的不同时期，通货膨胀有不同的作用，只有把通货膨胀与经济增长放在具体的历史条件下进行分析才有意义。

【拓展阅读 9 – 3】

菲利普斯曲线：通货膨胀与失业的关系

菲利普斯曲线是新西兰经济学家威廉·菲利普斯于 1957 年根据英国百余年的宏观经济数据，画出的一条通货膨胀与失业率关系的曲线。此曲线表明：通货膨胀率与失业率存在交替关系，通货膨胀率高时，失业率低；通货膨胀率低时，失业率高。

20 世纪 60 年代，美国经济学家萨缪尔森和索洛根据美国宏观经济数据证实了菲利普斯曲线所表示的交替关系在美国同样存在，并指出，可以根据菲利普斯曲线所揭示的这种关系来指导宏观经济政策，通过紧缩或扩张的财政与货币政策，将通货膨胀和失业控制在社会可接受的水平。

根据成本推动的通货膨胀理论，货币工资增长率可以表示通货膨胀率。因此，这条曲线就可以表示失业率与通货膨胀率之间的交替关系，即失业率高，则通货膨胀率低；失业率低，则通货膨胀率高。这就是说，失业率高表明经济处于萧条阶段，这时工资与物价水平都较低，从而通货膨胀率也就低；反之，失业率低表明经济处于繁荣阶段，这时，工资与物价水平都较高，从而通货膨胀率也就高。失业率与通货膨胀率之间存在反方向变动关系，是因为通货膨胀使实际工资下降，从而能刺激生产，增加劳动的需求，减少失业。

失业与通货膨胀关系理论的发展是对西方国家经济现实的反应。凯恩斯的论述反映了 20 世纪 30 年代大萧条时的情况，菲利普斯曲线反映了五六十年代的情况，而货币主义和理性预期学派的论述，反映了 70 年代以后的情况。凯恩斯主义、货币主义与理性预期学派，围绕菲利普斯曲线的争论，表明了他们对宏观经济政策的不同态度。凯恩斯主义认为，无论在短期与长期中，失业率与通货膨胀率都存在关系，从而认为经济政策在短期与长期中都是有效的；货币主义认为，短期中失业率与通货膨胀率存在交替关系，而长期中不存在这种关系，从而认为宏观经济政策只在短期中有效，而在长期中无效；理性预期学派认为，无论在短期或长期中，失业率与通货膨胀率都没有交替关系，因此，宏观经济政策都是无效的。

资料来源：林志弟. 菲利普斯曲线的研究发展进程综述 [J]. 现代商贸工业，2010，22（3）：24 – 25.

复习与思考题

一、单项选择题

1. 如果某人刚刚进入劳动力市场尚未找到工作，这属于（　　）。

A. 摩擦性失业　　　 B. 结构性失业　　　 C. 周期性失业　　　 D. 不属于失业

2. 奥肯定律描述（　　）之间有稳定的关系。

A. 失业率与通货膨胀率　　　　　　　 B. 失业率与实际 *GDP* 增长率

C. 总需求与总供给　　　　　　　　　 D. 通货膨胀与产量

3. 如果导致通货膨胀的原因是"过多的货币追逐过少的商品"，这种通货膨胀属于（　　）。

A. 需求拉动型通货膨胀　　　　　　　 B. 成本推动型通货膨胀

C. 结构型通货膨胀　　　　　　　　　 D. 输入型通货膨胀

4. 一国由于工资、原材料、能源价格上涨而引起的通货膨胀属于（　　）。

A. 需求拉动型通货膨胀　　　　　　　 B. 成本推动型通货膨胀

C. 结构型通货膨胀　　　　　　　　　 D. 输入型通货膨胀

5. 某国 2006 年和 2007 年的消费价格指数 *CPI* 分别是 200 和 210，则该国 2007 年的通货膨胀率是（　　）。

A. 5%　　　　　　　 B. 10%　　　　　　 C. 105%　　　　　　 D. 210%

二、简答题

1. 哪些失业是通过恰当的政策措施可以消除的，哪些失业是不可能消除的，为什么？

2. 除了本书中提到的原因，我国的失业还有哪些特殊性原因？

3. 什么是需求拉动通货膨胀和成本推进通货膨胀？画图说明二者的不同。

4. 某国的人口为 2500 万人，就业人数为 1000 万人，失业人数为 100 万人。计算该国的劳动力人数和失业率。

第十章 宏观经济政策

学习目标与要求

1. 理解和掌握宏观经济政策的目标。
2. 重点掌握财政政策和货币政策的工具及其运用。
3. 理解和掌握财政政策和货币政策的相关理论。

【案例导入】

如何评价"四万亿"的得与失?

大体上看,2008年出台的四万亿救市资金主要用于两个方面:一个是运用于扩大基础设施建设项目,另一个是用于改善民生。现在看来,无论是实施基础设施建设项目还是实施民生工程项目,都是着眼于弥补中国经济发展的短板,而这些事本来就需要加大力度来做。即使没有应对金融危机的需要,即使没有出台"四万亿"经济刺激计划,中国的基础设施建设也要加强,中国的民生也要改善,中国经济的发展也必须克服各种各样的瓶颈约束,只不过"四万亿"经济刺激计划打乱了正常的建设节奏,所谓铺摊子容易,练摊子难。

此外,"四万亿"经济刺激计划对于中国经济及早从国际金融危机的压迫中解脱意义至关重要。2008年第四季度到2009年上半年,我国的对外贸易可以说遭遇了严冬。在这种情况下,随着"四万亿"经济刺激计划的逐步实施,中央定下的"保增长、扩内需、调结构"的方针才得以实实在在地贯彻执行,实现了中国经济"西方不亮东方亮,堤外损失堤内补"的局面。

另外,受到国际金融危机的影响,出口企业缺少订单,有了"四万亿"作为底气,依靠着国家提高出口退税率以及支持出口企业"转内销"等一系列政策,一批出口企业熬过了金融危机最困难的时期。随着国际市场需求形势好转,许多出口企业在国际市场上之所以能够捷足先登,在很大程度上离不开当时依靠"四万亿"所带来的国内市场机会过冬。2009年中国超越德国成为当今世界第一大出口国;在世界经济形势逐渐好转之后,2010年中国出口贸易在国际市场上的占有率达到10.4%。

再看问题的另一方面，即"四万亿"经济刺激计划有没有缺陷？当然有，比如说，"四万亿"经济刺激计划中对铁路尤其是高铁建设项目的资金安排比例过大，造成了铁路建设一时间"大干快上"，一些隐患现在陆续暴露出来。

现如今欧债危机正在肆虐，世界经济二次探底也似乎正在变为现实。在这种情况下，重提对"四万亿"要一分为二看待的目的只是希望能够对"四万亿"客观一些、公道一些。至于现在如何应对欧债危机带来的影响，可以在吸取经验教训的基础上，具体情况具体分析。

资料来源：白明. 如何评价"四万亿"的得与失？［N］. 消费日报，2012 – 01 – 05（A03）.

第一节　宏观经济政策的目标与工具

一、宏观经济政策的目标

宏观经济政策是要对经济进行总量调控。通常经济学家认为，宏观经济政策的目标是实现经济稳定。为此要同时达到四个目标：充分就业、物价稳定、减少经济波动以及实现经济增长。如果考虑开放经济，还应该包括国际收支平衡与汇率稳定的目标。

（一）充分就业

充分就业并不是人人都有工作，是指包含劳动在内的一切生产要素都以愿意接受的价格参与生产活动的状态，因此，充分就业并不是所有的劳动者都能就业。在充分就业的状态下，有可能存在失业。政府关心的是由于经济周期所造成的非自愿失业。

（二）物价稳定

物价稳定是指价格总水平的稳定。一般采用价格指数来表示价格水平的变化。价格稳定也不是指每种商品价格的固定不变或价格总水平的固定不变，而是指价格指数的相对稳定。物价稳定也不是通货膨胀率为零。

（三）减少经济波动

由于各种经济体系内外因素的影响，一个经济中出现周期性波动是正常的，只要使波动的程度控制在一定范围之内，而且，尽量缩短经济衰退的时间，使衰退程度减少到最低，就达到了目的，因此减少经济波动并不是要消灭经济周期。

（四）经济增长

经济增长是指一定时期内经济已持续均衡增长。即在一个时期内社会所生产的人均产量或者人均收入的增长。经济增长是达到一个适度的增长率，这种增长率要既能满足社会发展的需要，又是人口增长和技术进步所能达到的，要根据资源和技术进步来确定适度增长率，并考虑环境保护因素。

（五）国际收支平衡

国际收支平衡是指一国净出口与净资本进出相等而形成的平衡，也就是既无赤字又无盈余的状态。一国的国际收支状况不仅反映了这个国家的对外经济交往情况，还反映出该国经济的稳定程度。

需要指出的是，上述宏观经济政策目标并不总是一致的，从某一时期来看，它们之间可能是矛盾的。

二、宏观经济政策工具

宏观经济政策工具是用来达到政策目标的手段和措施。一般来说，政策工具多种多样，不同的政策工具都有自己的作用，但也往往可以达到相同的政策目标。政策工具的选择与运用是一门艺术。在宏观经济政策工具中，常用的有需求管理政策、供给管理政策以及国际经济政策。

（一）需求管理政策

需求管理是指通过调节总需求来达到一定政策目标的政策工具。这是凯恩斯主义特别重视的政策工具。

需求管理是要通过对总需求的调节，实现总需求等于总供给，达到既无失业又无通货膨胀的目标。在总需求小于总供给时，在经济中会由于需求不足而产生失业，这时就要运用扩张性的政策工具来刺激总需求。在总需求大于总供给时，在经济中会由于需求过度而引起通货膨胀，这时就要运用紧缩性的政策工具来压抑总需求。需求管理包括财政政策与货币政策。

（二）供给管理政策

供给管理是要通过对总供给的调节，来达到一定的政策目标的宏观经济政策工具。由于20世纪70年代石油价格的大幅上升对经济产生严重影响，经济学家们认识到了总供给的重要性。这样，宏观经济政策工具中不仅有需求管理，而且还有供给管理。

供给即生产。在短期内影响供给的主要因素是生产成本，特别是生产成本中的工资成本。在长期内影响供给的主要因素是生产能力，即经济潜力的增长。因此，供给管理包括控制工资与物价的收入政策、指数化政策、改善劳动力市场状况的人力政策，以及促进经济增长的政策。

（三）国际经济政策

任何一个国家的经济都是开放的，即一国经济不仅影响其他各国，而且要受其他各国的影响，各国经济之间存在着日益密切的联系。一国的宏观经济政策目标中有国际经济关系的内容（即国际收支平衡），其他目标的实现不仅有赖于国内经济政策，而且也有赖于国际经济政策。因此，对外经济管理的内容也包括这些方面的管理。这些政策主要包括对外贸易政策、汇率政策、对外投资政策以及国际经济关系的协调等。

【拓展阅读 10 - 1】

把舵定向稳驭舟
——从中央经济工作会议部署看宏观政策稳健有效

宏观政策是稳定经济的重要手段。"围绕保持经济运行在合理区间，加强和改善宏观调控""跨周期和逆周期宏观调控政策要有机结合"……日前召开的中央经济工作会议为明年宏观政策定下基调。稳健有效的宏观政策、精准灵活的调控手段，立足当前、着眼长远，将有效应对风险挑战，护航中国经济稳健前行。

宏观政策稳健有效　稳住经济基本盘

在国务院发展研究中心宏观部第二研究室副主任李承健看来，"十四五"开局之年，面对复杂多变的国内外环境，宏观调控政策保持定力、精准发力，为经济持续稳定恢复提供重要支撑，彰显我国应对复杂局面的经济治理能力。

围绕做好明年经济工作，中央经济工作会议明确要"稳字当头、稳中求进"，并提出七大政策，分别从宏观、微观、结构、科技、改革开放、区域、社会等方面作出具体部署。

"宏观政策要稳健有效"位居七大政策之首。加大宏观政策跨周期调节力度，提高宏观调控的前瞻性针对性；要继续实施积极的财政政策和稳健的货币政策……会议进一步明确宏观政策发力方向。

跨周期和逆周期调控有机结合　熨平经济波动

聚焦经济运行中的关键领域、薄弱环节，多项跨周期、逆周期政策近期已陆续出台、有机结合，有利于熨平经济波动、避免大起大落，保持经济运行在合理区间。

加强政策统筹协调　推动经济行稳致远

经济社会发展是一个相互关联的复杂系统。当前，我国经济发展面临稳增长、保就业、防风险、控物价、促平衡等各种需求，桩桩不容有失，件件彼此关联，牵一发而动全身，必须防止顾此失彼。

中央经济工作会议提出，必须加强统筹协调，坚持系统观念。

资料来源：申铖，魏玉坤，吴雨. 把舵定向稳驭舟 [N]. 人民日报，2021 - 12 - 29 (2).

第二节　财政政策

一、财政政策的工具与运用

财政政策是一国政府根据既定的经济目标通过调节财政收入和支出以影响宏观经济活动水平的经济政策。

（一）财政政策的工具

财政政策是国家整个经济政策的组成部分，同其他经济政策有着密切的联系。财政政策的制定和执行，要有金融政策、产业政策、收入分配政策等其他经济政策的协调配合。主要内容包括政府支出与税收。

政府支出有两种形式：一是政府购买，指政府对商品和劳务的购买，如修建道路、支付公务员薪水等，它是政府为取得商品和劳务而做出的支付；二是政府转移支付，包括社会保障和社会福利支出、政府对农业的补贴、失业补助和救济金以及公债利息等方面的支出等。

（二）财政政策的运用

财政政策是要运用政府支出与税收来调节经济。具体来说，在经济萧条时期，总需求小于总供给，经济中存在失业，政府要通过扩张性的财政政策来刺激总需求，以实现充分就业。扩张性财政政策是指政府通过发行国债，增加财政支出和减少税收，以刺激总需求增长，降低失业率，使经济尽快复苏的财政政策。扩张性的财政政策包括增加政府支出与减少税收。如通过增加政府公共工程支出与政府购买刺激私人投资，通过增加转移支付增加个人消费，这样达到刺激总需求的目的。通过减少个人所得税，减少公司所得税等使个人及公司收入增加，从而起到刺激总需求的作用。

在经济繁荣时期，总需求大于总供给，经济中存在通货膨胀，政府要通过紧缩性的财政政策来压抑总需求，以实现物价稳定。紧缩性的财政政策是指通过增加财政收入或减少财政支出以抑制社会总需求增长的政策。由于增收减支的结果集中表现为财政结余，因此，紧缩性财政政策也称盈余性财政政策。如减少政府公共工程与政府购买可以抑制投资，减少转移支付可减少个人消费；增加个人所得税和公司所得税可使个人和公司收入减少，从而抑制社会总需求。

第二次世界大战以后，英国经济学家凯恩斯的继承者提出补偿性财政政策。他们认为，财政政策的首要问题不是谋求收支平衡，而是当社会总需求与总供给出现差额时，如何通过财政收支安排来弥补这个差额，使经济的运行恢复平衡状态。他们还认为，资本主义经济不是始终处于危机状态，而是时而繁荣，时而萧条，财政政策不能永远以扩张为基调，应根据经济的周期波动交替使用扩张性政策和紧缩性政策。萧条时期政府应实行扩张性财政政策；繁荣时期政府应增加税收，压缩支出，实行紧缩性的财政政策。

二、内在稳定器

某些财政政策由于其本身的特点，具有自动调节经济的作用。在经济繁荣时，某些财政政策能够抑制经济进一步扩张；在经济衰退时，能够阻止经济进一步衰退，是一种经济稳定的机制，被称为内在稳定器，或者自动稳定器。

具有内在稳定器作用的财政政策，主要是个人所得税、公司所得税以及各种转移支付。具体表现如下：

（一）失业补助和其他福利支付

在经济萧条时，失业人数和需要其他补助的人数增加，政府的失业补助及其他福利开支自动增加，从而维持了失业者的支出，有利于减轻经济萧条程度；在经济繁荣时期，失业人数和需要其他补助的人数减少，失业救济及其他补助也自动减少，从而抑制了消费和投资的增加，有利于经济稳定。

（二）私人储蓄和公司储蓄

一般家庭在短期内收入下降时，一般不减少消费，而是动用过去的储蓄；在收入增加时，也不立即增加消费，而是增加储蓄，使消费保持相对的稳定。公司也是如此，在收入减少时，不轻易减少股息，而是减少保留利润；在收入增加时，也不轻易增加股息，而是增加保留利润。

（三）自动改变的累进税收制度

由于个人所得税与公司所得税的征收具有一定的起征点与固定税率，在经济萧条时期，国民收入下降，个人收入减少，政府征收的个人所得税和公司利润税也会自动减少，个人和公司保留的可支配收入增多，从而抑制了消费和投资的减少，导致总需求下降，减轻萧条程度。在经济繁荣时，个人和公司收入增加，政府征收的所得税率自动上升，使个人和公司的消费和投资受到抑制，有助于减轻由于需求过大而引起的通货膨胀，使经济趋于稳定。

内在稳定器自动地发生作用，调节经济，无须政府做出任何决策，但是，这种内在稳定器调节经济的作用是十分有限的。它只能减轻萧条或通货膨胀的程度，并不能改变萧条或通货膨胀的总趋势；只能对财政政策起到自动配合的作用，并不能代替财政政策。因此，尽管某些财政政策具有内在稳定器的作用，但仍需要政府有意识地运用财政政策来调节经济。

三、赤字财政政策

在现实经济中，许多国家都运用赤字财政政策来刺激经济。财政赤字就是政府收入小于支出。凯恩斯认为，必须放弃财政收支平衡的旧观念，实行赤字财政政策，使财政政策为实现充分就业服务。

凯恩斯主义经济学家认为，赤字财政政策不仅是必要的，而且也是可能的。这是因为：第一，债务人是国家，债权人是公众；第二，政府的政权是稳定的，这就保证了债务的偿还是有保证的，不会引起信用危机；第三，债务用于发展经济，使政府有能力偿还债务，弥补赤字。这就是一般所说的"公债哲学"。

当政府收入小于支出时，政府常采用以下三种办法来弥补财政赤字。

（一）增加税收

增加税收包括开增新税、扩大税基和提高税率等。但不管采用哪一种方法增加税收，都必须经过一定的法律程序，这使增加税收的时间成本增大，难解政府的燃眉之急，而且增加税收必定加重公众负担，减少纳税人的经济利益。因此，增加税收并不是弥补财政赤字稳定可靠的方法。

（二）增发货币

增发货币是许多发展中国家采用的弥补财政赤字的一个方法。但从长期来看，通货膨胀在很大程度上取决于货币的增长速度，过量的货币发行必定会引起通货膨胀，将带来恶性后果。所以，用增发货币来弥补财政赤字只是一个权宜之计。

（三）发行公债

由于上述两种方法的局限性，使得政府通过发行公债来弥补财政赤字成为世界各国通行的做法。公债是政府对公众的债务或公众对政府的债权。从债务人的角度来看，公债具有自愿性、有偿性和灵活性的特点；从债权人的角度来看，公债具有安全性、收益性和流动性的特点。因此，从某种程度上来说，发行公债无论是对政府还是对认购者都有好处，通过发行公债来弥补财政赤字也最易于为社会公众所接受。

债券卖给不同的人就有了不同的筹资方法。一种是货币筹资，即把债券卖给中央银行。这种方法的好处是政府不必还本付息，从而减轻了政府的债务负担。但缺点是会增加货币供给量引起通货膨胀。另一种是债务筹资，即把债券卖给中央银行以外的其他人，如个人、企业、商业银行等。这种筹资方法相当于向公众借钱，不会增加货币量，也不会直接引发通货膨胀，但政府必须还本付息，这就背上了沉重的债务负担。

政府不能仅用一种方法筹资，因为货币筹资过多，会增加通货膨胀的压力；债务筹资过多不仅加剧财政负担，而且公众会拒绝购买，现实中往往是交替使用这两种方法为赤字筹资。

赤字财政在一定限度内可以刺激经济增长，使经济较快地走出衰退，但在使用赤字财政政策时应注意：第一，赤字财政会引发通货膨胀，赤字使流通中的货币数量增加，进而带来物价水平的持续上升。因此在运用赤字财政政策干预经济时，要充分考虑通货膨胀风险。第二，用债务筹资减少了私人储蓄，对长期经济增长不利。第三，只有市场机制有活力，赤字财政政策才有作用。仅仅靠赤字财政使经济长久繁荣是不可能的，而且长期用赤字财政政策会引起赤字依赖症。所以，经济学家认为，赤字财政可以用，但要有限制。

【思考】 自 2011 年开始，国家不断制定出台针对小微企业的税费减免政策，尤其是 2019 年推出的小微企业"减税降费"普惠性减税政策，以及 2020 年出台的一系列的支持疫情防控和经济社会发展的税费优惠政策，国家税务总局于 2021 年推出"春雨润苗"专项行动，并联合中华全国工商业联合会为这项专项行动共同保驾护航，政策优惠力度、税收服务力度不断加大，这项行动进一步彰显了国家鼓励扶持小微企业发展的决心和态度。请分析以上税收政策会对小微企业及新冠肺炎疫情后经济发展有何影响。

四、财政政策的挤出效应

（一）挤出效应的含义

财政政策的挤出效应是指，政府支出增加所引起的私人支出减少，即以政府支出代替了私人支出。这样，扩张性财政政策刺激经济的作用就被减弱。在一个充分就业的经济中，政府支出增加，商品和劳务需求上升，物价上涨，实际货币供给量降低，可用于投机的货币减少，债券价格下跌，利率上升，私人投资减少，消费减少，从而政府支出挤占了私人投资和消费。

（二）挤出效应的影响因素

根据 $IS-LM$ 模型，影响挤出效应的因素有：

1. 支出乘数的大小。政府支出增加会使利率上升，乘数越大，利率提高使投资减少所引起的国民收入减少也越多，挤出效应越大。

2. 投资需求对利率的敏感程度。如果敏感程度越高，利率水平的变动对投资水平的影响就越大，因而挤出效应就越大；反之越小。

3. 货币需求对产出水平的敏感程度。货币需求对产出水平的敏感程度主要取决于支付习惯，与挤出效应成正比。

4. 货币需求对利率变动的敏感程度。货币需求对利率变动的敏感程度与挤出效应成反比。

（三）挤出效应的发生机制

对挤出效应的发生机制有两种说法：一种是财政支出扩张引起利率上升，利率上升抑制民间支出，特别是抑制民间投资；另一种是政府向公众借款引起政府和民间部门在借贷资金需求上的竞争，减少了对民间部门的资金供应。

（四）挤出效应的理论模型

宏观经济学认为，短期决定国民收入水平的因素是社会总需求。在一个封闭的经济体系中，社会总需求由居民消费、企业投资和政府支出三部分组成。在国民经济运行的过程中，受各种因素的制约，个人消费和私人投资有不断下降的趋势，总需求与社会生产能力之间出现缺口，国民经济增长受到抑制。政府可以采取扩张性财政政策增加总需求，拉动经济增长。但是在货币供给量保持稳定的情形下，扩张性的财政政策会使利率水平上升，从而挤出私人投资，政府扩大需求刺激经济增长的效应下降。这就是挤出效应的一般理论模型。

财政政策挤出效应的大小，取决于市场经济中的多种因素，如用 $IS-LM$ 模型分析，它取决于 IS 和 LM 曲线的斜率。斜率主要反映的是市场经济中私人投资对利率变动的反应程度。由于投资是利率水平的减函数，投资对利率的变动十分敏感，通常所讲的投资利率的弹性大，财政政策的挤出效应就大；投资利率的弹性小，财政政策的挤出效应就小。如利率不变，即在凯恩斯陷阱区域，挤出效应为零。如随着扩张性财政政策的实施，利率上升得非常高，即在古典区域，挤出效应将无限大，政府的扩张性财政政策效应等于零。在一个完全由政府配置资源的市场，挤出效应问题不存在，因为政府支出的变化，不受利率水平的影响。

挤出效应也可以从需求和供给两个方面考察。从总需求的角度看，政府扩大投资需求，一定会引起利率的上升，反而使私人投资下降，这就减弱了政府支出的扩张效应。我们可以把这种挤出效应界定为需求型挤出效应。从总供给的角度看，扩张性财政政策也有挤出效应。在经济萧条时期，政府为应对社会总需求的不足，短期内大幅度增加政府开支。如果社会产出率很低，必会引起社会物价总水平上升，在名义货币供给不变的情形下，实际货币供给减少，实际利率水平上升，个人投资需求减少，积极的财政效应减弱。如果社会产出率高，供给型的挤出效应可能不存在。

（五）各经济学派对财政政策挤出效应问题的看法

各经济学派对财政政策挤出效应的看法不同，综合起来，大体有两种意见：

1. 货币主义者认为，财政政策挤出效应大，所以财政政策效用不大，甚至无用。他们认为，货币需求只取决于收入，而不取决于利率，即货币需求对利率变动没有什么反应。这样，利率上升并不会使货币需求减少，从而利率的上升就会引起挤出效应，挤出效应不会使总需求发生变化，使财政政策起不到刺激经济的作用。

2. 凯恩斯主义者认为，财政政策挤出效应不大，只有达到充分就业后才会存在挤出效应。在有效需求不足的条件下，不存在萧条时期政府支出排挤私人支出的问题。所以，财政政策有刺激经济的作用。他们认为，货币需求会对利率变动做出反应。这就是说，由于货币投机需求存在，利率上升时，货币需求会减少。在货币供给不变的情况下，当财政政策引起利率上升时，货币需求减少。这就会抑制利率的进一步上升，甚至会使利率有所下降，从而利率上升有限，挤出效应小。

第三节 货币政策

货币政策是指中央银行在一定的经济条件下，为实现其特定的经济目标而采用的各种调节和控制货币供应量的方针和措施的总称。货币政策在宏观经济政策中的作用是不断加强的。20 世纪 60 年代以后，美国的凯恩斯主义经济学家强调货币政策与财政政策同样重要，主张双管齐下，以促进经济繁荣。20 世纪 70 年代后期，由于通货膨胀严重，西方各国采用了货币主义经济学家所主张的控制货币供给量的政策。20 世纪 90 年代之后，克林顿政府又更多地运用货币政策来刺激经济并取得成功。

一、货币政策的工具与运用

货币政策调节的对象是货币供应量，即全社会总的购买力，具体表现形式为：流通中的现金和个人、企事业单位在银行的存款。流通中的现金与消费物价水平变动密切相关，是最活跃的货币，一直是中央银行关注和调节的重要目标。

（一）货币政策的工具

货币政策工具，指中央银行为实现货币政策目标所运用的策略手段，是货币当局为实现货币政策最终目标而采取的措施或手段。中央银行的政策工具主要有一般性的工具、选择性的工具、直接信用控制工具和间接信用控制工具等。

1. 一般性的货币政策工具。一般性的货币政策是指对社会总需求、对宏观经济产生影响的政策。主要包括存款准备金、公开市场业务、再贴现三个方面。

（1）存款准备金。存款准备金是指金融机构为保证客户提取存款和资金清算的需要而准备的在中央银行的存款，包括商业银行的库存现金和缴存中央银行的准备金存款两部分。存款准备金分为法定存款准备金和超额存款准备金。中央银行要求的存款准备金占其存款总额的比例就是存款准备金率。

存款准备金制度的初始作用是保证存款的支付和清算，之后才逐渐演变为货币政策工具。当中央银行提高法定存款准备金率时，商业银行需要上缴中央银行的法定存款准备金增加，可直接运用的超额准备金减少，商业银行的可用资金减少，在其他情况不变的条件下，商业银行贷款或投资下降，引起存款的数量收缩，导致货币供应量减少。

美国是世界上最早以法律形式规定商业银行向中央银行缴存存款准备金的国家。我国于1984年建立存款准备金制度，2004年，我国进一步改革存款准备金制度，实行差别存款准备金制度。

（2）公开市场业务。公开市场是指各种有价证券自由成交、自由议价，其交易量和价格都必须公开显示的市场。公开市场业务是指中央银行利用在公开市场上买卖有价证券的办法来调节信用规模、货币供应量和利率以实现其金融控制和调节的活动，是货币政策的最重要的工具。

当中央银行需要增加货币供应量时，可利用公开市场操作买入货币，增加商业银行的超额准备金，通过商业银行存款货币的创造功能，最终导致货币总量的多倍增加。同时，中央银行买入证券还可导致证券价格上涨，市场利率下降；相反，当中央银行需要减少货币供应量时，在公开市场上卖出证券，减少商业银行的超额准备金，引起信用规模的收缩、货币供应量的减少、市场利率的上升。

我国公开市场操作包括人民币公开市场操作和外汇公开市场操作两部分。外汇公开市场操作自1994年3月启动，人民币公开市场操作于1998年5月26日恢复交易，规模逐步扩大。1999年以来，公开市场操作已成为中国人民银行货币政策日常操作的重要工具，对于调控货币供应量、调节商业银行流动性水平、引导货币市场利率走势发挥了积极的作用。

（3）再贴现。贴现是票据持票人在票据到期之前，为获取现款而向银行贴付一定利息的票据转让。再贴现是商业银行或其他金融机构将贴现所获得的未到期票据，向中央银行做的票据转让。贴现是商业银行向企业提供资金的一种方式，再贴现是中央银行向商业银行提供资金的一种方式，两者都是以转让有效票据——银行承兑汇票为前提的。

再贴现是中央银行的一般性三大货币政策工具之一，它不仅影响商业银行筹资成本、限制商业银行的信用扩张、控制货币供应总量，而且可以按国家产业政策的要求，有选择地对不同种类的票据进行融资，促进结构调整。中央银行提高再贴现率，会提高商业银行向中央银行融资的成本，降低商业银行向中央银行的借款意愿，减少向中央银行的借款或贴现。如果准备金不足，商业银行只能收缩对客户的贷款和投资规模，进而缩减了市场货币供应量。

2. 选择性的货币政策工具。选择性的货币政策工具是指中央银行针对个别部门、个别企业或某些特定用途的信贷而采用的信用调节工具。主要包括消费者信用控制、不动产信用控制和证券市场信用控制。

（1）消费者信用控制，指中央银行通过对各种耐用消费品规定分期付款的最低付现额和分期付款的最长偿还期限，对消费者购买耐用消费品的能力施加影响的管理措施。

（2）不动产信用控制，指中央银行对金融机构办理不动产抵押贷款的管理措施。

（3）证券市场信用控制，指中央银行为了活跃证券市场的交易活动，通过规定信用交易期货期权等交易方式的保证金，控制信贷资金流入证券市场的规模，进而平抑证券市场的供求，实现对证券市场进行调控。

3. 直接信用控制工具。直接信用控制工具是指中央银行从质和量两个方面以行政命令或其他方式对金融机构尤其是商业银行的信用活动进行直接控制，特点是依靠行政干预，而不是借助于市场机制。主要包括利率最高限额、信用配给、流动性资产比率和直接干预等。

（1）利率最高限额，是规定商业银行对定期存款和储蓄存款所能支付的最高利率。它可以防止银行为吸收存款过分提高利率和为谋取高利润而进行风险投资与放款，从而控制银行的贷款能力和限制货币供应量。但在通货膨胀较严重的情况下，采用最高利率限额，则可导致存款流出金融机构之外。

（2）信用配给，是指中央银行根据金融市场状况及客观经济需要，权衡轻重缓急，对商业银行的信用创造加以合理分配和限制等措施。

（3）流动性资产比率，是指中央银行为了限制商业银行扩张信用，可以规定流动资产与存款的比例。一般而言，资产的流动性大，商业银行的收益率就低。为了保持中央银行规定的流动性比率，商业银行要缩减长期性放款，扩大短期性放款，还必须保持部分应付提现的资产。

（4）直接干预，是指中央银行以"银行的银行"身份，直接对商业银行的信贷业务施以合理的干预。包括直接限制放款的额度，干涉对活期存款的吸收，对业务经营不当的银行拒绝再贴现或给予惩罚性的利率，明确规定投资和放款的范围和方针等。

4. 间接信用控制工具。间接信用控制工具是指中央银行采用直接控制以及一般信用控制以外的各种控制，用各种间接的措施影响商业银行的信用创造。

（1）道义劝说。道义劝说是中央银行利用其在金融体系中特殊的地位和影响，通过向商业银行和金融机构说明自己的政策意图，希望利用道义上的劝说力量影响商业银行的贷款数量和贷款方向，从而达到货币政策的目标。道义劝说的特点是不具有强制性的约束力，商业银行和金融机构在法律上并不承担按货币当局所发出的政策意图行事的责任。

（2）窗口指导。窗口指导指中央银行利用自己的地位与声望，使用口头或书面的方式，向金融机构通报金融形势，说明中央银行意图，劝其采取某些相应措施，贯彻中央银行的货币政策。"窗口指导"这个名词来自日本银行,它的内容是:中央银行根据市场情况、物价的变动趋势、金融市场的动向、货币政策的要求以及前一年度同期贷款的情况等,规定金融机构按季度提出贷款增加额计划,在金融紧缩期限内设置贷款增加额的上限,并要求各金融机构遵照执行。如果金融机构不遵照窗口指导行事,虽然它们并不承担任何法律上的直接责任,但要承受中央银行因此而施加的各种经济制裁。

(二) 货币政策的运用

货币政策的运用分为紧缩性货币政策和扩张性货币政策。

1. 紧缩性货币政策。紧缩性货币政策就是通过减少货币供应量达到紧缩经济的作用。在这种政策下,取得信贷较为困难,利率会提高。因此,在通货膨胀较严重时,采用紧缩性的货币政策比较合适。

在繁荣时期,总需求大于总供给,为了抑制总需求,要运用紧缩性货币政策,其中包括在公开市场上卖出有价证券、提高贴现率并严格贴现条件、提高准备金率等。这些政策可以减少货币供给量、提高利率、抑制总需求。

2. 扩张性货币政策。扩张性货币政策是通过增加货币供应量达到扩张经济的作用。在这种政策下,取得信贷较为容易,利率会降低。因此,当总需求相对不足时,使用扩张性的货币政策最合适。

在萧条时期,总需求小于总供给,为了刺激总需求,要运用扩张性货币政策,其中包括在公开市场上买进有价证券、降低贴现率并放松贴现条件、降低准备金率等。这些政策可以增加货币供给量、降低利率、刺激总需求。

因此,在不同的经济形势下,中央银行要运用不同的货币政策调节经济。

【思考】根据表10-1中法定准备金率调整的数据变动思考:我国这些年货币政策的目标是什么?我国相对于其他发达国家为什么可以频繁调整法定准备金率?

表 10 - 1　　　　　　　　　2015 ~ 2021 年法定准备金率调整　　　　　　　单位:%

发布时间	生效时间	大型金融机构			中小金融机构		
		调整前	调整后	调整幅度	调整前	调整后	调整幅度
2015 年 2 月 4 日	2015 年 2 月 5 日	20.00	19.50	- 0.50	18.00	17.50	- 0.50
2015 年 4 月 19 日	2015 年 4 月 20 日	19.50	18.50	- 1.00	17.50	16.50	- 1.00
2015 年 8 月 25 日	2015 年 9 月 6 日	18.50	18.00	- 0.50	16.50	16.00	- 0.50
2015 年 10 月 23 日	2015 年 10 月 24 日	18.00	17.50	- 0.50	16.00	15.50	- 0.50
2016 年 2 月 29 日	2016 年 3 月 1 日	17.50	17.00	- 0.50	15.50	15.00	- 0.50
2018 年 4 月 17 日	2018 年 4 月 25 日	17.00	16.00	- 1.00	15.00	14.00	- 1.00
2018 年 6 月 24 日	2018 年 7 月 5 日	16.00	15.50	- 0.50	14.00	13.50	- 0.50
2018 年 10 月 7 日	2018 年 10 月 15 日	15.50	14.50	- 1.00	13.50	12.50	- 1.00

续表

发布时间	生效时间	大型金融机构			中小金融机构		
		调整前	调整后	调整幅度	调整前	调整后	调整幅度
2019 年 1 月 4 日	2019 年 1 月 15 日	14.50	14.00	−0.50	12.50	12.00	−0.50
2019 年 1 月 4 日	2019 年 1 月 25 日	14.00	13.50	−0.50	12.00	11.50	−0.50
2019 年 9 月 6 日	2019 年 9 月 16 日	13.50	13.00	−0.50	11.50	11.00	−0.50
2020 年 1 月 1 日	2020 年 1 月 6 日	13.00	12.50	−0.50	11.00	10.50	−0.50
2021 年 7 月 9 日	2021 年 7 月 15 日	12.50	12.00	−0.50	10.50	10.00	−0.50
2021 年 12 月 6 日	2021 年 12 月 15 日	12.00	11.50	−0.50	10.00	9.50	−0.50

资料来源：根据国家统计局网站数据整理。

二、货币政策理论

（一）凯恩斯主义的货币政策

凯恩斯主义的货币政策是通过对货币供给量的调节来调节利率，再通过利率的变动来影响需求的货币政策。凯恩斯主义货币政策的机制就是：货币量→利率→总需求。在这种货币政策中，政策的直接目标是利率，利率的变动通过货币量调节来实现，所以调节货币量是手段。调节利率的目的是调节总需求，所以总需求变动是政策的最终目标。

凯恩斯主义是以人们的财富只有货币与债券这两种形式的假设为前提的。在这一假设之下，债券是货币的唯一替代物，人们在保存财富时只能在货币与债券之间做出选择。持有货币无风险，但也没有收益；持有债券有收益，但也有风险。人们在保存财富时总要使货币与债券之间保持一定的比例。如果货币供给量增加，人们就要以货币购买债券，债券的价格就会上升；反之，如果货币供给量减少，人们就要抛出债券以换取货币，债券的价格就会下降。根据债券价格 = 债券收益/利率可以看出，债券价格与利率的高低成反比，与债券收益的大小成正比。因此，货币量增加，利率下降，债券价格上升；反之，货币量减少，债券价格下降，利率上升。利率的变动影响投资。投资是总需求中重要的一部分，因此就影响到总需求和国内生产总值。这就是扩张性货币政策发生作用的机制。

中央银行运用货币政策直接调控的是货币供给量。它控制货币供给量的工具就是公开市场业务、再贴现率和存款准备金率。最常用的是公开市场业务，即通过在金融市场上买卖政府债券来调节货币供给量。

（二）货币主义的货币政策

货币主义的货币政策并不属于需求管理。货币主义的货币政策在传递机制上与凯恩斯主义的货币政策不同。货币主义的基础理论是现代货币数量论，即认为影响国内生产总值与价格水平的不是利率而是货币量。

货币主义者反对把利率作为货币政策的目标。因为货币供给量的增加只会在短期内降低利率，而其主要影响还是提高利率。首先，货币供给量的增加使总需求增加，总需求增加一方面增加了货币需求量，另一方面提高了价格水平，从而减少了货币的实际供给量，这两种作用的结果就会使利率提高。其次，利率还要受到人们对通货膨胀预期的影响。这也就是说，名义利率等于实际利率加预期的通货膨胀率。货币供给量增加提高了预期的通货膨胀率，从而提高了名义利率。因此，货币政策无法限定利率，利率是一个会把人们引入歧途的"指示器"。

货币主义者还认为，货币政策不应该是一项刺激总需求的政策，而应该作为防止货币本身成为经济失调根源的政策，为经济提供一个稳定的环境，并抵消其他因素所引起的波动。因此，货币政策不应该是多变的，应该以控制货币供给量为中心，即根据经济增长的需要，按某一固定比率增加货币供给量，这也被称为"简单规则的货币政策"。这种政策可以制止通货膨胀，为经济的发展创造一个良好的环境。

（三）中性货币政策

近年来，许多国家出现了一种趋势是中性货币政策。中性货币政策是指不用货币政策去刺激、抑制经济，而是使货币在经济中保持中性，即把货币政策的重点放在稳定物价上。也就是说，货币政策的目的不是实现充分就业、经济增长及其他目标，而是稳定物价，为市场机制的正常进行创造一个良好的环境。与这种政策相关，中央银行的趋势是加强独立性，使之不受政府的干扰，以更好地实现中性货币政策和物价稳定。

【拓展阅读 10 – 2】

稳健货币政策灵活精准有效

作为宏观调控的重要工具，2021 年以来，稳健的货币政策灵活精准、合理适度，货币信贷和社会融资规模合理增长，综合融资成本稳中有降。

支持实体力度增强

11 月末，广义货币（M2）同比增长 8.5%，11 月人民币贷款增加 1.27 万亿元，社会融资规模增量为 2.61 万亿元，比上年同期多 4786 亿元。"当前金融运行总体平稳，金融总量平稳增长，货币供应量和社会融资规模的增速同名义经济增速基本匹配。"中国人民银行调查统计司司长阮健弘表示。

2021 年以来，金融支持实体经济呈现量增价减的特征。9 月，贷款加权平均利率为 5%。其中，一般贷款加权平均利率为 5.30%，同比下降 0.01 个百分点。企业贷款加权平均利率为 4.59%，同比下降 0.04 个百分点。

金融机构还进一步加大减费让利，年内出台了 12 条降低小微企业和个体工商户支付手续费等措施，再加上降低自动取款机跨行取现手续费等措施，预计每年为市场主体、社会公众减少手续费支出 240 亿元。

直达小微更精准

2021 年以来，央行继续加大对小微企业、制造业等实体经济薄弱环节支持力度。为引导资金活水精准滴灌小微、民营企业、"三农"、扶贫等国民经济的重点领域和薄弱环节，两个直达实体经济的货币政策工具发挥了良好支持效果。自 2020 年 6 月政策出台以来至 2021 年 9 月末，银行业金融机构共对 13.5 万亿元贷款本息实施延期，累计发放普惠小微信用贷款 8.6 万亿元。

近期召开的国务院常务会议明确，将普惠小微企业贷款延期还本付息支持工具转换为普惠小微贷款支持工具，将普惠小微信用贷款纳入支农支小再贷款支持计划管理等。

继续保持"稳"的基调

中央经济工作会议强调，宏观政策要稳健有效。稳健的货币政策要灵活适度，保持流动性合理充裕。

12 月 16 日，中国人民银行行长易纲表示，坚持稳字当头、稳中求进，实施好稳健的货币政策。要加大跨周期调节力度，统筹考虑近两年衔接，保持流动性合理充裕，保持货币供应量和社会融资规模增速同名义经济增速基本匹配，增强信贷总量增长的稳定性，稳步优化信贷结构，保持企业综合融资成本稳中有降态势，增强服务实体经济能力。

对于未来货币政策走向，中国民生银行首席研究员温彬认为，预计通货膨胀水平整体可控，对货币政策掣肘有限，但政策在实施过程中需要协调和平衡的因素将会增多。随着经济下行压力加大，稳增长的重要性和紧迫性提升。货币政策将保持"稳"的基调，但考虑到我国经济面临新的下行压力以及美联储货币政策转向，不稳定、不确定因素增多，货币政策将提升前瞻性和自主性。

光大银行金融市场部宏观研究员周茂华表示，从 2021 年国内经济表现看，内需复苏偏缓，不平衡问题依然存在，海外防疫与经济复苏路径仍不够清晰。在这种情况下，国内政策需要适度加大内需支持力度，确保经济运行在合理区间。货币政策将延续稳健基调，但更强调灵活适度与结构优化，并根据宏观经济环境变化预调微调。

资料来源：陈果静. 稳健货币政策灵活精准有效［N］. 经济日报，2021 - 12 - 24（001）.

第四节　两种政策的混合使用

一、财政政策和货币政策的联系与区别

为实现和保持经济的持续稳定增长，仅靠市场这只"无形的手"是不够的，还

需要国家宏观调控这只"有形的手"。财政政策和货币政策都是国家宏观调控的重要手段，它们共同作用于一国的宏观经济，因而存在着相互配合的要求。研究货币政策与财政政策的协调与配合，必须要搞清两者之间的关系。

（一）财政政策和货币政策的相同点

1. 货币政策与财政政策是政府干预社会经济生活的主要工具，它们共同作用于本国的宏观经济方面。

2. 它们都是需求管理政策，即着眼于调节总需求使之与总供给相适应。

3. 它们追求的最终目标都是实现经济增长、充分就业、物价稳定和国际收支平衡。

（二）财政政策和货币政策的不同点

1. 政策的实施者不同，分别由财政部门和中央银行来具体实施。

2. 作用过程不同。货币政策的直接对象是货币运动过程，以调控货币供给的结构和数量为初步目标，进而影响整个社会经济生活，而财政政策的直接对象是国民收入再分配过程，以改变国民收入再分配的数量和结构为初步目标，进而影响整个社会经济生活。

3. 政策工具不同。货币政策使用的工具通常与中央银行的货币管理业务活动相关，主要是存款准备金率、再贴现率、公开市场业务等，而财政政策所使用的工具一般与政府的收支活动相关，主要是税收、国债及政府的转移性支付等。

4. 政策的时间滞后性不同。财政问题容易发现，但决策时需要经过一定的法律程序。由于财政预算具有法律性质，因此，从发现经济问题到财政政策实施需经过财政部门提出、政府部门研究、报权力机关讨论并批准，往往需要时间较长。货币政策恰好相反，认识清楚问题需要时间长，但做出决策和付诸实施时间短。在我国由央行决定，可以较快地做出决策并且根据经济运行的变化随时调整。所以，两者配合使用可以弥补各自缺陷，有利于宏观调控目标更好地实现。

二、财政政策和货币政策的配合

货币政策与财政政策出自同一个决策者却由不同机构具体实施；为达到同一个目标却又经过不同的作用过程；作用于同一个经济范围却又使用不同的政策工具。其共性的存在，决定了它们相互配合的客观要求，其区别则又导致了在实施过程中有可能发生偏差。在协调两者的过程中，会有四种配合模式：

第一，紧缩的货币政策与紧缩的财政政策，即"双紧"政策。

第二，宽松的货币政策与宽松的财政政策，即"双松"政策。

第三，宽松的货币政策与紧缩的财政政策，即"松货币、紧财政"政策。

第四，紧缩的货币政策与宽松的财政政策，即"紧货币、松财政"政策。

四种模式由于政策的作用方向和组合的不同，会产生不同的政策效应，如表 10-2 所示。"双紧"或"双松"政策的特点是两种政策工具变量调整的方向是一致的，各中介变量均能按两类政策的共同机制对国民收入和物价水平发生作用。因此，这类配合模式的作用力度强，变量间的摩擦力小，产生效应快，并带有较强的惯性。"一松一紧"政策，由于两类政策工具调整的方向是相反的，使变量间产生出相互抗衡的摩擦力和排斥性，并分别对自身能够直接影响的变量产生效应，在实施过程中功能损耗较大，作用力较弱，但政策效应较稳定，且不带有很大惯性。

表 10-2   四种模式下的政策效应

政策	政策组合方式	产出变化	利率变化
双松	扩张性财政政策 扩张性货币政策	增加	不确定
双紧	紧缩性财政政策 紧缩性货币政策	减少	不确定
一松一紧	扩张性财政政策 紧缩性货币政策	不确定	上升
一紧一松	紧缩性财政政策 扩张性货币政策	不确定	下降

复习与思考题

一、单项选择题

1. 属于紧缩性财政政策工具的是（　　　　）。

A. 减少政府支出和增加税收　　　　　　B. 减少政府支出和减少税收

C. 增加政府支出和减少税收　　　　　　D. 增加政府支出和增加税收

2. 中央银行的下列做法中不属于扩张性货币政策的是（　　　　）。

A. 增加货币供给　　　　　　　　　　　B. 买进政府债券

C. 降低法定准备金率　　　　　　　　　D. 提高再贴现率

3. 当一国经济出现过热现象，容易引发通货膨胀时，货币当局可以采取（　　　　）的方法控制货币供给量。

A. 在公开市场上出售证券　　　　　　　B. 降低再贴现率

C. 降低法定准备率　　　　　　　　　　D. 以上方法都可以

4. 为了增加货币供给，中央银行应使用（　　）的方法。

A. 增加财政赤字　　　　　　　　　B. 降低法定准备金比率

C. 提高再贴现率　　　　　　　　　D. 出售政府债券

5. 在发生严重通货膨胀时，政府可以采用的政策组合是（　　）。

A. 扩张性财政政策与扩张性货币政策

B. 紧缩性财政政策与紧缩性货币政策

C. 扩张性财政政策与紧缩性货币政策

D. 紧缩性财政政策与扩张性货币政策

6. "挤出效应"发生于（　　）。

A. 货币供给的减少引起利率提高，挤出了私人部门的投资和消费

B. 对私人部门增税，引起私人部门的可支配收入和支出的减少

C. 政府支出的增加，提高了利率，挤出了私人部门支出

D. 政府支出减少，引起消费支出下降

二、简答题

1. 在经济衰退（或通货膨胀）时期，一国政府如何使用财政政策调节宏观经济？

2. 什么是法定准备金政策？说明这一政策的作用机制。

3. 中央银行的货币政策工具主要有哪些？在经济衰退（或通货膨胀）时期，一国中央银行如何运用这些工具调节宏观经济？

三、讨论题

20 世纪 60 年代，美国总统肯尼迪采用凯恩斯主义经济学的观点，使财政政策成为美国对付衰退和通货膨胀的主要武器之一。肯尼迪总统提出削减税收来帮助经济走出低谷这些措施实施以后，美国经济开始迅速增长。但是，减税再加上 1965～1966 年在"越战"中财政扩张的影响，又使得产出增长过快，超过了潜在水平，于是通货膨胀开始升温。为了对付不断上升的通货膨胀，并抵销"越战"所增开支的影响，1968 年国会批准开征了一项临时性收入附加税。不过，在许多经济学家看来，这项税收增加的政策力度太小也太迟了一些。

另一个典型例子是 1981 年，美国国会通过了里根总统提出的"一揽子"财政政策计划，包括大幅度降低税收，大力扩张军费开支而同时并不削减民用项目。这些措施将美国经济从 1981～1982 年的严重衰退中拯救出来，并进入 1983～1985 年的高速扩张。

克林顿总统一上台，就面临着一个两难困境：一方面高赤字依然顽固地存在着；另一方面经济不景气且失业率高得难以接受。总统必须决定财政政策应从何处着手，是应该先处理赤字，通过增加税收、降低支出来增加公共储蓄，进而靠储蓄水平的提高带动国民投资的增长呢？还是应该关注财政紧缩会减少投资，而税收增加和政府支

出的减少又会降低产出？最后，总统还是决定优先考虑削减财政赤字。1993 年预算法案决定，在其后 5 年中落实减少赤字 1500 亿美元的财政举措。

资料来源：萨缪尔森. 经济学 [M]. 北京：商务印书馆，2012.

根据上面的资料，说明利用财政政策对付经济衰退的手段有哪些？效果如何？

参 考 文 献

[1]《西方经济学》编写组．西方经济学（第二版）［M］．北京：高等教育出版社，人民出版社，2019．

[2] 高鸿业．西方经济学（第五版）［M］．北京：中国人民大学出版社，2011．

[3]［美］曼昆．经济学原理（第五版）［M］．北京：北京大学出版社，2009．

[4]［美］保罗·A. 萨缪尔森．经济学（第 18 版）［M］．北京：人民邮电出版社，2007．

[5] 尹伯成．西方经济学简明教程（第四版）［M］．上海：上海人民出版社，2003．

[6] 许纯祯．西方经济学（第三版）［M］．北京：高等教育出版社，2008．

[7] 梁小民．西方经济学导论（第三版）［M］．北京：北京大学出版社，2003．

[8] 厉以宁．西方经济学［M］．北京：高等教育出版社，2000．

[9] 罗守权．经济学原理［M］．北京：首都经济贸易大学出版社，2004．

[10] 叶德磊．西方经济学简明原理（第 2 版）［M］．北京：高等教育出版社，2010．

[11] 卢峰．经济学原理［M］．北京：北京大学出版社，2002．

[12] 梁小民．微观经济学纵横谈［M］．北京：生活·读书·新知三联书店，2000．

[13]［英］亚当·斯密．国富论［M］．上海：三联书店，2009．

[14] 李正波．经典寓言故事中的经济学［M］．北京：国家行政学院出版社，2004．

[15] 兰纪平．经济学与中国经济现象［M］．北京：中国财政经济出版社，2010．

[16] 王福重．写给中国人的经济学［M］．北京：机械工业出版社，2009．

[17] 黄典波．趣味经济学 100 问［M］．北京：机械工业出版社，2009．

[18] 梁小民．经济学就这么有趣［M］．北京：北京联合出版公司，2019．

[19]《图解经典》编辑部．图解经济学［M］．北京：北京联合出版公司，2016．

[20] 董志勇．生活中的行为经济学［M］．北京：北京大学出版社，2020．